"Me emociona mucho que este libro exista. El Eneagrama cambió rotundamente mi entendimiento sobre cómo amar a las personas que forman parte de mi vida, mejoró la calidad de mi matrimonio y me dio una visión del propósito de Dios para mi vida. Este libro facilita la comprensión del Eneagrama con historias prácticas, humor, calidez y un lenguaje claro. Necesitaré una caja, como mínimo".

Shauna Niequist, autora de *Savor* [Saborea]
y *Bread and Wine* [Pan y vino].

"¿Qué darías por resolver el misterio más grande del mundo? ¿Tu vida misma? ¿Por qué actuamos, pensamos, sentimos y creemos de la manera en que lo hacemos? No conozco una mejor herramienta que el Eneagrama. Y no conozco a mejores maestros para enseñar esta herramienta que mis amigos Ian Cron y Suzanne Stabile. Uso el Eneagrama en los negocios y en mi vida personal todos los días. *El camino de regreso a ti* abrirá tus ojos y verás lo más profundo de tu corazón".

Michael Hyatt, coautor de *Planifica tu futuro.*

"Gracias a *El camino de regreso a ti*, agregué un volumen a la corta lista de libros que recomiendo a todo el mundo. Es imposible encontrar una mejor presentación del Eneagrama que este libro y es imposible encontrar mejores guías que Cron y Stabile. Si en la actualidad necesitamos una pizca de conciencia de nosotros mismos para orientarnos en la vida, este libro debe ser tu mapa".

Nadia Bolz-Weber, autora de *Accidental Saints* [Santos por accidente].

"Cron y Stabile, dotados de un ingenio tan encantador como incisivo, nos ayudan a explorar nuestra vida interior al poner a nuestra disposición el misterio del Eneagrama. Si quieres comprenderte a ti mismo y comprender a aquellos que te rodean, este libro profundo y brillante es un excelente punto de partida".

Wm. Paul Young, autor de *La cabaña.*

"El Eneagrama fue un instrumento fundamental en mi travesía de descubrimiento personal y *El camino de regreso a ti* cumple con su cometido, al poner en manos de los cristianos modernos esta antigua herramienta".

Michael Gungor, cantante y compositor.

"Un libro que todos deben leer y una guía complementaria para vivir de manera generativa en este viaje que dura toda la vida. *El camino de regreso a ti*, un libro con sabiduría, discernimiento y humor, crea un camino hacia casa colmado de dulzura y de gozo".

Makoto Fujimura, artista, director del Centro Brehm del Seminario Teológico Fuller, autor de *Silence and Beauty* [Silencio y belleza].

"Ian Morgan Cron, junto con Suzanne Stabile, nos ha regalado otro libro escrito de manera oportuna y brillante. Hacía ya demasiado tiempo que necesitábamos un enfoque fresco y basado en la espiritualidad para ayudar a que las personas maduren en el conocimiento de sí mismas y en la compasión. Este es un manual encantador y razonado".

Mark Batterson, pastor principal de la National Community Church y autor *best seller* del *New York Times* por el libro *El hacedor de círculos*.

"Yo era una novata en términos del Eneagrama y *El camino de regreso a ti* me brindó una manera placentera y accesible de examinar mis motivaciones y evaluar el mejor camino hacia el crecimiento y el desarrollo. Es un libro que deben leer todos aquellos que quieran comprenderse mejor a sí mismos y a los que los rodean".

Jena Lee Nardella, cofundadora de Blood: Water, autora de *One Thousand Wells* [Mil pozos].

"Los libros que me ayudan a ser una mejor versión de mí misma ocupan un lugar especial en mi corazón. Con este libro, Ian Morgan Cron y Suzanne Stabile han cumplido su promesa de brindar una hoja de ruta hacia nuestro ser. *El camino de regreso a ti* te ayudará a encontrarte a ti mismo por primera vez".

Claire Diaz-Ortiz, autora y emprendedora.

"El Eneagrama ha sido una herramienta poderosa para la transformación espiritual de mi vida, tanto es así que hoy soy una capacitadora certificada. Leí muchos de los libros disponibles sobre esta materia. Este es un análisis maravillosamente profundo del Eneagrama y la mejor noticia es que alcanzará tanto a los novatos como a los veteranos del Eneagrama".

Anita Lustrea, Faith Conversations Podcast [Podcast de conversaciones sobre la fe], autora, oradora, capacitadora en medios.

EL CAMINO DE REGRESO A TI

EL CAMINO DE REGRESO A TI

UN ENEAGRAMA HACIA TU VERDADERO YO

Ian Morgan Cron
Suzanne Stabile

ORIGEN

Título original: *The Road Back To You*

Primera edición: marzo de 2019

Publicado originalmente en inglés por InterVarsity Press.
Traducido e impreso con permiso de InterVarsity Press,
P.O. Box 1400, Downers Grove, IL 60515, USA. www.ivpress.com

Originally published by InterVarsity Press as The Road Back to you
by Morgan Cron and Suzanne Stabile. ©2016 by Ian Morgan Cron.
Translated and preinted by permission of InterVarsity Press,
P.O. Box 1400, Downers Grove, IL 60515, USA. www.ivpress.com

© 2016, Ian Morgan Cron
© 2019, Penguin Random House Grupo Editorial USA, LLC.,
8950 SW 74th Court, Suite 2010
Miami, FL 33156

Traducción: María José Hooft
Adaptación del diseño de cubierta de Cindy Kiple:
Penguin Random House Grupo Editorial
Ilustración de portada: simon2579 / iStock by Getty Images

Todas las citas bíblicas, a menos que se indique lo contrario, han sido tomadas
de Reina Valera Contemporánea (RVC)* © Sociedades Bíblicas Unidas, 2009, 2011.

Aunque algunas de las anécdotas narradas en este libro son verdaderas, algunos nombres y
situaciones han sido cambiados para proteger la privacidad de los involucrados.

ISBN: 978-1-949061-68-0

Impreso en USA / *Printed in USA*

2nd Printing

Señor, que me conozca a mí,
que te conozca a ti.
SAN AGUSTÍN

Ian: A Anne, Cailey, Aidan, Maddie y Paul, con amor.
Y a Wendell y Ella, mis queridos compañeros.

Suzanne: A Giuseppe, mi amor.
Y a Joey, Jenny, Joel y BJ, nuestra esperanza.

ÍNDICE

1

UNA TEORÍA CURIOSA DE ORIGEN DESCONOCIDO

Un sábado por la mañana, mi teléfono celular sonó a las siete. Hay una sola persona en todo el mundo que se atrevería a llamarme a esa hora.

—¿Habla mi hijo menor, Ian? —dijo mi madre, fingiendo que no estaba segura de haber llamado al número correcto.

—Sí, soy yo —respondí, siguiéndole la corriente.

—¿En qué estás trabajando? —preguntó ella.

En ese momento no estaba trabajando en nada. Estaba parado en la cocina, en calzoncillos, preguntándome por qué mi Nespresso emitía sonidos apocalípticos e imaginando todos los lamentables desenlaces que podría tener una conversación con mi madre en las primeras horas del día si mi cafetera se descomponía y yo no podía tomar mi primera taza del día.

—Estaba pensando en escribir un manual básico sobre el Enea- grama —respondí, agradecido al ver que un chorro de amor en forma de café llenaba mi taza.

—¿El sonograma? —preguntó ella.

—No, dije el...

—¿El anagrama? —dijo ella, una segunda pregunta antes de que yo pudiera frenarla.

—Eneagrama. ¡Eneagrama! —repetí.

—¿Qué es el a-nia-gra-ma? —dijo ella.

Mi madre tiene ochenta y dos años. Durante sesenta y siete de esos años, fumó cigarrillos Pall Mall, evitó hacer ejercicio y comió tocino con impunidad. Nunca necesitó gafas ni audífonos y es tan ágil y perspicaz que uno podría pensar que la nicotina y su falta de actividad fueron las claves para una vida larga y feliz. Había escuchado lo que yo dije la primera vez.

Sonreí y continué con uno de mis discursos de ventas del Eneagrama.

—El Eneagrama es un sistema antiguo que describe los distintos tipos de personalidad. Ayuda a las personas a comprender quiénes son y cuáles son sus motivaciones —dije.

Después de eso, se produjo un silencio largo y prácticamente sin sonido de la respiración del otro lado del teléfono. Sentí que había sido arrojado, de repente, a un agujero negro en una galaxia lejana.

—Olvida el angiograma. Escribe un libro acerca de ir al cielo y volver a la tierra —dijo ella—. Esos autores sí que ganan dinero.

Me sentí avergonzado.

—Pero deben morir primero.

—Esos son detalles —añadió ella y ambos nos reímos.

La respuesta indiferente de mi madre frente a la idea de escribir un libro sobre el Eneagrama me hizo reflexionar. Yo también tenía mis reservas con respecto al proyecto.

Cuando mi abuela no sabía cómo describir algo, decía que era "novedoso". Sospecho que usaría esa palabra para describir el Eneagrama. Nadie sabe con certeza cuándo, dónde ni a quién se le ocurrió la idea de este mapa de la personalidad humana. Lo que sí queda claro es que ha sido una obra en construcción durante mucho tiempo. Algunas personas sostienen que su origen se remonta a un monje cristiano llamado Evagrio, cuyas enseñanzas sentaron las bases para lo que, con el tiempo, se convirtió en los siete pecados capitales, y a las madres y los padres del desierto del siglo IV, quienes lo usaban para brindar consejería espiritual. Otras personas dicen que algunos elementos del Eneagrama también aparecen en otras religiones del mundo, tales como el sufismo (la tradición mística del islam) y el judaísmo. Durante los comienzos de la década de 1900, un profesor, sin duda extraño, llamado George Gurdjieff usó la figura geométrica de la estrella de nueve puntas, el eneagrama, para enseñar materias esotéricas que no estaban relacionadas con los tipos de personalidad. (Sí, ya sé. Si terminara la historia en este punto, podría agregar a Harrison Ford y a un mono y ya tendría la historia de fondo para una película de Indiana Jones. Pero aguarda un momento, la trama se aclarará.)

En los comienzos de la década de 1970, un chileno llamado Óscar Ichazo se encontró con el Eneagrama e hizo aportes importantes, así como uno de sus alumnos, un psiquiatra con capacitación en los Estados Unidos llamado Claudio Naranjo, quien lo desarrolló con mayor profundidad mediante la incorporación de conocimientos de la psicología moderna. Naranjo llevó el Eneagrama a los Estados Unidos y se lo presentó a un grupo reducido de estudiantes en California, incluido un sacerdote católico de la orden jesuita y formador en la enseñanza del Sabbat del Seminario de Loyola, llamado padre Robert Ochs.

Ochs, asombrado por el Eneagrama, regresó a Loyola, donde se lo enseñó a los seminaristas y los sacerdotes. Pronto se hizo conocido entre el clero, los directores espirituales, los líderes de los retiros y los laicos como una herramienta útil para la formación espiritual cristiana.

Como si sus orígenes sospechosos no fueran suficientes para espantar a los indecisos, no hay evidencia científica que compruebe que el Eneagrama es una determinación confiable de la personalidad. ¿A quién le importa que millones de personas afirmen que es acertado? El protagonista del documental *Grizzly Man* pensó que podía hacerse amigo de los osos y todos sabemos cómo terminó la historia.

Entonces, ¿qué fue lo que me hizo pensar que era una buena idea escribir un libro acerca de un sistema arcaico que describe los tipos de personalidad, dudoso en cuanto a su historia y que carece de evidencia científica?

Para responder a esta pregunta necesito presentarte a un monje alto, con gafas, una mirada cómplice y una sonrisa compasiva llamado hermano Dave.

Durante varios años, serví como el pastor fundador de una iglesia en Connecticut. Amaba a las personas pero, en el séptimo año, la asistencia a nuestro servicio de los domingos estaba cerca de las quinientas personas y yo estaba por quedarme sin fuerzas. Era evidente que la iglesia necesitaba un pastor con dones diferentes, alguien que tuviera las manos firmes en el timón, en lugar de un espíritu emprendedor como el mío.

Por tres años lo intenté todo —menos una cirugía— para transformarme en el tipo de líder que creía que la iglesia necesitaba y quería que yo fuera; sin embargo, este proyecto estaba destinado al fracaso desde el inicio. Cuanto más intentaba, peor se ponían las cosas. Di más pasos en falso que un joven que atraviesa un campo minado calzando zapatos de payaso. Cuando me fui, había mucha confusión, resentimiento y malentendidos. El final me rompió el corazón.

Después de mi partida, me sentía desilusionado y confundido. Con el tiempo, un amigo que estaba preocupado por mí me animó a visitar al hermano Dave, un monje benedictino y director espiritual de setenta años.

La primera vez que vi al hermano Dave él vestía su hábito negro y sus sandalias, y estaba parado en la rotonda cubierta de césped que está ubicada al final de la entrada del monasterio, con ansias de saludarme. Todo lo que hacía, desde la manera en que usaba sus dos manos para tomar las mías hasta la forma en que sonrió y dijo: "Bienvenido, viajero, ¿le puedo preparar un café?", me indicaba que estaba en el lugar preciso.

Algunos monjes se pasan la vida en la tienda de regalos del monasterio, donde venden velas votivas y ruedas de queso casero, pero el hermano Dave no era uno de ellos. Era un director espiritual sabio que entendía cuándo consolar y cuándo confrontar.

Durante nuestras primeras sesiones, el hermano Dave me escuchó con paciencia mientras yo relataba el listado de confusiones y errores que había cometido en mi ministerio que, en retrospectiva, me desconcertaban. Pensaba cómo pude haber dicho y hecho tantas cosas que, en su momento, parecían correctas pero, al recordar el pasado, claramente no tenían sentido y me herían o herían a otras personas. ¿Cómo se le podía permitir a una persona con tantos puntos ciegos manejar un carro? Me sentía como un extraño en mi propio cuerpo.

En nuestra cuarta sesión, ya comenzaba a sonar como un senderista perdido a punto de delirar, que buscaba el camino para salir del bosque mientras debatía en voz alta consigo mismo acerca de cómo era que se había perdido, en primera instancia.

—Ian —dijo el hermano Dave, quien no me permitió continuar deambulando—. ¿Por qué estás aquí?

—¿Disculpe? —dije yo, como si alguien acabara de tocarme el hombro para despertarme de mi fantasía.

Él sonrió y se inclinó hacia adelante en su silla.

—¿Por qué estás aquí?

Dave solía plantear preguntas que, en principio, parecían tan simples que eran ofensivas, hasta que uno intentaba responderlas. Miré por las ventanas de vitral emplomadas que estaban en la pared ubicada detrás de él. A través de ellas, divisé un olmo gigante y pude ver cómo las puntas de sus ramas se doblaban hacia la tierra debido al peso del viento. Intenté encontrar los términos para exteriorizar lo que quería decir, pero no lo logré. Las palabras que se me ocurrieron pertenecían a otra persona, pero reflejaban perfectamente lo que deseaba expresar.

—Porque lo que hago no lo entiendo; pues no hago lo que quiero, sino lo que aborrezco, eso hago —dije, sorprendido de que un joven a quien le costaba recordar su número de celular pudiera sacar las palabras de Romanos 7 del sombrero.

—Porque no hago el bien que quiero, sino el mal que no quiero, eso hago —respondió el hermano Dave, citando un versículo del mismo capítulo.

Permanecimos en silencio por un rato, reflexionando acerca de las palabras de Pablo, las cuales giraban y brillaban en el aire entre nosotros como motas de polvo en un haz de luz solar.

—Hermano Dave, no sé quién soy ni cómo terminé en este problema —confesé y acabé con la fantasía—. Pero estaría agradecido si usted pudiera ayudarme a averiguarlo.

El hermano Dave sonrió y se sentó en su silla.

—Muy bien —dijo—. Ahora sí podemos comenzar.

En nuestra siguiente reunión, el hermano Dave me preguntó:

—¿Estás familiarizado con el Eneagrama?

—Un poco —dije yo, mientras cambiaba de posición—. Pero es una historia un poco loca.

El hermano Dave hizo muecas y se rio mientras yo relataba mi primer encuentro con el Eneagrama. Esto había sido en los comienzos de la década de 1990, cuando era un estudiante universitario en un seminario conservador. En un retiro de fin de semana, me topé con una copia del libro del padre Richard Rohr, *Discovering the Enneagram: An Ancient Tool for a New Spiritual Journey* [Descubriendo el Eneagrama: una herramienta ancestral para emprender un nuevo camino espiritual]. En este libro, Rohr describe las características y las motivaciones internas que conducen a cada uno de los nueve tipos básicos de personalidad del Eneagrama. Sobre la base de mi experiencia de vida y de lo que había aprendido en mi capacitación como consejero, las descripciones de los tipos que hacía Rohr eran increíblemente acertadas. Estaba seguro de que había encontrado un recurso asombroso para los cristianos.

El domingo por la mañana, le pregunté a uno de mis profesores si había oído hablar de él. Si hubieras visto su cara, pensarías que yo dije *pentagrama*.

—La Biblia condena los conjuros, la hechicería, el horóscopo y las brujas —me dijo él, pero yo no recordaba haber visto nada de eso en el libro. También me dijo que lo debería desechar de inmediato.

En ese tiempo, yo era un evangélico joven y susceptible y, aunque mi intuición me decía que la reacción de mi profesor era casi paranoica, seguí su consejo (salvo por lo de tirarlo a la basura). Para los bibliófilos, este es el pecado imperdonable que entristece al Espíritu Santo. Sabía perfectamente en qué estante de mi estudio estaba la copia subrayada del libro de Rohr.

—Es una lástima que tu profesor no te haya animado para que estudiaras el Eneagrama —me dijo el hermano Dave—. Está lleno de sabiduría para las personas que quieren dejar de ser un obstáculo para sí mismos y vivir la vida para la que fueron creados.

—¿Qué significa "salir de sus propios caminos"? —pregunté, con la certeza de que había querido hacer eso muchas veces en mi vida, pero simplemente no sabía cómo hacerlo.

—Está relacionado con el autoconocimiento. La mayoría de las personas dan por sentado que comprenden quiénes son, pero no es verdad —explicó el hermano Dave—. No se cuestionan las lentes a través de las cuales ven el mundo, de dónde surgieron o cómo moldearon sus vidas; ni siquiera se cuestionan si ofrecen una visión verdadera o distorsionada de la realidad. Lo más preocupante es que la mayoría de las personas no son conscientes de que las cosas que los ayudaron a sobrevivir cuando eran niños son las que impiden su desarrollo como adultos. Están dormidos.

—¿Dormidos? —respondí, con un gesto de confusión.

El hermano Dave miró hacia el techo por un momento y frunció el ceño. Ahora era él quien buscaba la combinación de palabras acertada para responder una pregunta que, aparentemente, era muy sencilla.

—Lo que no sabemos acerca de nosotros puede dañarnos y, sin lugar a duda, lo hará; y también lastimará a los demás —dijo él, mientras se señalaba a sí mismo y me señalaba a mí—. Mientras no sepamos cómo vemos el mundo y cómo nuestras heridas y creencias nos moldearon, seremos prisioneros de nuestra historia. Continuaremos viviendo en piloto automático y haciendo cosas que nos lastiman y confunden, a nosotros y a quienes nos rodean. Con el tiempo, estaremos tan acostumbrados a cometer los mismos errores vez tras vez que estos terminarán haciéndonos dormir. Necesitamos despertar.

Despertar. Eso era lo que más quería en el mundo.

—El trabajo con el Eneagrama permite que las personas desarrollen el tipo de autoconocimiento que necesitan para comprender quiénes son y por qué ven el mundo y se relacionan con él de la manera en que lo hacen —continuó el hermano Dave—. Cuando eso sucede, puedes comenzar a abandonar tus hábitos perjudiciales y parecerte más al modelo de persona que Dios proyectó para ti.

Habiéndose enterado de que se había cancelado su compromiso de la tarde, el hermano Dave pasó más tiempo conmigo para hablar acerca de la importancia del autoconocimiento en el camino espiritual, sobre cómo, tal y como lo expresó Juan Calvino, "sin conocimiento de uno mismo no hay conocimiento de Dios".

—Durante varios siglos, excelentes maestros cristianos dijeron que conocerse a uno mismo es tan importante como conocer a Dios. Algunas personas dicen que esto es una teoría psicológica que solo sirve para sentirse bien, pero, en realidad, es buena teología —dijo él.

Por un momento, pensé en todos los maestros de la Biblia y los pastores que conocía que habían hecho cosas que al final acabaron con su vida y su ministerio, quizá a gran escala, debido a que no se conocían a sí mismos ni conocían la capacidad de los seres humanos para autoengañarse. Estudiaban y conocían la Biblia de tapa a tapa, pero no se conocían a sí mismos. Pensé en cuántos matrimonios cristianos se desmoronaron, sobre todo, porque los cónyuges no comprendían el esplendor y la decadencia que cargaban en su alma.

Luego pensé en mí. Siempre creí que era más consciente de mí mismo que la mayoría de las personas, pero los tres años anteriores me habían enseñado que todavía tenía mucho por aprender sobre el autoconocimiento.

El hermano Dave miró su reloj y se puso de pie lentamente.

—El próximo mes no estaré aquí porque debo liderar unos retiros —anunció mientras se estiraba para activar de nuevo la circulación sanguínea, luego de pasar casi dos horas sentado mientras conversábamos—. Mientras tanto, sácale el polvo a tu copia del libro de Rohr y vuelve a leerlo. Notarás que explica el Eneagrama desde la perspectiva de la espiritualidad cristiana, en lugar de la psicología. Te enviaré un correo electrónico con los nombres de otros libros para que también los puedas leer.

—Realmente no sé cómo agradecerle —dije, mientras me levantaba de la silla y acomodaba la mochila en mi hombro.

—Vamos a tener mucho para conversar la próxima vez que nos encontremos —prometió el hermano Dave y me abrazó antes de abrir la puerta de su oficina para dejarme salir.

—¡Paz de Dios! —le escuché decir mientras se retiraba por el pasillo.

Como me encontraba en un periodo sabático de tres meses que me debía hacía ya bastante, y ya no sabía qué hacer con tanto tiempo libre, seguí el consejo del hermano Dave al pie de la letra y comencé a aprender acerca del Eneagrama. Durante varias semanas, caminaba casi todas las mañanas hasta la cafetería que quedaba en la esquina de mi calle, me sumergía en los libros que él me había recomendado y tomaba notas en mi cuaderno. Por las noches, le contaba todo lo que estaba aprendiendo acerca del Eneagrama a mi esposa, Anne. Como había despertado su interés, ella también comenzó a leer al respecto. En esa época de nuestra vida juntos, tuvimos algunas de las conversaciones más profundas y significativas de todo nuestro matrimonio.

¿Nos conocemos *realmente* a nosotros mismos? ¿Cuánto de nuestro pasado afecta nuestro presente? ¿Vemos el mundo a través de nuestros ojos o a través de los ojos de los niños que alguna vez fuimos? ¿Cuáles son las heridas ocultas y las creencias erradas que adoptamos cuando niños y que continúan rigiendo nuestra vida en secreto? Y ¿cómo exactamente se supone que lidiar con estas interrogantes nos ayudará a conocer mejor a Dios?

Estas son algunas de las preguntas con las que avasallé al hermano Dave cuando volvió de sus viajes. Sentado en su oficina, describí algunos de los descubrimientos que había experimentado al estudiar el Eneagrama.

—¿Cómo te sentiste cuando descubriste tu tipo? —preguntó el hermano Dave.

—Bueno…, no fue todo color de rosa —dije—. Aprendí cosas desagradables acerca de mí mismo.

El hermano Dave se dio vuelta y tomó un libro de su escritorio, el cual abrió en una página que estaba marcada con un señalador rojo.

—Conocernos es, ante todo, conocer nuestras carencias. Es medirnos con la verdad y no al revés. La primera consecuencia del autoconocimiento es la humildad —leyó él.

—Ese es un gran resumen de lo que viví —opiné yo mientras reía.

—Es Flannery O'Connor —dijo el hermano Dave mientras cerraba el libro y lo acomodaba nuevamente en su escritorio—. No hay mucho que ella no pueda resumir bien.

—¿Y Anne? —continuó— ¿Cómo lo vivió ella?

—Una noche, en la cama, me leyó una descripción de su tipo y lloró —dije—. Siempre le había costado mucho encontrar las palabras justas para explicar cómo era caminar en sus zapatos. El Eneagrama fue un regalo para ella.

—Parece que ambos arrancaron con el pie derecho —dijo el hermano Dave.

—Ha sido increíble. Lo que aprendimos del Eneagrama hasta ahora ya comenzó a cambiar la manera en la que pensamos acerca del matrimonio, de la amistad y de la paternidad —dije.

—Simplemente recuerda que es solo una herramienta para ayudarte a profundizar tu amor por Dios y por los demás —me advirtió el hermano Dave—. Existen muchas otras. Lo importante es que cuanto más crezcan Anne y tú en el autoconocimiento, más conscientes serán de su necesidad de la gracia de Dios. Además, tendrán más compasión por ustedes mismos y por otras personas.

—Quiero leerle esta frase de Thomas Merton que encontré —dije mientras hojeaba mi cuaderno.

El hermano Dave frotó sus manos y asintió.

—Ah, Merton, ahora estás nadando en aguas profundas —dijo y sonrió.

—Aquí está —dije, al encontrar la página en la que había escrito la frase. Me aclaré la garganta—. "Tarde o temprano debemos distinguir entre lo que no somos y lo que somos. Debemos aceptar que no somos lo que nos gustaría ser. Debemos deshacernos de nuestro yo exterior falso porque es tan solo una prenda barata y ostentosa" —reduje la velocidad, sorprendido por el nudo en mi garganta que me dificultaba continuar.

—Sigue —dijo el hermano Dave, en voz baja.

Respiré profundo.

—"Debemos encontrar nuestro verdadero yo en su miseria elemental, pero también en su gran y sencilla dignidad: creado para ser un hijo de Dios y capaz de amar con un poco de la sinceridad y la generosidad de Dios".

Cerré mi cuaderno y levanté la mirada, sonrojado porque me había puesto muy sensible.

El hermano Dave inclinó su cabeza a un lado.

—¿Qué parte de lo que dijo Merton te conmovió?

Me senté en silencio, sin saber cómo responder. Afuera sonaron las campanas del monasterio que llamaban a los monjes a orar.

—Siento que estuve dormido durante mucho tiempo, pero, quizá, estoy empezando a despertar —dije—. O, por lo menos, eso espero.

Cuando yo decía algo que el hermano Dave consideraba importante, él hacía una pausa, cerraba los ojos y reflexionaba sobre ello. Esta fue una de esas ocasiones.

El hermano Dave abrió los ojos.

—Antes de que te vayas, ¿puedo orar una bendición por ti? —preguntó él.

—Por supuesto —respondí y acerqué mi silla para que el hermano Dave pudiera tomar mis manos en las suyas.

Que reconozcas en tu vida la presencia, el poder y la luz de tu alma.

Que comprendas que nunca estás solo, que el resplandor y la comunión de tu alma te conectan de una manera íntima con el ritmo del universo.

Que aprendas a respetar tu individualidad y tu particularidad.

Que comprendas que la forma de tu alma es única, que te aguarda un destino especial aquí, que detrás de la fachada de tu vida sucede algo hermoso y eterno.

Que aprendas a contemplarte con el mismo deleite, orgullo y expectativa con que Dios te ve en cada momento.

—Amén —dijo el hermano Dave mientras apretaba mis manos.

—Que así sea —susurré y le devolví el apretón de manos.

La bendición del hermano Dave marcó un antes y un después en mi vida. Con los años, mi trabajo con el Eneagrama me ayudó a verme "con el mismo deleite, orgullo y expectativa con que Dios me ve en cada momento". Aprender el Eneagrama y hoy enseñarlo me ha mostrado la "madera torcida" de la que está hecho mi corazón y el corazón de los demás. Gracias a la autocomprensión que adquirí, terminé con algunas costumbres infantiles y me convertí en un adulto más espiritual. Desde luego, todavía no he alcanzado la meta, pero una y otra vez puedo sentir la cercanía de la gracia de Dios y, por un instante, vislumbrar a la persona que puedo llegar a ser. En términos de la vida espiritual, eso no es poca cosa.

Unos años después de mi encuentro con el hermano Dave, acepté la invitación de una mujer llamada Suzanne Stabile para dar una conferencia en un congreso que ella estaba organizando en Brite Divinity School. Enseguida hubo una conexión y supimos que si los adultos responsables no nos controlaban, acabaríamos en todo tipo de problemas si nos hacíamos amigos.

Entonces, nos hicimos amigos.

Cuando Suzanne me contó que nuestro amigo en común, Richard Rohr, había sido su guía espiritual durante varios años y le había enseñado el Eneagrama personalmente, se despertó mi curiosidad y asistí a uno de sus talleres. Tras haber escuchado una hora de su clase, supe que Suzanne no era simplemente una maestra del Eneagrama, sino que era una maestra del Eneagrama con el nivel del Sr. Miyagi en *The Karate Kid*. Tuve la suerte de que Suzanne retomara el tema donde el hermano Dave se había quedado varios años antes y me condujera hacia el nuevo tramo de mi viaje que tenía como destino comprender e implementar la sabiduría del Eneagrama en mi vida como cristiano.

Muchos de los conocimientos y las anécdotas de estas páginas fueron tomadas de las clases de Suzanne, mientras que otras pertenecen a mi vida y a lo que aprendí a través de los años tras haber asistido a talleres y estudiado muchísimos libros escritos por reconocidos maestros y pioneros del Eneagrama, tales como Russ Hudson, Richard Rohr, Helen Palmer, Beatrice Chestnut, Roxanne Howe-Murphy y Lynette Sheppard, entre otros. Sin embargo, antes que nada, este libro es la consecuencia del afecto y el respeto mutuos que tenemos Suzanne y yo. Es la única manera que conocemos de aportar nuestro granito de arena, en términos de experiencia y conocimiento, a los esfuerzos para crear un mundo más amable y comprensivo. Esperamos que dé sus frutos. Si no lo hace, bueno, de todas maneras, nos divirtió mucho escribirlo.

Para que las cosas queden claras, no soy un fanático obsesionado con el Eneagrama. No me paro cerca de las personas en las fiestas para decirles que pude adivinar su número de Eneagrama en función de los zapatos que eligieron. Las personas que hacen eso son un mal que debe ser combatido.

Pero, aunque no soy un fanático, soy un estudiante agradecido. En palabras del matemático inglés George Box: "Todos los modelos son erróneos, pero algunos son útiles". Así es como pienso acerca del Eneagrama. No está libre de fallas ni de errores. No es la solución perfecta para la espiritualidad cristiana. En el mejor de los casos, es un modelo impreciso de la personalidad, pero es *muy útil*.

Habiendo dicho eso, este es mi consejo. Si este libro te ayuda en tu camino espiritual, genial. Pero si no lo hace, no lo tires a la basura. Guárdalo en tu repisa. Puede serte útil algún día. La vida nos presenta muchos desafíos. Necesitamos toda la ayuda que podamos conseguir.

2

ENCUENTRA TU TIPO

Los neurocientíficos determinaron que la corteza dorsolateral prefrontal está relacionada con la toma de decisiones y la evaluación de costo-beneficio. Si hubieran realizado una resonancia magnética de los cerebros de mis amigos y del mío una noche de verano cuando teníamos quince años, habrían encontrado una mancha oscura, señal de una falta total de actividad en esa parte de nuestro cerebro.

Ese sábado por la noche tuvimos la magnífica idea de correr desnudos durante un banquete de golf en un club de campo exclusivo de mi ciudad natal, Greenwich, Connecticut. Además de que indefectiblemente nos arrestarían por exhibicionismo, había un problema: Greenwich no es una ciudad grande y era probable que alguien nos reconociera. Tras debatir durante varios minutos, decidimos que nuestro amigo Mike iría a su casa y traería máscaras de esquí para cada uno de nosotros.

Entonces, aproximadamente a las nueve de la noche de una cálida noche de agosto, seis jóvenes desnudos con máscaras de esquí, algunos de ellos decorados con pompones, corrieron como gacelas asustadas en medio de una hermosa habitación con pisos de roble y repleta de banqueros y herederas. Los hombres nos aplaudieron y alentaron, mientras que las mujeres llenas de joyas permanecían, conmocionadas, en sus asientos. Esperábamos reacciones completamente diferentes, pero no podíamos detenernos y expresar nuestra desilusión.

Y ese podría haber sido el final de la historia , de no ser por mi madre.

—¿Qué hiciste anoche con los chicos? —me preguntó a la mañana siguiente, mientras yo entraba a la cocina y buscaba algo en el refrigerador.

—No hicimos mucho. Nos juntamos en casa de Mike y después nos quedamos dormidos cerca de la medianoche.

Mi madre es muy conversadora, por lo tanto me sorprendió que no me hubiera preguntado cómo estaban mis amigos o cuáles eran mis planes para el resto del día. Sentía que algo andaba mal.

—¿Qué hicieron tú y papá anoche? —pregunté, animadamente.

—Fuimos como invitados de los Dorfmanns al banquete de golf de su club —respondió con un tono que contenía una medida de azúcar y una medida de acero.

La mayoría de las personas no prevén que habrá un cambio de presión repentino en su hogar, el cual despertará el deseo de que caiga una máscara de oxígeno del techo para reemplazar el aire que la sorpresa absorbió de nuestros pulmones.

—¿Una máscara de esquí? —reclamó ella y el volumen de su voz iba en aumento a medida que se acercaba a mí como un policía irlandés que golpea el garrote contra la palma de su mano—. ¿Una "máscara de esquí"?

La punta de su nariz estaba a menos de un centímetro de la mía.

—Podría identificar tu trasero raquítico hasta en una fila de jóvenes en la oscuridad —susurró con un tono intimidante.

Me puse nervioso y me preguntaba qué sería de mí, pero la tormenta pasó casi tan rápido como había llegado. Los gestos de mi madre se relajaron y ahora ella sonreía con astucia. Se puso sus tacones y, mientras miraba por arriba de su hombro y salía de la cocina, dijo:

—Tienes suerte de que tu padre pensó que fue gracioso.

Esa no fue la primera vez que usé una máscara para protegerme.

Los seres humanos estamos programados para sobrevivir. Cuando somos niños, nos colocamos, por instinto, una máscara llamada personalidad sobre distintas partes de nuestro yo auténtico para protegernos de las heridas y para abrirnos paso en el mundo. Nuestra personalidad, formada por cualidades innatas, estrategias de superación, reflejos condicionados y mecanismos de defensa, nos ayuda a saber y hacer lo que entendemos que contentará a nuestros padres, lo que nos ayudará a pertenecer a un grupo y a relacionarnos bien con nuestros amigos, lo que cumplirá con las expectativas de nuestra cultura y lo que nos ayudará a suplir nuestras necesidades básicas. Con el tiempo, nuestras estrategias de adaptación son cada vez más complejas. Se disparan de una manera tan predecible, automática y frecuente que ya no podemos saber si nuestras actitudes responden a nuestra personalidad o a nuestra verdadera naturaleza. Como dato curioso, el término *personalidad* deriva de la palabra griega para nombrar a la máscara (*persona*), lo que pone en evidencia nuestra tendencia a confundir las máscaras que usamos con nuestro verdadero yo, incluso después de haberse acabado las amenazas de la primera infancia. Ahora nosotros no tenemos una personalidad, sino que nuestra personalidad nos tiene a nosotros. En lugar de proteger nuestros corazones indefensos de las heridas y las pérdidas inevitables de la infancia, nuestra personalidad (la cual experimentamos como las maneras en que intuitivamente pensamos, sentimos, actuamos, reaccionamos, procesamos la información y vemos el mundo) nos limita o encarcela.

La peor parte es que, al relacionar demasiado quiénes somos con nuestra personalidad, nos olvidamos o alejamos de nuestro verdadero yo: la hermosa esencia de quiénes somos. Frederick Buechner lo describe de una manera conmovedora: "Nuestro yo original y resplandeciente queda enterrado en un lugar tan profundo que la mayoría de nosotros no vivimos conforme a él. En cambio, vivimos conforme a todos nuestros otros yo, los cuales nos ponemos y nos quitamos constantemente, como si fueran abrigos y sombreros, para enfrentar el clima del mundo".

A pesar de que soy un consejero capacitado, no sé exactamente cómo, cuándo ni por qué ocurre esto; solo sé que la idea de que perdí la conexión con mi verdadero yo parece válida sobre la base de mi experiencia. ¿Cuántas veces, mientras miraba a mis niños jugar o cuando miraba la luna durante un instante de reflexión, sentí nostalgia por algo o por alguien con quien había perdido contacto hacía mucho tiempo? Escondido en lo más profundo de mi ser, sospecho que existe una expresión más verdadera y luminosa de mí mismo y que, mientras permanezca separado de ella, jamás estaré completamente vivo ni viviré en plenitud. Quizá tú has sentido lo mismo.

La buena noticia es que tenemos un Dios que podría identificar nuestro trasero raquítico en cualquier lugar. Él recuerda quiénes somos, la persona que Él formó en el vientre de nuestra madre, y quiere ayudarnos a restaurar nuestro verdadero yo.

¿Son estas las palabras de un guía terapéutico disfrazado de teólogo? No. Excelentes intelectuales cristianos, desde san Agustín a Thomas Merton, estarían de acuerdo con la afirmación de que esta es una de las experiencias espirituales vitales y que, sin ella, es imposible que los cristianos disfruten de la plenitud que les corresponde como un derecho. En palabras de Merton: "Antes de que podamos convertirnos en quienes somos en verdad, debemos ser conscientes de que la persona que creemos que somos en la

actualidad es, en el mejor de los casos, un impostor y un extraño".
El Eneagrama es útil para pasar a ser conscientes de esto.

El objetivo de entender tu "tipo" o "número" de Eneagrama
(estos términos se usan de manera indistinta en el libro) no es elimi-
nar tu personalidad y reemplazarla con una nueva. Esto no solo es
imposible, sino que, además, es una pésima idea. Si no tuvieras una
personalidad, no te invitarían a las fiestas. La finalidad del Eneagrama es desarrollar el autoconocimiento y aprender a reconocer
e independizarnos de las partes de nuestra personalidad que nos
limitan, para poder reencontrarnos con la versión más real y pura
de nosotros mismos, aquella que es "pura como el diamante y bri-
lla con la luz invisible del cielo", como dijo Thomas Merton. Lo
importante es aumentar nuestro autoconocimiento y salir de las
dimensiones autodestructivas de nuestra personalidad, así como
mejorar nuestras relaciones y tener más compasión por los demás.

LOS NUEVE TIPOS DE PERSONALIDAD

El Eneagrama enseña que existen nueve estilos de personalidad
diferentes en el mundo y que cada uno de nosotros tiende a uno
de estos tipos y lo adopta cuando niño para hacerle frente a la vida
y sentirse seguro. Cada tipo o número tiene una manera distinta
de ver el mundo y una motivación interna que ejerce una enorme
influencia en la manera en que pensamos, sentimos y nos com-
portamos.

Si eres como yo, objetarás de inmediato la propuesta de que
solo existen nueve tipos básicos de personalidad en un planeta con
más de siete mil millones de personas. Una simple visita al pasillo
de pinturas de Home Depot para ayudar a un cónyuge indeciso a
encontrar "el rojo perfecto" para las paredes del baño puede cal-
mar tu disgusto. Tal y como aprendí hace un tiempo, puedes elegir
entre un número *literalmente* infinito de variaciones del color rojo
para iluminar tu baño y al mismo tiempo arruinar tu matrimonio.

Asimismo, aunque todos adoptamos uno (y solo uno) de estos tipos en nuestra infancia, existe un número infinito de expresiones de cada uno de los tipos. Algunos de ellos pueden ser muy similares a ti y otros no se parecerán a ti en el exterior; pero, de todas maneras, son variaciones del mismo color primario. Por lo que no debes preocuparte, mamá no mintió: sigues siendo su copo de nieve, especial e irrepetible.

El nombre del Eneagrama deriva de las palabras griegas para nueve (*ennea*) y para dibujo o figura (*gram*). Es una figura geométrica con nueve puntas, que ilustra nueve tipos de personalidad diferentes, los cuales, a su vez, están interconectados. Cada uno de los puntos numerados de la circunferencia está conectado con otros dos mediante flechas que cruzan el círculo, lo que indica su interacción dinámica entre sí.

Si todavía no te has saltado las páginas del libro para intentar averiguar qué número eres, la Figura 1 es una imagen del diagrama. También incluyo los nombres de cada número de Eneagrama y una breve descripción de ellos. Recuerda: ningún tipo de personalidad es mejor ni peor que otro, cada uno tiene sus propias fortalezas y debilidades y ninguno corresponde a un género en particular.

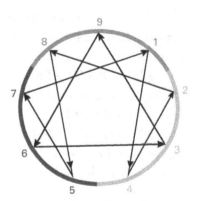

Figura 1. Esquema del Eneagrama

TIPO UNO: El Perfeccionista. Son éticos, comprometidos y fiables. Los motiva el deseo de vivir de la manera correcta, de mejorar el mundo y de evitar sentirse en falta y culpables.

TIPO DOS: El Servicial. Son amables, atentos y dadivosos. Los motiva la necesidad de que los amen y los necesiten y de evitar reconocer sus propias necesidades.

TIPO TRES: El Triunfador. Son dirigidos por el éxito, se pre-ocupan por su imagen y están programados para la productividad. Los motiva la necesidad de ser (o parecer) exitosos y de evitar el fracaso.

TIPO CUATRO: El Romántico. Son creativos, sensibles y ambivalentes. Los motiva la necesidad de ser comprendidos, de experimentar sus sentimientos desmesurados y de evitar ser normales.

TIPO CINCO: El Investigador. Son analíticos, independientes y reservados. Los motiva la necesidad de adquirir conocimientos, de preservar la energía y de evitar depender de los demás.

TIPO SEIS: El Leal. Son comprometidos, prácticos e ingeniosos. Ven el vaso medio vacío y los motivan el temor y la necesidad de seguridad.

TIPO SIETE: El Entusiasta. Son divertidos, espontáneos y aventureros. Los motiva la necesidad de ser felices, de planificar experiencias emocionantes y de evitar el dolor.

TIPO OCHO: El Retador. Son imponentes, intensos y combativos. Los motiva la necesidad de ser fuertes y de evitar sentirse débiles o vulnerables.

TIPO NUEVE: El Pacificador. Son agradables, tranquilos y serviciales. Los motiva la necesidad de mantener la paz, de relacionarse con los demás y de evitar el conflicto.

> "El humilde conocimiento de ti mismo es un camino más seguro hacia Dios que el camino de la ciencia".
>
> **TOMÁS DE KEMPIS**

Quizá estés comenzando a imaginarte a cuál de los nueve tipos perteneces (o cuál explica por qué tu tío de setenta años todavía se viste como Yoda y asiste a convenciones de *La guerra de las galaxias*). Pero el Eneagrama es más que un insignificante listado de nombres inteligentes; ese es solo el comienzo. En los siguientes capítulos aprenderemos no solo sobre cada número, sino también sobre cómo esos números se relacionan entre sí. No te desalientes si la terminología o el diagrama, con sus líneas y flechas por doquier, parecen confusos. Te prometo que, en breve, todo esto tendrá sentido.

TRÍADAS

Los nueve números del Eneagrama se dividen en tres tríadas: tres en la Tríada del sentimiento o el corazón, tres en la Tríada del temor o de la cabeza y tres en la Tríada visceral o del estómago. Los tres números de cada tríada son impulsados en diferentes caminos por una emoción relacionada con una parte del cuerpo conocida como el centro de inteligencia. En términos generales, tu tríada es otra manera de describir cómo sueles asimilar, procesar y responder a la vida.

La Tríada visceral o del estómago (8, 9, 1). Estos números son impulsados por el enojo: los Ocho lo externalizan, los Nueve lo olvidan y los Uno lo internalizan. Asimilan la vida y responden a ella de manera instintiva o "con el estómago". Suelen expresarse con honestidad y franqueza.

La Tríada del sentimiento o el corazón (2, 3, 4). Estos números son impulsados por los sentimientos: los Dos se enfocan hacia afuera, en los sentimientos de los demás, a los Tres les cuesta reconocer sus sentimientos o los de otras personas, y los Cuatro concentran su atención en su interior, en sus propios sentimientos. Cada uno de ellos asimila la vida y se relaciona con ella desde el corazón y se preocupa más por su imagen, que los otros números.

La Tríada del temor o de la cabeza (5, 6, 7). Estos números son impulsados por el temor: los Cinco lo externalizan, los Seis lo internalizan y los Siete lo olvidan. Asimilan el mundo y se relacionan con él por medio de su mente. Suelen pensar y planificar todo con cuidado antes de actuar.

ORDEN DE LOS CAPÍTULOS

Ya que estamos hablando acerca de las tríadas, si miras el índice, notarás que elegimos no describir los tipos de acuerdo con el orden numérico, sino agruparlos y discutirlos en el contexto de sus respectivas tríadas: Ocho, Nueve y Uno están juntos; luego Dos, Tres y Cuatro; y, por último, Cinco, Seis y Siete. El motivo por el cual elegimos ordenar los capítulos de esta manera es que eso te ayudará a ver las formas significativas en las que cada número se relaciona con sus "compañeros de tríada". Esto facilitará la comprensión del Eneagrama y también te ayudará a encontrar tu número.

NÚMEROS DE ALAS, ESTRÉS Y SEGURIDAD

Una de las cosas que me encantan del Eneagrama es que reconoce y tiene en cuenta la naturaleza variable de la personalidad, la cual se adapta constantemente a medida que cambian las circunstancias. A veces está en un lugar positivo, a veces está en un lugar aceptable y, otras veces, está en un lugar absolutamente inadmisible. La cuestión es que se está moviendo todo el tiempo hacia arriba y hacia abajo en un espectro que va de sano a promedio y, luego, a enfermizo, en función del lugar en que te encuentras y lo que está sucediendo. Al comienzo de cada capítulo, describiré, en términos generales, cómo cada número suele pensar, sentir y actuar cuando se encuentra en las zonas sana, promedio y enfermiza de su tipo.

Si miras el Eneagrama, verás que cada uno de los números tiene una relación dinámica con otros cuatro números. Cada número toca los dos números que se encuentran a su lado y también a los dos números que están del otro lado de las flechas. Estos otros cuatro pueden considerarse recursos que dan acceso a sus características o a su "jugo" o "sabor", como a mí me gusta llamarlos. Incluso si tu motivación y tu número nunca cambian, tu comportamiento puede verse afectado por estos otros números; tan es así que, en ocasiones, puedes parecer uno de esos números. Como verás en cada uno de los capítulos, puedes aprender a moverte de manera voluntaria dentro del círculo, con la ayuda de estos números, para obtener un respaldo adicional, de ser necesario.

Números de alas. Estos son los números que se encuentran a cada lado de tu número. Puedes inclinarte hacia uno de estos dos números de alas y adoptar algunas de sus características y rasgos. Por ejemplo, mi amigo Doran es un Cuatro (el Romántico) con un ala Tres (el Triunfador). Es más extrovertido y tiene más probabilidades de realizar las cosas en busca de reconocimiento, que un Cuatro con un ala Cinco (el Investigador), quien será más introvertido y aislado.

Números de estrés y de seguridad. Tu número de estrés es el número hacia el que tu personalidad se mueve cuando te cobran más impuestos de los que deberían, cuando estás en un incendio o te encuentras en el pasillo de Home Depot con una pareja o un amigo que está indeciso. Está indicado en el esquema del Eneagrama de la Figura 2, con la flecha que apunta hacia *afuera* de tu número.

Por ejemplo, los Siete, normalmente despreocupados, se mueven hacia adelante y adoptan las cualidades negativas del Uno (el Perfeccionista) cuando se encuentran en situaciones estresantes. Pueden ser menos despreocupados y comenzar a pensar en términos de blanco y negro. Es importante que conozcas el número al que te acercas cuando sientes estrés para que, cuando descubras que se está activando, puedas tomar mejores decisiones y cuidarte.

Tu número de seguridad indica el tipo de personalidad al que te

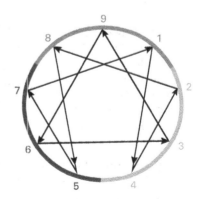

Figura 2. Flechas de estrés y de seguridad

acercas cuando te sientes seguro y del cual extraes energía y recursos. Está indicado con una flecha que apunta *hacia* tu número en el Eneagrama. Por ejemplo, los Siete adoptan las cualidades positivas del Cinco cuando se sienten seguros. Esto significa que pueden dejar a un lado su necesidad de tener en exceso y aceptar la noción de que menos es más.

En términos espirituales, saber qué ocurre con tu tipo y a qué número se inclina cuando sientes estrés es una verdadera ventaja. De igual manera, también es valioso aprender las cualidades positivas del número hacia el que te mueves cuando sientes seguridad. Una vez que te familiarices con este material, podrás reconocer y reaccionar cuando estés progresando o retrocediendo, y podrás tomar decisiones más sabias que en el pasado. El tema de la seguridad y el estrés es muy profundo; sin embargo, como este libro es un manual básico, solo trataremos los puntos más elementales. Pero debes saber que se puede aprender mucho más al respecto.

DESCUBRE TU PECADO CAPITAL

Es probable que esto parezca sacado de una moralidad de la Edad Media, pero cada número está relacionado con un pecado capital y, en cada capítulo, Suzanne y yo nos sumergiremos cada vez más profundo en este tema. Para algunas personas la palabra "pecado" despierta recuerdos y sentimientos espantosos. El pecado, como término teológico, se ha usado como un arma en contra de tantas personas que es difícil abordar el tema

> "Creo que ningún hombre comprende del todo sus propias tretas ingeniosas para escapar de la adusta sombra del autoconocimiento".
> **JOSEPH CONRAD**

sin pensar que uno puede estar lastimando a alguien que se ha "parado del lado equivocado de la cerca del predicador", por así decirlo.

Sin embargo, como soy un pecador experimentado y un alcohólico en recuperación que lleva veintiocho años sobrio, sé que no enfrentar la realidad de nuestra oscuridad y sus causas es una idea muy, muy mala. Confía en mí; si no lo haces, al final del mes te reducirán el salario.

Teniendo en cuenta las susceptibilidades, permíteme brindar una definición de pecado que me ha resultado útil y que podremos usar en nuestra conversación. Richard Rohr escribió que "los pecados son obsesiones que evitan que la energía de la vida y el amor de Dios fluyan con libertad. [Son] obstáculos que se levantaron por sí mismos y que nos desconectan de Dios y, por lo tanto, de nuestro potencial original". Como varias mañanas a la semana me encuentro en el sótano de la iglesia con personas que necesitan apoyo para mantenerse alejadas de tan solo *una* de sus muchas obsesiones, esta definición me parece válida. Todos tenemos nuestras maneras preferidas de esquivar a Dios para obtener lo que queremos y, si no las reconocemos y afrontamos directamente, acabarán por convertir nuestra vida en un gran desorden.

Cada número del Eneagrama tiene una "pasión" o un pecado capital único que rige el comportamiento de dicho número. Los maestros que elaboraron el Eneagrama descubrieron que cada uno de los nueve números tenía una debilidad o tentación particular que los llevaba a cometer uno de los siete pecados capitales —según el listado confeccionado por el Papa Gregorio en el siglo VI—, así como también el temor y el engaño (con el tiempo, una persona sabia agregó estos dos últimos, lo cual es muy bueno porque así nadie necesita sentirse excluido). El pecado personal de cada tipo es similar a un comportamiento adictivo, involuntario y repetitivo, del cual únicamente nos podemos librar cuando reconocemos cuán seguido le entregamos la llave para que maneje nuestra personalidad. Una vez más, no creas que la expresión *pecado capital* pertenece a la Edad Media y que, por ello, no tiene vigencia en la actualidad. Es una sabiduría importante y atemporal. Mientras no seamos conscientes de nuestro pecado capital y de la manera en que acecha nuestra vida sin que le presentemos batalla, seremos esclavos de él. Uno de los objetivos del Eneagrama es que aprendas a manejar tu pecado capital, en lugar de permitir que este te maneje a ti.

Existen otros sistemas de tipificación de la personalidad o inventarios, como los modelos de Myers-Brigg o de los cinco factores, los cuales son excelentes, pero tienen una orientación exclusivamente psicológica. Hay otros sistemas que describen quién eres y te animan a aceptarte de esa manera, pero esto no será de mucha utilidad si eres un grosero. Más allá de eso, solo uno de estos instrumentos tiene en cuenta el hecho de que estamos atravesados por la espiritualidad. El Eneagrama no es exclusivamente psicológico y, si se enseña de la manera correcta, tampoco es una herramienta de autoayuda o para sentirse bien. (Por cierto, si mi propio "ser" hubiera podido ayudar a mi "ser", ¿no crees que mi "ser" ya lo habría hecho?) El verdadero propósito del Eneagrama es mostrarte tu lado oscuro y ofrecerte asesoría espiritual para que le puedas abrir las puertas a la luz transformadora de la gracia. Estar cara a cara con tu pecado capital puede ser difícil, incluso doloroso, porque nos hace conscientes de las partes más feas de nuestro ser, aquellas en las que preferiríamos no pensar. David Benner nos advierte: "Nadie que esté buscando cumplidos debería trabajar con el Eneagrama. Pero nadie debería dejar de hacerlo si lo que está buscando es un profundo autoconocimiento". Así que ¡manos a la obra!

Este es un listado de los siete pecados capitales (y dos más) y el número con el cual cada uno de ellos se relaciona, y también una breve descripción de cada uno de ellos (mira la Figura 3). Las descripciones pertenecen al libro *La sabiduría del Eneagrama*, de Don Riso y Russ Hudson.

UNO: Ira. Los Uno sienten una necesidad compulsiva de perfeccionar el mundo. Debido a que son plenamente conscientes de que ni ellos ni nadie más puede cumplir con sus altísimas normas, experimentan la ira como un resentimiento ardiente.

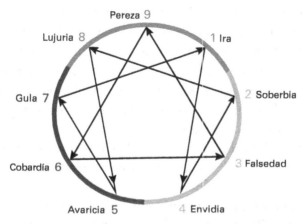

Figura 3. El pecado que corresponde a cada número

DOS: Soberbia. Los Dos emplean toda su atención y energía para satisfacer las necesidades de los demás, mientras niegan que tienen sus propias necesidades. Su creencia secreta de que solo ellos saben qué es lo mejor para los demás y de que son indispensables revela su espíritu soberbio.

TRES: Falsedad. Los Tres valoran la apariencia sobre la sustancia. Al abandonar su verdadero yo y proyectar una imagen falsa para agradar a los demás, los Tres terminan creyendo su actuación, se engañan a sí mismos y piensan que *son* su personaje.

CUATRO: Envidia. Los Cuatro creen que se están perdiendo de algo esencial y que sin ello nunca estarán completos. Envidian lo que ellos entienden como la plenitud o la felicidad de los demás.

CINCO: Avaricia. Los Cinco acumulan aquellas cosas que piensan que les garantizarán una vida independiente y autosuficiente. Con el tiempo, este tipo de retención deriva en que frenan el amor y el afecto de los demás.

SEIS: Cobardía. Siempre imaginan el peor de los escenarios y cuestionan su capacidad de manejar la vida por sí mismos. Los Seis recurren a figuras de autoridad y a sistemas de creencias, en lugar de recurrir a Dios para buscar el apoyo y la seguridad que desean.

SIETE: Gula. Con el fin de evitar los sentimientos dolorosos, los Siete se atracan con las experiencias positivas, la planificación y la expectativa de nuevas aventuras y la contemplación de ideas interesantes. La búsqueda frenética de los Siete por estas distracciones nunca se acaba y, con el tiempo, se convierte en gula.

OCHO: Lujuria. Los Ocho codician la intensidad. Esto se puede apreciar en el exceso que demuestran en cada una de las áreas de su vida. Los Ocho, dominantes y confrontadores, presentan un exterior duro e intimidante para ocultar su vulnerabilidad.

NUEVE: Pereza. Para los Nueve, la pereza se refiere a la pereza espiritual, y no a la física. Los Nueve se "duermen" y descuidan sus prioridades, su desarrollo personal y la responsabilidad de convertirse en sí mismos.

LOS NUEVE TIPOS EN LA INFANCIA

Es impactante pensar en la cantidad de mensajes que nuestra mente y corazón reciben e internalizan durante la infancia, cuando todavía no tenemos un sentido crítico, y en la cantidad de horas y de dinero que gastamos después en terapeutas para intentar sacarlos de nuestra psiquis, como si fueran espinas incrustadas en el pelaje de un perro. Algunos mensajes y creencias que asimilamos inconscientemente cuando somos niños son una fuente de vida, mientras que otros nos lastiman. La mayoría de nosotros entregamos nuestra vida a los mensajes que dañan nuestra belleza. Debemos recordar esto más seguido. Si lo hiciéramos, seríamos mucho más amables los unos con los otros.

En los siguientes capítulos veremos cómo suele comportarse cada número en la infancia. Por ejemplo, los Dos aprenden a renunciar a lo más rico de su comida en los almuerzos para comprar amor y los Cinco observan cómo juegan los otros niños antes de decidirse a participar. Estos niños reflejan tanto sus tendencias naturales como la máscara que, inconscientemente, esperan que los proteja. Se están convirtiendo en su número.

La buena noticia es que podemos elegir mensajes sanadores para cambiar la dirección de nuestros pensamientos, creencias y comportamientos. Aprender un mensaje sanador específico para cada número es de gran ayuda en nuestro camino de regreso a nuestro verdadero yo, hacia la plenitud que anhelamos. Puede convertirse en un bálsamo de compasión para nosotros y enseñarnos cómo responder ante los patrones del pasado, al recordarnos que debemos dejar atrás nuestro yo falso, el cual creamos para protegernos durante la infancia, y vivir de acuerdo con nuestro verdadero yo.

TU TIPO EN LAS RELACIONES Y EN EL TRABAJO

Hace tiempo, trabajaba con una persona cuyo cociente de autoconciencia era tan bajo que ni siquiera se podía medir. Su falta de autoconocimiento y su incapacidad para controlarse a sí mismo lastimaban a tantos colegas que la Administración de Seguridad y Salud Ocupacional lo debería haber designado como un peligro ocupacional.

Lo cierto es que las personas que carecen de autoconocimiento sufren tanto en el ámbito espiritual como en el profesional. Hace poco leí un artículo de la *Harvard Business Review* en el cual el emprendedor Anthony Tjan dice que: "Hay una cualidad que supera a todas las demás y está presente en prácticamente todos los emprendedores, gerentes y líderes exitosos. Esa cualidad es la autoconciencia. Lo mejor que pueden hacer los líderes para mejorar su eficacia es ser conscientes de lo que los motiva y de su proceso para la toma de decisiones". Muchos otros libros y artículos que tratan el tema de la autoconciencia en revistas como *Forbes* y *Fast Company* dicen lo mismo: *conócete a ti mismo*.

En este libro veremos distintas maneras en las que los comportamientos relacionados con nuestro número pueden favorecer o entorpecer nuestro desempeño en el trabajo y nuestra relación con nuestros colegas. También puede ayudarnos a discernir qué camino profesional tomar, y así decidir si estamos transitando el camino correcto para nosotros o si el entorno profesional en el que trabajamos en la actualidad es una buena opción en función de las fortalezas y las responsabilidades de nuestra personalidad.

Dios quiere que disfrutes tu trabajo y que seas eficaz en él (salvo que hayas elegido, como mi esposa, enseñar a niños del octavo grado; en ese caso, ya sabías lo que el futuro te deparaba). El Eneagrama, al expandir el autoconocimiento y la autoconciencia, puede ayudarte a mejorar tu desempeño y a disfrutar más de tu vocación, tanto es así que algunas compañías y organizaciones como Motorola, el equipo de béisbol Atléticos de Oakland, la CIA y el clero del Vaticano, entre muchas otras, lo han utilizado para ayudar a sus empleados a encontrar más satisfacción en su trabajo. Hasta las escuelas de negocios de la Universidad de Stanford y de la Universidad de Georgetown lo incluyeron en sus planes de estudio.

El Eneagrama también ayuda a percibir cómo nuestro tipo de personalidad se relaciona con su pareja o sus amigos y qué es lo que más necesitamos y lo que más tememos de esas interacciones. Todos trasladamos cierta falta de plenitud a las conexiones con los demás, pero debes entender que todos los números del Eneagrama pueden mantener relaciones sanas y vivificantes. Cada uno de los números tiene una variedad de comportamientos saludables, normales y enfermizos. Al profundizar en la autoconciencia, podrás asegurarte de que tus comportamientos sean, en la mayoría de los casos, saludables y de que no sabotearás tus interacciones con las personas que más amas.

"Amo a muchas personas, pero no entiendo a ninguna de ellas".
FLANNERY O'CONNOR

FORMACIÓN ESPIRITUAL

Flannery O'Connor advirtió que "aceptarnos a nosotros mismos no impide que intentemos ser mejores", y tenía razón. Tu número de Eneagrama no es una nota firmada por tu madre que puedes entregarle al universo cada vez que te comportes mal y que diga: "A quien corresponda: Por favor, disculpa a mi hijo Juan. Es un Nueve (o el número que sea) y, por lo tanto, no puede comportarse de una mejor manera". Al contrario, una vez que sepas tu número de Eneagrama, ya no tendrás más excusas para no cambiar. Ahora ya conoces demasiado como para poder poner la excusa de "así soy yo y debes aceptarme tal cual soy".

Hace poco tiempo, en una reunión del programa de los doce pasos escuché que alguien dijo: "Conocerse no cuesta nada". ¡Y eso es cierto! Como señala Rohr: "La información no transforma". Una vez que sepas tu tipo, tendrás una deuda con las personas que amas (o las que no amas) y contigo mismo: convertirte en una persona más amable y compasiva. El objetivo del Eneagrama es mostrarnos cómo podemos renunciar a las viejas maneras de vivir y las conductas autodestructivas que mantuvimos por tanto tiempo, para poder experimentar más libertad interior y convertirnos en la mejor versión de nosotros mismos.

Al final de cada capítulo encontrarás un apartado sobre la transformación espiritual en el que brindamos algunas sugerencias para que cada uno de los tipos pueda poner en práctica lo que aprendieron de sí mismos. Esta información no será útil si pierdes el tiempo intentando cumplir las sugerencias sin el poder transformador de la gracia de Dios. Todo aquel que dice que está "intentando" ser un buen cristiano, demuestra que no tiene la menor idea de lo que significa ser un cristiano. El cristianismo no es algo que haces, sino algo que te sucede. Una vez que conozcas el lado oscuro de tu personalidad, simplemente permite que Dios haga aquello que tú jamás has podido hacer: producir un cambio significativo y duradero en tu vida.

CÓMO LEER CADA CAPÍTULO Y DESCUBRIR TU TIPO

Aunque sea tentador, a medida que leas los siguientes capítulos, no intentes identificar tu tipo únicamente sobre la base de los comportamientos. Al comienzo de cada capítulo encontrarás un listado de afirmaciones diseñadas para darte una idea de la manera en que cada número podría describir cómo es vivir en sus zapatos. Cuando leas esos listados, ten en cuenta que *tu número no está determinado por lo que haces, sino por el motivo por el cual lo haces*. En otras palabras, no confíes demasiado en los rasgos para identificar tu tipo. En cambio, lee con atención acerca de la *motivación* subyacente que genera los rasgos o los comportamientos de cada número, para poder descubrir cuál es el tuyo. Por ejemplo, muchos números distintos pueden subir escalones en su trabajo, pero las razones que los llevan a hacerlo son diferentes: los Uno, motivados por la necesidad compulsiva de mejorar las cosas, pueden buscar un ascenso porque creen que las personas que están en los niveles gerenciales más altos tienen la autoridad para arreglar las innumerables imperfecciones de las operaciones diarias de la compañía con las que están obsesionados; los Tres pueden hacerlo porque tener la mejor oficina es importante para ellos; y los Ocho, pueden subir los escalones solo para ver quién es tan tonto como para intentar detenerlos. Lo que vale es la motivación. Para averiguar tu número, pregúntate por qué haces las cosas que haces.

Te recomiendo que, a medida que leas, pienses en cómo eras cuando tenías veinte años, en lugar de pensar en cómo eres hoy, ya que esto te ayudará a identificar tu tipo. A pesar de que tu tipo de personalidad nunca cambia, el momento en que se ve con más claridad es durante los primeros años de la edad adulta cuando, como dice James Hollis, no has vivido lo suficiente como para descubrir que tú eres "la única persona que está presente en cada escena de aquella larga obra que llamamos vida". En otras palabras, la fuente de la mayoría de tus problemas eres tú mismo. También es importante que pienses más acerca de la manera en que actúas, piensas y te sientes en casa.

Busca el tipo que mejor te describa, no el tipo que piensas que eres ni el que siempre has querido ser. Si yo pudiera elegir, me encantaría ser un Siete, encantador y despreocupado como Stephen Colbert, pero soy un Cuatro, común y corriente como Bob Dylan, pero sin su talento. (A lo largo del libro doy ejemplos de personas famosas para cada número. Estas son mis estimaciones, no fueron confirmadas por ellas mismas.) Como dice Anne Lamott: "Todos estamos estropeados, rotos, inseguros y asustados". Entonces no tiene sentido querer estar estropeados de una manera diferente a la que ya estamos. A medida que intentes averiguar tu tipo, es una buena idea pedirles a tus amigos cercanos, a tu pareja o a tu líder espiritual que lean las descripciones y opinen acerca de qué tipo se parece más a ti; pero no mates al mensajero.

Si al leer una descripción comienzas a sentir aprensión porque crees que captura tu mundo interior de una manera en que solo podría hacerlo alguien que atacó el servidor en el que almacenas la copia de respaldo de tu personalidad, probablemente estés cerca de tu número. La primera vez que leí mi número, me sentí humillado. No es agradable ser una rata en una cocina oscura, que está tan concentrada en devorar las migajas que no oye a los dueños de la casa acercarse sigilosamente y, por ello, no tiene tiempo para ocultarse cuando, de repente, encienden la luz y la atrapan con las manos en la masa. Por otro lado, me sentí consolado. No sabía que existían otras ratas como yo. Entonces, si esto ocurre, no desesperes. Recuerda que cada número tiene su lado positivo y su lado negativo, sus bendiciones y sus desgracias. La vergüenza pasará pero, en palabras del novelista David Foster Wallace: "La verdad te hará libre. Pero no hasta que haya acabado contigo".

No pienses que te sentirás identificado con cada una de las características de tu número, eso no sucederá. Simplemente mantente alerta para descubrir cuál se parece más a ti. En caso de que sirva como consuelo, a algunas personas les lleva muchos meses explorar los números y recopilar los comentarios de los demás para poder sentirse lo suficientemente confiados como para identificar su tipo.

A menudo escucho que los estudiantes del Eneagrama emplean lo que aprenden acerca de los otros tipos y lo usan como un arma para desacreditar o ridiculizar a los demás. Se me ponen los pelos de punta cuando escucho que alguien dice algo como: "Ay, eres tan Seis" o "Deja de ser tan Tres", en especial cuando se lo dicen a alguien que no sabe qué es el Eneagrama. *El Eneagrama debería usarse únicamente para brindar aliento a los demás y ayudarlos a avanzar en su camino hacia la plenitud y hacia Dios. Punto.* Esperamos que te tomes esto en serio.

Algunas de las descripciones pueden sonar sospechosamente similares a un familiar, un compañero de trabajo o un amigo. Puedes sentir la tentación de llamar a tu hermana y contarle que entiendes que la razón por la que hizo de tu niñez un infierno estaba relacionada con su personalidad y no fue porque estaba poseída por el demonio, como pensabas antes. No hagas esto. Todos te odiarán.

"No quiero ser encasillado ni que me pongan en una caja". Las personas nos expresan esta preocupación a Suzanne y a mí todo el tiempo. Pero no temas. El Eneagrama no te pone en una caja. Te muestra la caja en la que ya estás y cómo puedes salir de ella. Eso suena mejor, ¿no?

Esto es muy importante: a veces sentirás que hacemos demasiado hincapié en lo negativo, en lugar de poner énfasis en las características positivas de cada número. Es verdad, pero lo hacemos para ayudarte a descubrir tu tipo. Según nuestra experiencia, las personas se identifican más fácilmente con los rasgos de su personalidad que no funcionan, que con aquellos que sí funcionan.

Como Suzanne suele decir: "No nos conocemos a nosotros mismos por lo que nos sale bien, sino por lo que nos sale mal". Intenta no enfadarte.

Por último, conserva el sentido del humor y sé compasivo contigo mismo y con los demás.

El universo no es democrático. No apareció un científico vestido con un guardapolvo blanco en el momento de tu concepción para preguntarte si preferías que tus genes fueran como los del Papa Francisco o los de Sarah Palin. No elegiste a tus padres, a tus hermanos lunáticos ni el lugar que ocupas en el orden de nacimiento de tu familia. No elegiste el lugar en donde naciste ni en el que estaba ubicada la casa de tu infancia. El hecho de que no se nos consultara sobre estos asuntos siempre fue motivo de discusión entre Dios y yo. Sin embargo, con el tiempo he aprendido que, además de los pecados nacidos de ese deseo egoísta de que todo el mundo gire alrededor nuestro, enfrentaremos otros muchos desafíos y, aunque no sean creados por nosotros mismos, seremos responsables de hacer algo al respecto. De cualquier manera, mantén siempre la compasión por ti mismo, tal como lo hace Dios. El desprecio no producirá un cambio duradero y restaurador en nuestras vidas, solo el amor lo hará. Estas son las leyes físicas del universo espiritual, por las cuales deberíamos estar agradecidos y decir "amén".

Y, así mismo como diría el hermano Dave: "Ahora sí podemos comenzar".

CÓMO SE SIENTE SER UN OCHO

(Si no entiendes por qué comenzamos con los Ocho, vuelve a leer la página 33).

1. Me han dicho que soy demasiado directo y agresivo.
2. Hacer las cosas a medias no es mi don espiritual.
3. Me gustan los pequeños debates orales, simplemente para descubrir la esencia de los demás.
4. En las relaciones que más me importan, insisto en que seamos francos en los conflictos y no darnos por vencidos hasta que los problemas se solucionen.
5. Me cuesta confiar en las personas.
6. Vale la pena luchar por cosas justas.
7. Puedo identificar la debilidad de las personas la primera vez que las veo.
8. No me cuesta decir que no.
9. Me gusta la oposición y la celebro.
10. Tomo las decisiones rápidamente y según mi instinto.
11. No me gusta cuando las personas le dan muchas vueltas al asunto.
12. Sospecho de las personas demasiado amables.
13. Cuando entro en un nuevo ambiente, sé de inmediato quién es la persona con más poder.
14. No tengo mucho respeto por los que no se hacen respetar.
15. Uno de mis lemas es: "Una buena ofensa es mejor que una buena defensa".
16. No te metas con la gente que yo quiero.
17. Sé que las personas me respetan, pero a veces deseo que me quieran.
18. No me cuesta confrontar a los agresores.
19. Si Dios hubiera querido que los seres humanos llevaran el corazón en la mano, lo habría colocado allí.
20. Debajo de mi capa exterior dura, tengo un corazón tierno y amoroso.

TIPO OCHO

EL RETADOR

Guíame, sígueme o sal de mi camino.
GENERAL GEORGE S. PATTON JR.

Los *Ocho sanos* son grandes amigos, líderes excepcionales y defensores de los que no pueden defenderse a sí mismos. Tienen la inteligencia, el valor y la energía para hacer lo que otros dicen que es imposible. Aprendieron a usar el poder en la medida justa y en los momentos indicados, y pueden colaborar y apreciar los aportes de los demás. Comprenden la vulnerabilidad y, a menudo, la aceptan.

Los *Ocho promedio* suelen parecerse más a las aplanadoras que a los diplomáticos. Tienen una visión dualista del mundo, por lo tanto, las personas son buenas o malas, las opiniones son correctas o incorrectas y el futuro es brillante o sombrío. Prefieren ser líderes, les cuesta seguir a otros y usan la agresión para proteger sus sentimientos. Muchos Ocho son líderes y los demás los siguen sin dudarlo. No tienen mucha paciencia con los indecisos o los que no se esfuerzan.

Los *Ocho enfermizos* se preocupan porque piensan que los demás los traicionarán. Al ser desconfiados y sospechar de la gente, recurren a la venganza cuando los traicionan. Creen que pueden cambiar la realidad, crean sus propias reglas y esperan que los demás las cumplan. Este tipo de Ocho destruye todo lo que crea, debido a que piensa que los aportes de los demás son insignificantes o efímeros.

Cuando nos mudamos a Nashville, a mí y a mi familia nos invitaron a una cena en la casa de uno de nuestros nuevos vecinos. En la cena, mi hijo Aidan, quien en ese entonces tenía trece años, comenzó a contar una historia que había oído y disfrutado cuando volvía de la escuela hacia nuestra casa en el programa *All Things Considered*, de NPR (radio pública norteamericana). Cuando Aidan apenas comenzaba a describir la idea central de la historia, un hombre adulto lo interrumpió y dijo: "Las únicas personas que escuchan NPR son los *hipsters* que beben *lattes*, usan pantalones entubados y fuman cigarrillos de clavo de olor".

Aidan abrió sus ojos bien grandes y se sonrojó. Todavía no sabía que nuestra comunidad es, en su mayoría, del ala conservadora de la política ni que algunos de sus miembros consideran que NPR no es más que un medio de propaganda para los comunistas educados en las universidades más prestigiosas (y costosas) de los Estados Unidos. Luego, nuestro vecino lanzó una diatriba aburrida acerca de cómo los izquierdistas habían inventado el calentamiento global para destruir el capitalismo, el plan de la Corte Suprema para imponer la ley *sharía* (islámica) y algo sobre el derecho de su pitbull de llevar un arma al parque para perros.

En la sala había un silencio fúnebre. Estaba a punto de decir algo cuando oí que mi hija Cailey se aclaraba la garganta. Sabía que eso significaba: "Piloto al bombardero, abran las compuertas de la bomba". Estaba directamente sobre su objetivo y se preparaba para lanzar su bomba retórica sobre él. Casi grito: "¡Corre por tu vida, Bambi!", pero no me alcanzó el tiempo. Encomendé el alma de este hombre a Dios.

En ese momento, Cailey tenía veintidós años y estudiaba en Middlebury College, una de las mejores universidades de artes liberales del país. Ella es muy inteligente y no tolera los comentarios necios, en especial los que están dirigidos a las personas que ama.

Cailey levantó la servilleta de su falda, limpió los bordes de su boca, la dobló con calma y la colocó junto a su plato, entonces miró al hombre que le había dado una paliza a su hermano menor.

—Está bromeando, ¿verdad? —dijo ella, mientras lo miraba como una pantera que marca a su presa.

El hombre levantó las cejas e ignorando, desgraciadamente, que las puertas del infierno ya no estaban cuidadas por guardias, respondió:

—¿Perdón?

Cailey miró al resto de las personas en la mesa e hizo un gesto similar al que le hace un director de circo a un payaso que está por ser disparado desde un cañón.

—Amigos, les presento a otro chiflado que cree ciegamente todo lo que escucha en los programas de radio conservadores.

El hombre, incómodo, cambió de posición e inhaló.

—Jovencita, yo…

Cailey puso su mano frente al rostro del hombre, como si fuera un policía que está deteniendo el tráfico, y comenzó a revelar y a hacer añicos cada uno de los puntos débiles de su argumento. Parecía que llovían balas de crítica de manera constante. Después de unos minutos, me sentí moralmente obligado a interrumpir y detenerla.

—Gracias, Cailey —dije.

—Señor, háganos un favor y, la próxima vez que abra la boca, intente que su argumento tenga un poco de sentido —dijo ella, mientras cantaba victoria. Luego dobló la servilleta y la colocó nuevamente sobre su falda—. ¿Me pasas la sal? —añadió, lamiendo sus garras.

Cailey es un Ocho en el Eneagrama.

EL PECADO CAPITAL DE LOS OCHO

A los Ocho se les llama los Retadores porque son personas agresivas, directas e irritables, y su actitud frente a la vida es la misma que tuvieron Alarico y los visigodos frente a Roma: la saquean.

El pecado capital del Ocho es la lujuria, pero no en el sentido sexual de la palabra. Los Ocho desean la intensidad: son dínamos de alto voltaje que quieren estar donde esté la acción, y si no la encuentran, la crean. Los Ocho son los números con más energía en el Eneagrama. Son personas pasionales, energéticas, prácticas y aceleradas que beben la vida hasta el final y luego golpean su vaso contra la mesa y piden otra ronda para todos los que están en la barra.

Los Ocho no necesitan que una banda de la Marina toque un himno para que los demás se enteren que ellos llegaron. Cuando los Ocho entran a una habitación, puedes sentir su presencia antes de verlos. Su energía exuberante no llena el espacio, sino que *se apropia* de él.

Imagina que, en un vestuario, un grupo de jóvenes se está quejando de cuán "exigente" fue su clase de yoga restaurador. Imagina ahora sus rostros estupefactos y el silencio que invadiría la habitación si Dwayne "la Roca" Johnson, envuelto en una toalla, pasara por allí y los mirara. Habría varios jóvenes buscando en el piso y diciendo: "¿Alguien vio mis lentes de contacto?".

No todos los Ocho hablan fuerte y dan golpes de karate en el aire para aclarar un asunto mientras conversan o intimidan físicamente a los demás. Estos son estereotipos, no tipos de personalidad. El rasgo característico de un Ocho es la sobreabundancia de energía intensa que irradian dondequiera que van. Más allá de si son introvertidos o extrovertidos, grandes o pequeños, masculinos o femeninos, liberales o conservadores, todos los Ocho que conozco destilan confianza, audacia y fortaleza. Tal como Zorba, el griego, de la novela de Kazantzakis, son personas que responden con placer a todo lo que la vida les depara.

Los Ocho que están sanos espiritualmente y tienen autoconciencia, aman hacer aquello que los demás dicen que es imposible. Si su energía es encauzada y canalizada, pueden cambiar el curso de la historia. Piensa en Martin Luther King Jr.

En cambio, un Ocho sin desarrollo espiritual o autoconocimiento es alguien a quien desearías lejos de tus niños. Piensa en Iósif Stalin.

TODO SOBRE LOS OCHO O LOS RETADORES

El enojo es la emoción dominante en la vida de un Ocho. Son personas sumamente independientes cuya energía opositora se traduce en una necesidad de ser fuertes y de enfrentar el poder. Los Ocho suponen que no pueden confiar en los demás hasta que estos le demuestren lo contrario. Por lo tanto, no es de extrañar que el enojo sea su emoción más recurrente. Está tan cerca de la superficie que, a veces, puedes sentir que lo irradian como lo haría un calentador. Y debido a que les resulta tan sencillo enojarse, un Ocho promedio puede desenfundar demasiado rápido y comenzar a disparar antes de pensar en las consecuencias. Sin embargo, sus instantes de enojo son maniobras de defensa inconscientes, empleadas para evitar reconocer su debilidad o revelar su vulnerabilidad. Los Ocho usan el enojo como un muro detrás del cual esconderse y defender los sentimientos más débiles y tiernos de aquel niño inocente y sincero que alguna vez fueron: aquel que no quieren que los demás vean.

Los Ocho no tienen reguladores de intensidad. Están encendidos o apagados, dentro o fuera. Piensan "hazlo a lo grande o no lo hagas". Quieren expresar su instinto animal y satisfacer su apetito de una vida sin limitaciones ni restricciones impuestas por los demás. Este enfoque impulsivo de "todo o nada" hace que los Ocho tiendan a ser demasiado condescendientes y excesivos. Pueden trabajar, enfiestarse, comer, ejercitarse o hacer cualquier cosa en exceso. Para los Ocho, tener demasiado de algo bueno es casi suficiente.

Como mi amigo Jack (que es un Ocho) diría: "Si vale la pena hacer algo, también vale la pena hacerlo en exceso". (No te gustaría jugar una partida competitiva con Jack porque no suelen terminar bien.)

Esta energía desenfrenada, apasionada y combativa puede parecer apabullante y amenazante para las personas que no son Ocho. La mayoría de las personas va a las fiestas para pasar un buen rato y hablar con gente interesante, no para discutir con el niño prodigio del equipo de debate de Harvard. Intenta no tomarlo como algo personal. Puede parecer extraño, pero los Ocho pueden considerar intimidad aquello que uno considera intimidación. Para ellos, el conflicto es conexión.

Según mi experiencia, los Ocho no se ven a sí mismos como personas enojadas. De hecho, se sorprenden cuando descubren que los demás los consideran intimidantes, insensibles y dominantes.

"Todos los años obtenía los mismos resultados en mi evaluación anual —me dijo Jim, un ex ejecutivo de una discográfica de Nashville que es un Ocho—. Mi jefe decía que, en términos de ventas, era grandioso, pero que mi personal se quejaba constantemente de que yo era muy autoritario y descortés y de que pisoteaba sus ideas. Sinceramente, no tenía la menor idea de cómo se sentían las personas que me rodeaban". Los Ocho se ven a sí mismos como personas honestas y directas que no temen enfrentarse cara a cara con lo que la vida les pueda deparar y que siempre dejan todo en el campo de juego.

OCHO FAMOSOS
Martin Luther King Jr.
Muhammad Ali
Angela Merkel

Por suerte, los Ocho se preocupan mucho por la justicia y la equidad. Son grandes defensores de las viudas, los huérfanos, los pobres y los marginados. No les cuesta decirles la verdad a los poderosos y, probablemente, sean el único número del Eneagrama que tiene el valor suficiente para confrontar y derribar a los opresores y dictadores del mundo.

Te garantizo que si miras la página de Facebook de mi hija Cailey, encontrarás una foto de ella marchando en una reciente protesta contra la brutalidad de la policía, a favor de aumentar el salario mínimo o para exigir que las universidades cancelen sus inversiones en compañías que producen combustibles fósiles. Tendrás que buscar los memes de gatitos en otro lado.

A pesar de que la preocupación de los Ocho por la justicia, la equidad y defender a los menospreciados es genuina, hay otra cuestión que desempeña un rol fundamental. Debido a que, durante su infancia, presenciaron o experimentaron las consecuencias negativas que acarrea ser indefenso, se identifican con las presas fáciles y se apresuran a ayudarlas.

La preocupación de los Ocho por la justicia es maravillosa, hasta que se ponen calzas y una capa y se arrogan el papel de un superhéroe enviado para vengar a los indefensos y equilibrar la balanza de la justicia. Esta es una tentación de los Ocho, que suelen pensar en términos dualistas. Ven las cosas como blancas o negras, buenas o malas, justas o injustas. Las personas son amigas o enemigas, débiles o fuertes, astutas o ingenuas. Según la mente de un Ocho, tú y yo tenemos opiniones, mientras que él tiene la verdad. Creen, sin temor a equivocarse, que sus puntos de vista o sus posiciones son irrefutables. No aceptan tener una opinión matizada respecto de los temas, porque piensan que no tener clara tu posición o no conocerla a ciencia cierta representa debilidad o —Dios no lo permita— cobardía. Si quieres intentar convencerlos de lo contrario, te sugiero que lleves tu pijama porque te tomará toda la noche.

Los Ocho pueden hacer una tormenta en un vaso de agua. Una pequeña pelea verbal, como las de antes, les da la oportunidad para "agrandarse" y hacer que las personas abran los ojos y puedan ver que el Ocho no es débil. Ellos valoran la verdad, y qué mejor que una confrontación cara a cara para descubrirla. Los Ocho saben que las personas pueden cerrar los puños durante una pelea caliente. Una confrontación puede demostrar lo que *realmente* está ocurriendo detrás de escena, sacar a la luz las intenciones verdaderas o los planes ocultos de la gente, o revelar si se mantienen firmes y si se puede confiar en ellas.

> "No pierdes nada cuando luchas por una causa. En mi opinión, los perdedores son aquellos que no tienen una causa por la cual luchar".
>
> **MUHAMMAD ALI**

Cada número tiene una manera de comunicarse que lo caracteriza. Conocer el estilo del habla de cada número no solo te dará una idea de los tipos de los demás, sino que también te ayudará a acercarte más a tu propio número. La manera de hablar de los Ocho es *autoritaria*. A menudo, sus oraciones están plagadas de imperativos y encerradas entre signos de exclamación.

Mientras que para la mayoría de las personas el conflicto es cualquier cosa menos una experiencia estimulante, es precisamente allí donde los Ocho obtienen su energía. Si la conversación en la mesa de las fiestas no es muy emocionante, los Ocho sacarán su celular y, en secreto, revisarán su correo electrónico por debajo de la mesa. Si continúa siendo aburrida, se sacarán sus guantes y dirán algo así como: "Prefiero tirarme del noveno piso que vivir con este presidente durante otros cuatros años". Luego, se acomodarán en su asiento y disfrutarán el momento.

LOS OCHO COMO NIÑOS

¿De dónde provienen estas fuerzas de la naturaleza? Una historia que, tanto Suzanne como yo, escuchamos de los Ocho es que algo ocurrió en sus años de formación que los obligó a abandonar su inocencia infantil y a asumir la responsabilidad de su vida y, quizá, de la vida de otras personas. Algunos Ocho fueron criados en entornos inestables o en hogares en los que se celebraba la firmeza.

(Esto no es así en el caso de mi hija. Ella creció en el Edén.) Otros dicen que sufrieron tanto acoso en la escuela que solo podían confiar en sí mismos. Estas luchas pueden reflejar la experiencia de tu infancia o no. Pero no rechaces la posibilidad de ser un Ocho (u otro número) únicamente porque no te identificas con una de las historias de la infancia en particular.

Independientemente de la causa originaria, cuando eran niños, los Ocho aceptaron el mensaje de que "el mundo es un lugar hostil donde solo sobreviven los fuertes y los débiles o inocentes sufren acoso emocional o son traicionados. Ponte tu armadura y nunca permitas que los demás vean tu lado tierno". Los Ocho se preocupan muchísimo por la traición. Por lo tanto, muchos de ellos solo confiarán en un pequeño círculo de amigos a lo largo de toda su vida.

A medida que fueron creciendo, los Ocho observaron el arenero o su casa y notaron un mundo que funcionaba según "la ley del más fuerte" y en el cual existían dos tipos de personas: los que controlaban a los demás y los sumisos. Descubrieron que los niños más débiles acababan como seguidores y juraron que a ellos jamás les pasaría eso. No es fácil darse cuenta, pero los Ocho no sienten que deben tener el control, *sino que simplemente no les gusta que los controlen.* (La última oración es tan importante que si levantarme todos los días durante un año con la canción "Rockstar", de Nickelback, significa que la vuelvas a leer y la recuerdes, lo haré. Nunca entenderás a los Ocho por completo si no comprendes esta diferencia.)

Una de mis historias preferidas sobre los Ocho como niños es sobre Joey, la hija de Suzanne. Cuando Joey tenía cinco años, su mamá recibió un mensaje de voz de la directora de la guardería a la que iba Joey. Si has criado niños, sabrás que una llamada como esta significa que tu niño está vomitando en donde guardan los Legos o necesita algo que tú, un padre desgraciadamente patético, olvidaste darle. También es posible que tu hijo sea un mordedor en serie, que no responde a la "orientación positiva continua" esa mañana y necesita su bozal. De cualquier modo, significa que debes enfrentar al director.

Pero Suzanne se sorprendió cuando descubrió que el problema no consistía en ninguna de estas posibilidades. Para su desconcierto, le dijeron que Joey había solicitado programar una reunión con la Sra. Thompson, la directora de la guardería.

—Suzanne, como puedes imaginar, *nunca* antes un niño de cinco años había solicitado una reunión formal —explicó la Sra. Thompson—. Mi secretaria no supo qué hacer, así que la programó.

—¿Por qué quería verla? —preguntó Suzanne.

—Bueno…, Joey entró a mi oficina antes que yo y sugirió que tomáramos nuestros asientos. Yo lo hice, pero ella no; por lo tanto, nuestros ojos estaban a la misma altura. Me entregó una carpeta que llevaba debajo de su brazo y dijo: "Gracias por reunirse conmigo, Sra. Thompson. Tengo un problema e intenté hablar con mi maestra al respecto, pero no fue de mucha ayuda. Entiendo que la mayoría de los niños necesitan dormir una siesta, pero yo no. Entonces, en lugar de estar aburrida y que me obliguen a acostarme durante ese periodo de tiempo, tengo una idea".

Luego la Sra. Thompson le entregó a Suzanne la carpeta de Joey, que contenía todos sus trabajos, todos ellos con una estrella dorada. Joey había entregado la carpeta a la Sra. Thompson como una prueba para demostrar su desempeño impecable y la genialidad de su plan: como ella no necesitaba dormir la siesta y sus trabajos eran perfectos, le deberían permitir ayudar a las maestras a corregir los trabajos durante el tiempo de la siesta.

—Y, mientras estiraba su espalda para ponerse derecha, Joey me dijo: "Y puedo hacer esto por solo un dólar con 47 centavos por hora". Suzanne, no le puedo pagar. ¡Eso es ilegal! —dijo la directora tras haber terminado su historia.

—Entonces, ¿le dijiste que no? —preguntó Suzanne.

La Sra. Thompson frunció el ceño con incredulidad, lo que indicaba que ni siquiera había considerado esa posibilidad. Joey no la había presentado como una opción.

La intención de esta historia no es demostrar que los Ocho son acosadores y que Joey tenía una ventaja frente a sus compañeros. (De hecho, salvo que sean muy enfermizos, los Ocho no suelen ser acosadores. Los acosadores actúan para compensar y cubrir sus temores, mientras que los Ocho no le temen a nadie. Gracias a su preocupación por la justicia y al deseo instintivo de proteger y defender a los desprotegidos, lo más probable es que los Ocho enfrenten a los acosadores.) La intención es demostrar cuán profundas son las conexiones del número Ocho. Joey ya estaba demostrando la fortaleza de un Ocho a los cinco años.

Al igual que Joey, los niños que son Ocho suelen estar más adelantados que los demás y quieren que se les permita actuar de manera independiente. Estos niños confían en sí mismos más de lo que confían en la mayoría de los adultos y tienen la energía suficiente para superar los desafíos y hacer que las cosas funcionen.

Los Ocho jóvenes obedecerán cuando les pongan límites, pero su motivación no se relaciona con complacer a los demás, sino con esperar que los recompensen con más libertad e independencia debido a su buen comportamiento. No sienten la necesidad de ajustarse a las reglas, pero saben cuándo les conviene hacerlo. Estos niños toman el mando cuando pareciera que no hay nadie en el timón y, por lo general, hacen un buen trabajo. Un trabajo tan bueno que cuando las personas dicen que Cailey es la prueba de que somos padres razonablemente decentes, nosotros respondemos: "¿Qué te hace pensar que nosotros tuvimos algo que ver?"

Desafortunadamente, la desventaja de su independencia y su autosuficiencia es que estos niños pueden olvidar su inocencia a una edad muy temprana y después es difícil recuperarla. Necesitan recuperar la vulnerabilidad que, para los demás, define a la infancia. Deben recordar el momento en sus vidas en el que no necesitaban estar a cargo o tener el control para sentirse seguros, cuando podían confiar en que los demás los protegerían. Necesitan las lecciones que nos enseñan los errores y la debilidad: el valor de una disculpa, la experiencia del perdón y las lecciones que solo podemos aprender cuando seguimos a otro líder. Si su audacia no se moldea y se encauza para convertirla en una fuerza positiva durante sus años de desarrollo, puede convertirse en una postura totalmente opositora frente al resto del mundo.

EL RETADOR EN LAS RELACIONES

Amo a los Ocho que forman parte de mi vida. No cambiaría mis relaciones con ellos por nada en el mundo. Esto no significa que sea fácil construir una relación con un Ocho, sino que el cuidado y la energía que debes emplear para ser su amigo o su pareja valen la pena.

Los Ocho quieren que las personas los desafíen. Los Ocho admiran la fortaleza. No te respetarán si no estás dispuesto a estar codo a codo con ellos. Quieren que los demás sean similares a ellos y estén dispuestos a luchar por lo que creen. Lo último que quieres es levantar una bandera blanca cuando los Ocho comienzan a emocionarse e intentan despertarte.

Una noche, un amigo de la familia, que es un Ocho, vino a casa para cenar. Como Ed vivía justo al lado de la casa de mi infancia, me vio crecer desde que yo era un bebé. Lo quiero como a un padre, pero a veces es difícil tratar con él. Mientras comíamos el postre, mencioné cuánto me había gustado la película *Birdman o La inesperada virtud de la ignorancia*.

—Esa película es muy mala —indicó él—. Es demasiado larga, el argumento es tonto y Michael Keaton ya no es lo que era. No entiendo por qué alguien podría pensar que *Birdman* es una buena película —agregó, mientras agitaba su tenedor en el aire como si este fuera un sable de esgrima.

Como la mayoría de los Ocho, Ed vive según la regla "ya, listos, preparados". Es un hombre práctico que habla y luego piensa. A veces. Con los años, aprendí a correr y salir del camino cuando do Ed sube a su topadora y comienza a perseguirme. Pero, como alumno y maestro del Eneagrama, decidí ver qué pasaba si yo lo enfrentaba en el campo de batalla.

—¿Quién eres? ¿Un crítico de cine profesional? —le pregunté con mi voz de hombre adulto mientras apuntaba mi dedo hacia él—. El guion es maravilloso, la dirección es impecable, y te apuesto cincuenta dólares a que Michael Keaton será nominado a un Oscar. No entiendo por qué alguien podría pensar que *Birdman* es una mala película.

Nadie se movió en la mesa. Mis hijos se armaron de valor por si quedaban huérfanos. Ed se reclinó y, por un momento, me miró con curiosidad.

—Buen punto —dijo él, mientras sonreía y atacaba su tiramisú. Y eso fue todo.

Todos retomamos nuestra conversación normalmente, como si la discusión pasajera hubiera sido una breve interrupción para los comerciales. Esto es lo que sucede con los Ocho. Te respetarán si te mantienes firme frente a ellos y, una vez que la confrontación termine, será como si nada hubiese ocurrido.

Los Ocho quieren la verdad sin adornos. A menos que te gusten los distanciamientos prolongados, nunca le mientas ni le transmitas un mensaje contradictorio a un Ocho. Debes decir la verdad, toda la verdad y nada más que la verdad. La información es poder, por este motivo los Ocho quieren saber todos los hechos. Como un buen ejemplo, pienso en Suzanne y Joey quince años después. Joey estaba yendo desde la universidad a su casa cuando sufrió un accidente automovilístico muy grave en el que se fracturó un hombro, se dislocó la cadera y se llenó de moretones desagradables. Cuando Suzanne vio a Joey antes de que la llevaran a la sala de cirugía, quedó impactada al verla tan golpeada, cada centímetro de su cara tenía las marcas de haber rodado por la gravilla.

Tratando de contener las lágrimas, Joey preguntó:

—Mamá, ¿me veo horrible?

—Sí, mi amor —dijo Suzanne—, te ves horrible.

Las enfermeras que estaban allí soltaron un soplido, el tipo de soplido que Suzanne dice que las mujeres reconocen como una expresión intencional de juicio. Cuanto más fuerte es el soplido, mayor es el juicio. Pero Suzanne sabía que los Ocho quieren saber la verdad *siempre* y fue por eso por lo que no se la ocultó. Los Ocho no quieren que los protejas de los hechos ni que los mimes omitiendo los detalles desagradables. En la mente de un Ocho hay muchas cosas en juego. Si no saben la verdad, no saben qué es lo que está pasando en realidad; y si no saben qué está pasando en realidad, no tienen el control: y los Ocho *nunca* quieren estar en una posición en la que les falte el control. Si omites información pertinente, los Ocho sentirán que los has dejado sacudiéndose en el viento y peligrosamente expuestos. No te recomiendo perder la confianza de un Ocho. Cuesta mucho recuperarla, por eso *siempre debes ir con la verdad.*

Los Ocho quieren tener el control. Nunca quieren sentir que no tienen el control. Este es uno de los motivos por los que no dicen "discúlpame" muy frecuentemente. Si les dices que han dicho o hecho algo que te lastimó, pueden empeorar las cosas acusándote de ser demasiado sensible. Cuando las cosas salen mal, los Ocho que carecen de autoconciencia culpan a los demás con mucha facilidad, en lugar de asumir la responsabilidad por sus errores. En el caso de los Ocho que carecen de madurez espiritual, expresar arrepentimiento o admitir lo que hicieron mal es una señal de debilidad. Los Ocho creen que si asumen su error y se disculpan por su comportamiento, tú lo traerás a colación y lo usarás en su contra en el futuro. Si sirve como consuelo, cuando en el silencio de su corazón notan que han lastimado a alguien que aman, algunos Ocho se echan toda la culpa a sí mismos (siempre que estén convencidos de que se equivocaron).

Recuerda que los Ocho tienen personalidades imponentes, dominantes y que necesitan ser "el jefe". A menos que les pongas un freno, intentarán tomar el control de los bienes, el calendario social de la familia, el control remoto del televisor y la chequera. Debido a que son muy expansivos y autónomos, los Ocho pueden entrar en la habitación en la que estás sentado y, en cuestión de minutos, su voz a todo pulmón, sus ademanes exuberantes y sus opiniones (las cuales ofrecen categóricamente) tomarán el control del ambiente como si fueran un poder invasivo.

Los Ocho piensan que "no hay que quejarse ni explicar". No inventan excusas y esperan que tú tampoco lo hagas. Si estás en una relación romántica con un Ocho, debes saber quién eres y ser independiente. No quieren que drenes su energía, sino que esperan que tú aportes la tuya. Les encantan los debates, las aventuras arriesgadas y sacar de quicio a las personas.

Este exceso y la intolerancia a las limitaciones significan que los Ocho necesitan amigos y parejas que los ayuden a mantenerse bajo control. El "olvido de sí mismos" es una característica distintiva de los tres números de la Tríada visceral (8, 9, 1). Además de olvidar la inocencia de su infancia, algo que los Ocho suelen olvidar es que no son superhombres invencibles. Muchos Ocho se sienten más grandes físicamente y más poderosos de lo que en verdad son, lo que los lleva a ser demasiado exigentes con su cuerpo y a poner su salud y su bienestar en riesgo. Se molestarán cuando se lo digas, pero ellos necesitan que les recordemos que la moderación es una virtud, y no una orden de restricción.

Los Ocho tienen un lado tierno. Si tienes la fortuna de compartir la vida con un Ocho, sabrás que debajo de la intensidad y la energía irritable hay un corazón que desborda ternura y amor. Los Ocho darían la vida por su pequeño círculo de amigos.

> "Luchar enérgicamente por el bien es el deporte más noble del mundo".
>
> **THEODORE ROOSEVELT**

Debes sentirte honrado cuando un Ocho demuestre ternura o comparta pensamientos o sentimientos vulnerables contigo. Uno de los grandes problemas de los Ocho es confundir la vulnerabilidad con la debilidad, por eso es raro que bajen la guardia para permitir que los demás vean su fragilidad o su deseo profundo de sentirse comprendidos y amados. Esta es la razón por la que los Ocho se sienten atraídos hacia los tipos más sensibles del Eneagrama (2, 3, 4), quienes los pueden ayudar a conectarse con su afecto y a expresarlo.

Los Ocho se interesan por apoyar a las personas que desean alcanzar su potencial. Saben cómo fortalecer a los demás y cómo sacar lo mejor de ellos, y se esfuerzan por ayudarlos a cumplir con sus objetivos. Todo lo que piden es que des el 150% de ti mismo para poder alcanzar la meta. Si no lo haces, el Ocho que antes te apoyaba buscará a alguien más que esté dispuesto a esforzarse.

Cuando los Ocho son sanos, suelen ser muy divertidos. Se ríen con facilidad, entretienen con generosidad y cuentan el tipo de chistes que te hacen reír como un cerdo. Pero también les gusta mucho la competencia. Ya sea que estés jugando la final del torneo de Wimbledon contra ellos o una simple partida de croquet en el patio, descubrirás que los Ocho odian perder más de lo que aman ganar.

El antagonismo de los Ocho puede sabotear sus relaciones. El Eneagrama revela que, a veces, es peor el remedio que la enfermedad. Al poner a prueba la autoridad, ser demasiado directos e insensibles, actuar de manera provocadora, insistir en que su perspectiva es siempre la correcta o actuar por impulso, los Ocho no se protegen de los ataques, de perder el control ni de experimentar daño emocional o traiciones. Al contrario, eso es lo que generan.

Las personas pueden cansarse de ser empujadas o intimidadas por un Ocho sin madurez espiritual, y se apartarán de la relación o se agruparán para derribarlo en lo profesional o excluirlo del grupo social. Lamentablemente, cuando esto sucede, se confirman los peores temores del Ocho acerca de los peligros del mundo, de que no se puede confiar en los demás y de las probabilidades de ser traicionados.

Los Ocho buscan una respuesta para la pregunta: "¿Puedo poner *mi* vida en *tus* manos?". Al fin y al cabo, quieren encontrar a alguien con quien se sientan lo suficientemente seguros como para bajar sus defensas y abrir su corazón.

LOS OCHO EN EL TRABAJO

Los Ocho pueden tener cualquier tipo de profesión. Son maravillosos fiscales y abogados defensores, entrenadores, misioneros, personas de negocios y fundadores de organizaciones. Como les gusta tener el control y ser libres de las limitaciones impuestas por los demás, es común que los Ocho trabajen de forma autónoma.

Como empleados, los Ocho pueden ser un gran recurso o representar mucho trabajo, y por lo general son ambas cosas. Si tienes la suerte de tener un Ocho en tu equipo y quieres que tenga un buen desempeño, mantén abiertos los canales de comunicación y no lo sorprendas con un cambio de las reglas o un cambio imprevisto de planes. Los Ocho son muy intuitivos y entienden el mundo desde sus vísceras, lo que implica que pueden sentir el engaño o la falta de integridad muy fácilmente. Si confían en ti, ya lo conseguiste. Si no, duerme con un ojo abierto.

Los Ocho siempre quieren saber quién tiene el poder para desafiarlo y poner a prueba su autoridad. Debes fijar restricciones, brindar comentarios frecuentes y honestos y establecer límites claros y razonables. Los Ocho seguirán a un líder siempre que este sepa hacia dónde se dirige. No tienen paciencia con los líderes que no tienen las agallas para comprometerse con un plan de acción y avanzar. Como están buscando un líder fuerte, tendrás que animarte y darles una dirección clara o asignar a alguien con más iniciativa para que se encargue de ellos.

También debes mantenerlos activos. Un Ocho aburrido es como un cachorro que estuvo encerrado todo el día en la casa: debes mantenerlo ocupado o morderá todo. Pero cuando estés entre la espada y la pared, querrás tener al Ocho en tu equipo. Son creativos, sabios y valientes, saben solucionar los problemas y dormirán en el piso hasta que se complete el trabajo.

El mundo corporativo de los Estados Unidos adora a los Ocho. (También galardona a los Tres, pero todavía no llegamos a ese punto.) Son personas como Jack Welch, el ex presidente de General Electric, cuya sinceridad infame y estilo de liderazgo firme hizo que los resultados de GE crecieran de manera exponencial, pero también le valió el apodo de "Jack Atómico". (Quizá esto lo hizo reflexionar.) De cualquier modo, la presencia imponente y la energía ilimitada de los Ocho inspira la confianza de los demás y las personas los siguen.

Si eres un hombre, esto acaba aquí.

LOS OCHO DEL GÉNERO FEMENINO

El género influye en la manera en que se desarrolla la vida de los Ocho. A mediados de la década de 1960, mi padre no tenía empleo y nuestra familia estaba en la bancarrota; tan es así, que teníamos que poner papel de diario en nuestros zapatos para mantener nuestros pies secos cuando llovía. Para que pudiéramos comer, mi madre (que es una Ocho) comenzó a trabajar como secretaria en una pequeña editorial en Greenwich, Connecticut. En aquellos días, los hombres dominaban el mundo editorial y, para poder alcanzarlos, las mujeres no tenían que romper el "techo de cristal", sino que tenían que romper paredes de concreto reforzadas con acero.

Eso no detuvo a mi madre. Quince años después de haber sido contratada para tomar notas y preparar café, la nombraron vicepresidenta y editora de la compañía.

Así es una Ocho: esforzada, fuerte, decidida, innovadora e ingeniosa y hace lo que los demás dicen que es imposible. Hace que las cosas sucedan.

Cuando piensa en sus años en el mundo de los negocios, mi madre dice que las Ocho son el número del Eneagrama al que menos se comprende y al que peor tratan. En nuestra cultura, los Ocho varones se respetan y hasta se veneran. Las personas exaltan a los hombres que "se abren camino y llegan a ser alguien de renombre". Lamentablemente, todos sabemos cómo se describe a las mujeres que toman el control en el lugar de trabajo o en la comunidad, defienden sus creencias, se niegan a aceptar los maltratos de los demás y cumplen con su trabajo.

No necesito explicarlo, ¿o sí?

Muchas Ocho mujeres se preguntan: *¿Por qué las personas me tratan de esta manera?* ¿Podrán las personas inseguras que se sienten amenazadas con facilidad cerrar la boca y dejar de castigar a estas mujeres talentosas para que ellas puedan seguir con su vida sin más interrupciones?

> "Cuando los hombres despiden al personal, se los considera decididos. Cuando las mujeres despiden al personal, se las considera vengativas".
> **CARLY FIORINA**

ALAS

Recuerda que cada tipo de personalidad básico incorpora los atributos de, como mínimo, uno de los números que se encuentran a su lado en el diagrama. A esto le llamamos "ala". Si eres un Ocho y sabes qué ala influye más en tu tipo, puedes decir algo como: "Soy un Ocho con ala Siete" o "Soy un Ocho con ala Nueve". O, como dirían mis amigos escoceses: "Soy un Ocho con un poquito de Siete en mi sangre".

Todavía no hemos aprendido las cualidades características de los Siete (los Entusiastas) ni de los Nueve (los Pacificadores), pero de todas maneras podrás notar cómo estas alas agregan rasgos positivos o negativos a la personalidad de un Ocho.

Ocho con ala Siete (8a7). Esta combinación puede ser muy exótica. Los Ocho con ala Siete son extrovertidos, energéticos y divertidos porque reflejan la personalidad alegre del Siete. También son ambiciosos, impulsivos y, a veces, imprudentes. Estos Ocho viven la vida a plenitud. Son el número con más energía y también el más emprendedor. La energía del Siete enmascara al Ocho precavido; por este motivo, son más sociables y gregarios que el resto de los Ocho.

Ocho con ala Nueve (8a9). Los Ocho con ala Nueve tienen un enfoque de la vida mucho más moderado. Son más accesibles y abiertos a la colaboración frente a la competencia, debido a la tendencia del Nueve a cumplir el papel del pacificador. Gracias al don de meditación del Nueve, estos no son Ocho comunes. Los 8a9 pueden actuar como conciliadores. Son alentadores, modestos y menos tempestuosos, y los demás los siguen con gusto. Si los Ocho pueden emplear el don del Nueve de ver ambas caras del asunto, se convierten en negociadores exitosos.

ESTRÉS Y SEGURIDAD

Estrés. Cuando los Ocho se estresan, se mueven hacia el Cinco (los Investigadores) y adoptan las cualidades de un Cinco enfermizo. En este caso, se desconectan aún más de sus emociones. Algunos experimentan insomnio y dejan de cuidarse a sí mismos, comen mal y no practican ejercicio. En esta posición, los Ocho se vuelven reservados y están sumamente atentos a la traición. También pueden volverse más intransigentes de lo habitual.

Seguridad. Cuando los Ocho se sienten seguros, se mueven hacia el lado sano de los Dos, donde son más bondadosos y no se preocupan tanto por ocultar su naturaleza tierna y amable. Los Ocho que están en ese lugar no insisten en que sus creencias y opiniones son completamente ciertas, sino que aprenden a escuchar y a valorar los puntos de vista de los demás. Comienzan a confiar en algo más grande que ellos (¡sí, hay cosas más grandes que los Ocho en el universo!) y a permitir que otras personas cuiden de ellos. Esto, aunque dure poco tiempo, pone a todos muy contentos. Los Ocho que están conectados con el lado positivo del Dos se dan cuenta de que la justicia es una realidad que está fuera de su control y que lo mejor es dejar la venganza en las manos de Dios. Al menos por ahora.

TRANSFORMACIÓN ESPIRITUAL

En su libro, *En busca de espiritualidad*, el padre Ronald Rolheiser, un escritor católico, define el *eros* como "un fuego inextinguible, una inquietud, un anhelo, una intranquilidad, un hambre, una soledad, una nostalgia permanente, un deseo salvaje que no se puede domar, un dolor congénito e integral que está situado en el centro de la experiencia humana y es la fuerza suprema que impulsa todo lo demás". Suzanne y yo creemos que los Ocho están más conectados con su *eros* divino que el resto de nosotros, o quizá tienen más. Son criaturas finitas que intentan controlar un tanque que rebosa de deseos infinitos. Es difícil controlarlo. Si se controla el incendio, su fuego puede acoger. Pero, como todo fuego, si no está contenido, quemará tu casa.

Cuando los Ocho están en un buen lugar espiritual y tienen autoconciencia, son centrales eléctricas: valientes, magnánimos, inspiradores, energéticos, alentadores, leales, seguros de sí mismos, intuitivos, comprometidos y tolerantes.

Cuando los Ocho ponen su vida en piloto automático y se quedan dormidos en el área espiritual, son descaradamente excesivos, imprudentes, arrogantes, intransigentes y, a veces, crueles.

Me encanta ayudar a los Ocho a explorar la inocencia de su infancia, a la cual renunciaron demasiado temprano, y a restaurar su confianza en la humanidad. Me encantaría poder prometerles que no los traicionarán, pero no puedo. En algún momento, lo sufrirán.

El mensaje sanador que los Ocho necesitan comprender, creer y sentir es el siguiente: hay muchas personas en las que no podemos confiar y, a pesar de que el riesgo de que nos traicionen está siempre vigente, el amor y la conexión los evitarán por siempre, salvo que acepten y vuelvan a conectarse con el niño inocente e indefenso que alguna vez fueron. Sí, la traición es extremadamente dolorosa, pero no ocurre tan seguido como los Ocho creen. Y si ocurre, tendrán la fortaleza suficiente para superarla.

Como a los Ocho les gusta que las personas sean directas con ellos, voy a hablarles con total franqueza: vivir detrás de una fachada de bravuconería y dureza para ocultar el temor de que lastimen sus emociones es cobarde, no valiente. Lo que implica valor es arriesgarse a la vulnerabilidad y el amor. ¿Eres lo suficientemente fuerte como para quitarte la máscara de alarde y rudeza?

Me gustan los libros de Brené Brown *El poder de ser vulnerable* y *Los dones de la imperfección*. De hecho, sugiero que los Ocho lean ambos libros. Dos veces. En *Los dones de la imperfección*, Brown escribe: "Asumir nuestras debilidades es arriesgado, pero no tan peligroso como renunciar al amor, la sensación de pertenencia y la dicha, experiencias todas ellas que nos hacen sentir vulnerables. Solo cuando tengamos la valentía suficiente para explorar nuestros lados oscuros descubriremos el poder infinito de nuestra luz". Si los Ocho quieren amar y ser amados, tendrán que arriesgarse a abrir su corazón y revelar sus partes más profundas a las personas más cercanas a ellos. Es el precio de la entrada.

"Cuando soy débil, entonces soy fuerte". Eso fue lo que el apóstol Pablo dijo, y creo que tiene razón. Los Ocho deben escribir esa frase en una tarjeta, pegarla en el espejo de su baño y tomarla como el lema de su vida. Les servirá más que el lema "todo o nada".

DIEZ CAMINOS HACIA LA TRANSFORMACIÓN PARA LOS OCHO

1. Muchas veces, tu intensidad y tu deseo insaciable toman la delantera. Pídele a un amigo que te avise cuando te excedas o muestres comportamientos extremos. Recuerda: "Moderación, moderación, moderación".

2. Para recuperar un poco de la inocencia de tu infancia, cuida de tu niño interior y hazte amigo de él. Ya lo sé, no tienes tiempo para ese tipo de cosas, pero es de gran ayuda.

3. Ten cuidado con los pensamientos que dividen las cosas en blanco y negro y evítalos. El gris también es un color.

4. Expande tu definición de fortaleza y valentía e incluye en ella la vulnerabilidad. Arriésgate a compartir tu corazón.

5. Recuerda, tiendes a actuar de manera impulsiva. Es "preparados, listos, ¡ya!", y no "¡ya!, listos, preparados".

6. No eres el dueño de la verdad. En medio de la batalla, detente un segundo y pregúntate: *¿Y si no estoy en lo cierto?* Repítelo cientos de veces por día.

7. Tu tipo de personalidad es más grande e intensa de lo que tú crees. Lo que tú sientes como pasión, para los demás puede parecer intimidación. Ofrece una disculpa sincera cuando las personas te digan que les has pasado por encima.

8. No cumplas siempre el papel del rebelde y no te enfrentes a las figuras de autoridad buenas. No son todos malos.

9. Cuando te recargues y te enojes, frena un momento y piensa si estás intentando esconder o rechazar un sentimiento vulnerable. ¿Qué sentimiento? ¿Cómo usas la agresión para esconderlo y defenderte de él?

10. No juzgues a los demás ni te juzgues a ti mismo cuando compartan sentimientos tiernos. Es necesario armarse de valor para bajar la guardia y mostrar tu niño interior. (Ya lo sé, todavía odias esa frase.)

CÓMO SE SIENTE SER UN NUEVE

1. Hago todo lo posible para evitar los conflictos.
2. No tengo un espíritu emprendedor.
3. A veces pierdo el tiempo con las tareas banales, pero postergo las cosas que realmente importan.
4. Me contento con sumarme a lo que los demás quieren hacer.
5. Suelo posponer las cosas.
6. Me parece que los demás quieren que yo sea más decidido.
7. Cuando me distraigo y me desconcentro de lo que estoy haciendo, le presto atención a cualquier cosa que esté ocurriendo delante de mí.
8. Suelo aplicar la ley del menor esfuerzo.
9. Tener una rutina en el trabajo y en la casa me hacen sentir cómodo, pero cuando algo las altera, me desestabilizo.
10. Los demás piensan que soy una persona más pacífica de lo que realmente soy.
11. Me cuesta comenzar, pero una vez que empiezo algo, lo termino.
12. Soy la clase de persona "lo que ves es lo que hay".
13. No creo que yo sea alguien muy importante.
14. Las personas creen que soy un buen oyente, aunque a mí me resulta difícil prestar atención durante una conversación larga.
15. No me gusta llevar el trabajo a casa.
16. A veces dejo de prestar atención y pienso en el pasado.
17. Prefiero una tarde en casa con mis seres queridos a un evento social grande.
18. Estar al aire libre es muy relajante.
19. Soy muy tenaz cuando me piden cosas.
20. Si pasara un día entero haciendo lo que yo quisiera, me sentiría egoísta.

▼

4

TIPO NUEVE

EL PACIFICADOR

No puedes encontrar la paz evitando la vida.
VIRGINIA WOOLF

Los *Nueve sanos* son mediadores por naturaleza. Observan y valoran la perspectiva de los demás y pueden consensuar dos puntos de vista aparentemente irreconciliables. Son generosos, flexibles e inclusivos. Muy pocas veces se apegan a su manera de ver y hacer las cosas. Han aprendido a tomar decisiones en función de las prioridades correctas. Son personas inspiradoras y realizadas.

Aunque los *Nueve promedio* parezcan dulces y despreocupados, son obstinados y están desconectados con su enojo. Estos Nueve se descuidan a ellos mismos. A pesar de que suelen sentirse insignificantes, a veces se despiertan y asimilan que deben invertir en su vida. Están dispuestos a defender la justicia en nombre de los demás, pero prefieren no arriesgar demasiado para defenderse a sí mismos. No piden demasiado, pero aprecian lo que los demás hacen por ellos.

A los *Nueve enfermizos* les cuesta tomar decisiones y se vuelven extremadamente dependientes. Para callar los sentimientos de tristeza y enojo, desarrollan comportamientos insensibles. Debido a que quieren mantener la ilusión de que todo marcha bien, vacilan entre la conformidad y la hostilidad sincera.

Cuando tenía alrededor de veinte años, viví una experiencia de primera mano con una persona que sufría un desorden del sueño. Una noche, me despertó un ruido que parecía la voz de un niño que cantaba en el piso de abajo. Era inquietante. Había visto la película *A Nightmare on Elm Street* [Pesadilla en la calle del infierno] de Wes Craven, en la cual hay un coro de niños pequeños que cantan "Uno, dos, Freddy viene por ti" cada vez que Freddy estaba a punto de acuchillar a su próxima víctima. Al igual que Job, sentí los "terrores de sombra de muerte".

Me armé con un candelabro y bajé por las escaleras. Descubrí a mi compañero de piso que, en calzoncillos, caminaba sonámbulo por la sala de estar mientras bailaba con descuido al compás de la canción "Like a Virgin", de Madonna. Si hubieran existido los teléfonos inteligentes en ese tiempo, habría filmado ese momento y lo habría publicado en YouTube. Estoy seguro de que se hubiera vuelto viral, tanto como el video de "Gangnam style".

Ese recuerdo todavía me hace reír, pero el sonambulismo puede ser muy peligroso. Algunos sonámbulos subieron a grúas de cuarenta y dos metros, condujeron autos, salieron por las ventanas de un tercer piso e, incluso, asesinaron a sus suegros. En realidad, creo que las personas que dirigen algunos países son sonámbulas. Pero me estoy yendo por las ramas.

Por mucho tiempo, los grandes maestros cristianos usaron el sonambulismo como una metáfora para describir la condición espiritual del ser humano. Cuando nuestra personalidad está en piloto automático, esto nos hace entrar en un estado de somnolencia y, debido a este estado, quedamos atrapados en los patrones repetitivos de reacciones irracionales de nuestra infancia. Es tan predecible que se vuelve casi hipnótico. Los Nueve sufren de una forma más fuerte de sonambulismo que los otros números.

Si no prestan atención, pueden ser sonámbulos durante toda su vida.

John Waters y Ronna Phifer-Ritchie dan en el blanco cuando dicen que los Nueve son los "amorosos del Eneagrama". Mi esposa, Anne, y mi hija Maddie son Nueve. Las adoro. Cuando los Nueve tienen madurez espiritual, son personas relajadas y despreocupadas que saben cómo tranquilizarse y seguir la corriente. Al ser flexibles y apacibles, no se preocupan por las cosas insignificantes como la mayoría de nosotros. Los Nueve, el número menos dominante del Eneagrama, permiten que la vida transcurra de forma natural y ofrecen a los demás la libertad y el espacio para que crezcan a su propio ritmo y a su manera. Son rápidos para amar, lentos para juzgar y casi nunca exigen reconocimiento por el esfuerzo que emplean para cuidar de los demás. Son personas libres, prácticas, sumamente agradables y tienen los pies sobre la tierra. Honestamente, no tengo palabras suficientes para elogiar a los Nueve que hacen su trabajo. Pero los Nueve no son ajenos al principio de la inercia. Saben, sobre la base de su experiencia, que un cuerpo en movimiento permanece en movimiento y un cuerpo en estado de reposo permanece en reposo. Cuando los Nueve están abrumados porque tienen muchas cosas para hacer, demasiadas decisiones por tomar o ante la posibilidad inquietante del cambio, reducen su velocidad. Saben que si se detienen por completo, les costará mucha energía ponerse nuevamente en marcha. Como suele decir Suzanne: "Los Nueve comienzan lentamente y luego disminuyen la velocidad". Más adelante, encontrarás más información acerca de estas debilidades.

EL PECADO CAPITAL DE LOS NUEVE

El pecado capital de los Nueve es la *pereza*, una palabra que solemos asociar con la vagancia física. Sin embargo, en el caso de los Nueve se trata de una pereza espiritual. Los Nueve promedio no están conectados con su pasión ni con el impulso motivacional necesario para levantarse y vivir su propia "vida salvaje y preciosa". Los Nueve inmaduros no logran conectarse con el fuego que necesitan para vivir la vida que Dios preparó para ellos y, como consecuencia, no pueden ser ellos mismos. Pero es que aprovechar esas pasiones y esas motivaciones instintivas afectaría su paz interna y el equilibrio que los Nueve atesoran por sobre todas las cosas. Y ahora estamos más cerca de la verdad. Para los Nueve, la pereza se relaciona con su deseo de que no los molesten demasiado en la vida. No quieren sentirse abrumados por la vida. Recuerda que los Nueve están en la Tríada visceral o del enojo. Uno no puede reclamar su vida a menos que tenga las agallas, salvo que tenga acceso a su fuego instintivo y estimulante. Pero los Nueve son perezosos en cuanto a prestar atención a sus vidas, descubrir lo que *ellos* quieren hacer, perseguir sus sueños, satisfacer sus necesidades, desarrollar sus dones y cumplir con su llamado.

NUEVE FAMOSOS
Barack Obama
Bill Murray
Renée Zellweger

Se aferran a su armonía interna y la defienden. Le piden muy poco a la vida y esperan que esta les devuelva el favor. Los Ocho están conectados con su instinto visceral y exageran su enojo, mientras que los Nueve no están conectados con su instinto visceral y atenúan su enojo. Los Nueve están desconectados del lado positivo del enojo: el lado que inspira el cambio, que hace que las cosas estén en movimiento y que da el valor para defenderse. Cuando estás desconectado de este lado del enojo, te vuelves letárgico y fantasioso.

La falta de compromiso total con la vida de los Nueve deriva, en parte, de su necesidad de evitar el conflicto *cueste lo que cueste*. Los Nueve temen que, al expresar sus preferencias o afirmar sus planes, pondrán sus relaciones en peligro y perturbarán la calma del mar. ¿Qué pasaría si sus prioridades y sus deseos compitieran con los de un ser querido y esta diferencia derivara en un conflicto o acabara con la relación? ¿Qué pasaría si al afirmar sus opiniones, necesidades y deseos quiebran la armonía que existe entre ellos y sus seres queridos? Los Nueve valoran tanto sentirse cómodos y tranquilos, mantener el statu quo y conservar las relaciones que tienen con las personas de su entorno, que dejan a un lado sus puntos de vista y sus aspiraciones para combinarlos con los de los demás. Esto puede no parecer un problema para los Pacificadores, quienes probablemente crecieron con la convicción de que su presencia y sus prioridades no eran importantes para los demás. Un Nueve piensa: *¿Para qué agitar las aguas si, de todas maneras, nada de lo que digo o hago parece marcar la diferencia? ¿No sería más sencillo y más cómodo dejar de expresar mis prioridades y tomar el camino más fácil?* Como puedes imaginar, el aire que rodea a los Nueve suele tener una pizca de resignación. Lamentablemente, pagan un precio por su filosofía que se basa en "seguir la corriente para llevarse bien con los demás" y por no buscar una vida digna de sus dones y de su espíritu. Se quedan dormidos en sus propias vidas.

Para lidiar con situaciones como tener una cantidad innumerable de cosas por hacer y no saber por dónde empezar, para evitar el listado de preguntas sin responder y decisiones pospuestas que reclaman su atención, para ignorar el enojo y animar una autoestima baja, los Nueve tienen estrategias que no son sanas. Suelen recurrir a la comida, al sexo, al alcohol, al ejercicio, a las compras, a la comodidad reconfortante de los hábitos y las rutinas, a la realización de tareas mecánicas o a holgazanear en el sofá y mirar televisión para anestesiar e ignorar sus sentimientos, necesidades y deseos. Lo que los Nueve no notan es que esta anestesia es una relajación falsa, una imitación barata de la paz genuina que desean.

Pero los Nueve no deben perder el ánimo: son más valientes y más ingeniosos que lo que ellos creen. Recuerda, en el Eneagrama la desgracia de un número es únicamente una distorsión de la bendición de dicho número. Todos tenemos trabajo por hacer. Entonces, como el león Aslan grita al final de las *Crónicas de Narnia*: ¡Entrad sin miedo y subid más!".

TODO SOBRE LOS NUEVE O LOS PACIFICADORES

Los Nueve comparten muchas características en común que los hacen pertenecer a un mismo grupo, tales como olvidarse de sí mismos, la dificultad para la toma de decisiones y una tendencia a distraerse con facilidad. A pesar de que no todos los Nueve manifiestan cada una de estas características, muchos de ellos se sentirán identificados con las siguientes líneas. (O, quizá, sus amigos y familiares indicarán que sus queridos Nueve tienen estas características y los Nueve aceptarán lo que ellos digan porque esa es la manera en que funcionan: mantienen la armonía aceptando lo que los demás dicen.)

Se olvidan de sí mismos y se fusionan. Los Nueve se olvidan de sí mismos. Los tres números de la Tríada visceral se olvidan de sí mismos. Los Ocho se olvidan del descanso y del cuidado personal, los Uno se olvidan de relajarse y divertirse más seguido y los Nueve se olvidan de sus opiniones, preferencias y prioridades. En cambio, se fusionan con los sentimientos, los puntos de vista y los deseos de lo demás y, de esta manera, acaban por borrarse a ellos mismos. Para evitar complicar las cosas en sus relaciones, los Nueve que no han evolucionado descuidan el llamado de su alma a identificar, designar y afirmar lo que quieren en la vida y esforzarse por conseguirlo. De hecho, pueden fusionarse con el proyecto de vida y la identidad de otra persona, a tal punto que llegan a confundir los sentimientos, las opiniones, los éxitos y las aspiraciones de la otra persona con los suyos.

Como están situados en la cima del Eneagrama, los Nueve disfrutan de una vista despejada del mundo. Desde este punto panorámico, no solo tienen el beneficio de ver el mundo de la manera en que cada uno de los otros números lo ve, sino que también incorporan naturalmente algunas fortalezas características asociadas con cada tipo. Tal y como Riso y Hudson observan, los Nueve pueden encarnar el idealismo de los Uno, la bondad de los Dos, el atractivo de los Tres, la creatividad de los Cuatro, la potencia intelectual de los Cinco, la lealtad de los Seis, el optimismo y la audacia de los Siete y la fortaleza de los Ocho. Desafortunadamente, desde esta posición privilegiada, los Nueve pueden ver el mundo desde el punto de vista de todos los números menos del suyo. O en las palabras de Riso y Hudson: "el único tipo al que los Nueve no se parecen es al mismo Nueve".

Debido a que pueden ver a través de los ojos del resto de los números y, en consecuencia, no están seguros acerca de quiénes son o de qué quieren, los Nueve bajan sus barreras saludables para fusionarse con un compañero más seguro, a quien idealizan y de quien esperan obtener un sentido de identidad y propósito. Pero después de un tiempo ya no saben dónde terminan ellos y dónde comienza la otra persona. Muchas veces las personas describen a los Nueve como confusos, pasivos, "difusos" o careciendo de un yo definido. Como se sienten insignificantes y sienten que no son lo suficientemente especiales como para tener importancia o cambiar las cosas, los Nueve son notablemente discretos. Su energía difusa puede dar la impresión de que están en todos lados y en ningún lado al mismo tiempo. Pueden entrar y salir de las habitaciones sin que nadie los note. Como la maestra del Eneagrama Lynette Sheppard escribe: "Cuando estás con un Nueve, puedes sentir que has encontrado un lugar grande y cómodo".

> "Tengo tanto para hacer
> que me iré a dormir".
> **PRINCIPIO SABOYANO**

Los Nueve promedio tienen menos vigor y energía que cualquier otro número del Eneagrama. Pueden despegar como un cohete con un proyecto, pero luego, a mitad de camino, sucumben a la inercia, "cambian la misión" y caen en picada hacia la tierra. Suele haber muchos proyectos sin terminar en el haber de un Nueve: tinas a medio limpiar, céspedes a medio cortar, cocheras casi organizadas. Se sienten agotados y tienen razón: los Nueve están apretados en el medio de la Tríada visceral o del enojo. Como has aprendido, sus vecinos, los Retadores, externalizan su enojo, y (perdón por arruinar lo que viene más adelante) sus otros vecinos, los Uno, lo internalizan. Para evitar el conflicto y la confusión interna, los Nueve se duermen en su enojo. Esto no significa que desaparece, sino que tienen que trabajar mucho para contenerlo y sacarlo de su vista. Es una tarea extenuante y que fatiga el alma.

A diferencia de los Ocho y los Uno, los Nueve deben levantar y mantener no una, sino *dos* barreras: la primera, para defender a su centro pacífico de los ataques negativos del mundo exterior; y la segunda, para defender a su interior sereno de los pensamientos y sentimientos inquietantes que surgen desde dentro. Ignorar tu enojo y mantener dos barreras demanda esfuerzo. Desvía energía que los Nueve podrían emplear para vincularse más con la vida y desarrollarse. No es de extrañar que se sientan cansados la mayor parte del tiempo. Tan cansados que, cuando los Nueve no están realizando una tarea y se sientan para tomar un descanso momentáneo, pueden quedarse literalmente dormidos.

En ocasiones, verás que un Nueve, desconcentrado, mira a la nada como si hubiese caído en un trance. Así es. Cuando los Nueve se sienten abrumados, como cuando existe la amenaza de un conflicto o cuando las personas les dicen qué tienen que hacer o, a veces, sin motivo discernible, se desconectan y van a un lugar en sus mentes que los maestros del Eneagrama llaman el "santuario interno". En esos momentos, los Nueve se desconectan de su enojo y de la energía vital e ignoran la exhortación a actuar. Los Nueve nos dicen a Suzanne y a mí que, mientras están en su santuario interno, reproducen hechos o conversaciones del pasado y lo que les gustaría haber dicho o hecho de otra manera. Si el motivo por el cual van al santuario interno es la ansiedad, pensarán: *¿Por qué estoy molesto? ¿Es mi culpa o es la culpa de alguien más?* O, en ocasiones, se retiran simplemente para recuperar su sentido de paz interior, el cual es reconfortante, pero ilusorio. Si los Nueve caen en un trance demasiado profundo, se vuelven más despistados y menos productivos, lo que les genera más problemas en sus relaciones.

Debido a que, a veces, carecen de impulso y de enfoque, los Nueve promedio suelen ser aprendices de mucho y maestros de nada. Son generalistas que, como saben un poco de todo, tienen algo acerca de lo que pueden hablar con todo el mundo. Las conversaciones con los Nueve son placenteras, siempre y cuando no cambien a piloto automático. Sabrás que un Nueve ha hecho esto cuando, después de que le hayas preguntado cómo estuvo su día, relaten una historia extensa con más detalles y desvíos que los que creías que eran posibles. Esta tendencia a deambular verbalmente explica por qué algunos maestros del Eneagrama usan el término *relato épico* para describir la manera de hablar del Nueve.

Ambivalencia y toma de decisiones. ¿Recuerdas que cada número del Eneagrama está conectado a otros dos mediante líneas con flechas que indican cómo interactúan los números entre sí de manera dinámica? El Nueve, al estar posicionado en la cima del Eneagrama, tiene un pie en el Tres y otro en el Seis. A pesar de que todavía no hemos desarrollado estos números, los Tres son los números más conformistas o cumplidores, mientras que los Seis son los menos conformistas o los más antiautoritarios. Esto significa que los Nueve viven en una gran ambivalencia. No saben si agradar a los demás o desafiarlos. Cuando los Nueve tienen que adoptar una postura o tomar una decisión, sonríen y parecen tranquilos por fuera, pero en su interior se sienten abrumados porque no saben qué hacer: *¿Creo que esta es una buena idea o no? ¿Quiero hacer esto o no? ¿Digo que sí al pedido de esta persona o digo que no y me arriesgo a perder la relación?* Con el fin de evitar la desconexión, su lado conformista quiere decir que sí para que todos estén contentos, mientras que su lado no conformista quiere mandarlos al diablo para neutralizar, una vez más, sus sentimientos y amoldar sus deseos.

Debido a que existen incontables perspectivas desde las cuales analizar un asunto, numerosos factores que deben tenerse en cuenta y muchísimas ventajas y desventajas para considerar, los Nueve pueden llegar a no tomar una decisión. No adoptan una postura y se desesperan por decidir qué hacer mientras esperan que alguien más tome la decisión o que la situación se resuelva de forma natural. Esto conduce a la procrastinación, lo que puede hacer que el resto del mundo se vuelva loco. Aunque no lo notes en un primer momento, cuanto más presiones a un Nueve para que tome una decisión o haga algo, más terco se volverá y continuará resistiéndose. Los Nueve pueden tomar decisiones y las toman, pero puede que les lleve mucho tiempo en vista de su ambivalencia. El hecho de que haya una pila de cuestiones sin resolver y de decisiones pendientes juntando polvo en su mente no contribuye a que se acelere el proceso.

Si un viernes por la tarde envío un mensaje de texto a Anne para preguntarle: "¿Dónde quieres ir a cenar hoy?", ella me responderá: "No lo sé, ¿dónde quieres ir tú?". El mensaje llega tan rápido que estoy convencido de que está programado en su teléfono celular. Recuerda, al ser un Nueve, Anne no quiere expresar sus preferencias porque teme que crearán un conflicto o que provocarán sentimientos indeseables entre nosotros. Ella quiere saber qué quiero yo para poder adaptarse y fusionarse con mis deseos, y así evitar la posibilidad de estar en desacuerdo. Es el signo característico de un Nueve.

Este intercambio también demuestra cuán difícil es para los Nueve tomar decisiones cuando tienen un sinnúmero de posibilidades. Para los Nueve es más sencillo saber qué es lo que no quieren, que saber lo que sí quieren; por este motivo, quienes aman a un Nueve deben ofrecer un conjunto limitado de opciones para que ellos elijan. Si envío un mensaje a Anne con la pregunta: "¿Quieres ir a cenar comida tailandesa, hindú o china esta noche?", Anne lo pensará durante tres minutos y luego responderá "tailandesa" y un *emoji* con el dedo pulgar hacia arriba.

Las personas que quieren ayudar a un Nueve deben comprender cuán importante es no robarles las decisiones que sí tomen. A mí no me gusta tanto la comida tailandesa como a Anne, así que, de camino al restaurante, puedo llegar a pensar: *A Anne seguramente no le importe dónde vamos a cenar, mientras que yo tengo muchas ganas de comer comida china. Si le digo que quiero ir a un restaurante de comida china, ella aceptará con gusto.*

Y estaría en lo cierto, ella aceptaría. Sin embargo, como amo a Anne y sé que está lidiando con los desafíos de un Nueve, quiero que su decisión siga en pie y permitir que ella tome el timón. Los Nueve ya sienten que sus preferencias y su presencia tienen menos importancia que las de los demás. Lo último que necesitan es que nosotros lo confirmemos.

Sumerjámonos en un último aspecto de la ambivalencia de los Nueve. Debido a que están posicionados en la corona del Eneagrama desde donde pueden vislumbrar las perspectivas de los demás, los Nueve pueden divisar todos los puntos de vista. Y todos parecen igual de válidos. Su habilidad para ver los dos lados de todas las cosas los convierte en mediadores por naturaleza y también en el tipo de persona que todos dan por sentado que estará de su lado. A menudo, el esposo de Suzanne, Joe, un pastor metodista, brinda consejería matrimonial. De vez en cuando, una mujer de la congregación se acerca a Suzanne en la cafetería y le dice algo así: "Me pone muy contenta que mi esposo y yo nos reunamos con Joe. Él se pone de mi lado y sabe quién es el que necesita cambiar en nuestro matrimonio".

Quince minutos después, el esposo de la señora lleva a Suzanne a un lado y le dice: "Estoy muy agradecido por la consejería de Joe. Al fin alguien ve lo que dije todo este tiempo y sabe que no estoy loco".

¿Entiendes el patrón? Los Nueve son tan buenos para ver cada punto de vista e identificarse con ellos que los demás piensan que él no solo los comprendió, sino que también está de acuerdo con ellos, a pesar de que nunca lo haya expresado. Gracias a su empatía y a que pueden reconocer las virtudes de las diferentes perspectivas, los Nueve sanos pueden reconciliar puntos de vista que parecían irreconciliables. Pero la capacidad de ver los dos lados de todo también puede crear problemas. Suzanne y yo solemos comparar nuestras notas y divertirnos con los desafíos de criar hijos con personas que ven los dos lados de todo. Cuando sorprendes a tus niños haciendo algo que está mal, ¿los mandas a su habitación y dices: "Ya verás cuando [ingrese el nombre del otro padre aquí] llegue a casa y se entere de lo que has hecho"? Cuando Suzanne o yo les decíamos eso a nuestros niños, ellos asentían con la cabeza y sonreían con picardía. Sabían lo que sucedería cuando ese padre llegara a casa. En primer lugar, Anne o Joe escucharían nuestra versión de la historia y luego subirían para hablar con el niño que estaba en problemas. Quince minutos después, Joe o Anne bajarían con el niño detrás de ellos y dirían algo como: "¿Sabes qué? El argumento del niño es válido". Debes comprender que ver y reconocer ambos puntos de vista es la manera en que el Nueve promedio evita tomar una postura y experimentar un conflicto o una desconexión.

Una tarea para los Nueve en desarrollo es discernir y decidir cuál de los dos puntos de vista es el correcto en base a *su* punto de vista.

Lamentablemente, los Nueve pueden abandonar su propia opinión y sucumbir a la de otra persona, ya sea debido a que no están seguros o a que quieren mimetizarse

> "La paz es la única batalla que vale la pena librar".
> **ALBERT CAMUS**

y llevarse bien con los demás. Los Nueve deben aprender a identificar su punto de vista, a darle una voz y a mantenerlo firme más allá de la presión que sientan para cambiarlo y agradar a los demás.

Un desafío que está relacionado con esto es el enigma de dar prioridad a algunas tareas frente a otras. Ya que todos los compromisos parecen igual de importantes para los Nueve, a ellos les resulta difícil decidir qué encarar primero. Cada lunes por la mañana, cuando el esposo de Suzanne, Joe, entra a la oficina, su asistente le entrega un listado con las tareas que debe hacer esa semana en orden de importancia. Joe es muy sabio y lidera la iglesia más antigua de Dallas. Sin embargo, si no tuviera un listado, comenzaría a hacer todo lo que se le presentara. Algunos Nueve se ofenderán y se harán los difíciles contigo si tú les dices una y otra vez que usen un listado; pero si no lo usan, representan una amenaza para la población civil.

Aunque pueda parecer que los Nueve viven en una ambivalencia constante, a veces saben exactamente qué tienen que hacer y lo hacen, sin darle importancia a la controversia o al conflicto que provocará o al costo que tendrá a nivel personal. En estas ocasiones, los Nueve actúan sobre la base de sus convicciones. En la literatura que trata sobre el Eneagrama esto se llama la "acción correcta".

Podemos estar equivocados, pero Suzanne y yo creemos que Bill Clinton es un Nueve. Entre noviembre de 1995 y enero de 1996, el presidente Clinton y el presidente de la Cámara de Representantes, Newt Gingrich, se enfrentaron en una batalla épica por las reducciones del presupuesto federal. Esta batalla condujo a dos suspensiones de las actividades gubernamentales sin precedentes. Durante las negociaciones polémicas y arriesgadas entre la Casa Blanca y los miembros del Congreso controlado por los republicanos, los miembros del personal de Clinton estaban preocupados porque pensaban que el presidente accedería a las demandas de Gingrich o haría tantas concesiones que acabaría políticamente devastado. Clinton odiaba el conflicto. A veces le costaba tomar decisiones y sostenerlas y, más de una vez en su trayectoria política, se sometió ante rivales políticos para lograr la paz. Pero una noche, luego de que Gingrich se negara a aceptar la última de las muchas ofertas, Clinton lo miró y dijo: "Sabes, Newt, no puedo hacer lo que tú quieres que haga. No creo que sea lo mejor para el país. Y puede costarme las elecciones, pero no puedo hacerlo". Gingrich y Clinton jugaban para ver quién parpadeaba primero durante la suspensión de las actividades gubernamentales, y Gingrich perdió. Un par de días después, los republicanos aceptaron reanudar las actividades sin haber llegado a un acuerdo sobre el presupuesto. Clinton ganó las siguientes elecciones. Muchos historiadores dicen que Clinton se aseguró un segundo mandato gracias a que tomó y sostuvo esa decisión.

Los miembros del personal de la Casa Blanca que estaban presentes cuando ocurrió este intercambio dicen que presenciaron que algo impresionante sucedía dentro de Clinton. Él ejercía la acción correcta. ¿Puedes ver cómo esta acción es el lado opuesto a la pereza? Sin embargo, tengo el presentimiento de que si Hillary le hubiera preguntado a Bill dónde quería ir a cenar para festejar el desenlace de su reunión con Newt, él se habría encogido de hombros y habría dicho: "No lo sé, ¿dónde quieres ir tú?".

Los momentos decisivos de esta envergadura solo se presentarán un par de veces a lo largo de la vida de un Nueve, pero a medida que ellos trabajan con su carácter, pueden comenzar a tomar acciones igual de audaces en asuntos más pequeños. Pueden encontrar la valentía para iniciar una conversación incómoda, volver a la universidad para obtener el diploma y llevar adelante la profesión que siempre soñaron o negarse a rendirse ante la presión de sus colegas que quieren que cambien de opinión en una cuestión de negocios.

Pasivo-agresivos. ¿Recuerdas que dije que empezar a trabajar con el Eneagrama puede ser doloroso? ¿Que todos podemos sentirnos expuestos y avergonzados cuando descubrimos el lado oscuro de nuestro tipo? Sobre todo para los Nueve, quienes suelen disfrutar de su reputación como el hombre bueno o la mujer amable. Si eres un Nueve, mientras lees los siguientes párrafos recuerda que, al igual que con los otros números, tu maldición es la otra cara de tu bendición; ninguno de nosotros terminaremos este libro sin haber sentido uno o dos ataques, y hablaremos de tus características maravillosas antes de terminar. Así que…

A Suzanne y a mí nos suelen preguntar: "¿Cómo puede ser que las personas tan amables y amigables estén en la Tríada del enojo?". A pesar de su reputación como personas dulces y serviciales, los Nueve no están colocando margaritas en el cañón de un rifle todo el tiempo. Los Nueve pueden enojarse tanto como los Ocho, pero tú no lo reconoces gracias a su exterior amable y agradable. Los Nueve están cargados de enojo inconcluso, pero temen que la experiencia de exteriorizarlo sea demasiado abrumadora, entonces se duermen en él. Aunque no están conectados con ellos, los Nueve acumulan resentimientos que se remontan a su infancia o, más recientemente, de cuando tuvieron que sacrificar sus planes o sueños para apoyar los tuyos o los de los niños. Como no saben cuándo o cómo decir que no, se sienten enojados porque pareciera que los demás sacan provecho de su aparente inhabilidad para establecer barreras en las relaciones. Como si eso no fuera suficiente, se molestan cuando las personas intentan despertarlos y hacer que hagan más que lo mínimo e indispensable para sobrevivir. Toda esta presión perturba su calma interior.

Los Nueve no olvidan los desprecios, ya sean reales o aparentes, pero como intentan evitar los conflictos, es raro que expresen su enojo públicamente. Por supuesto que, de vez en cuando, los Nueve se enfurecen, pero la mayoría mantendrá la calma casi como un buda y filtrarán su ira de manera indirecta.

Si haces enojar a un Nueve en la mañana del lunes, no lo sentirán hasta el martes por la tarde. Durante el martes por la noche, sabrás que están molestos contigo cuando les preguntes si han cumplido con su promesa de recoger tu traje de la tintorería para el importante viaje de negocios de mañana y, con un tono casi arrepentido, digan: "Uy, querido, me olvidé".

> "Tratar de molestarla es como intentar encontrar una esquina en una bola de boliche".
> *CRAIG MCLAY*

Recuerda que, en el caso de un Nueve que carece de autoconocimiento, este no es un comportamiento consciente. Simplemente están funcionando bajo el influjo de su condición de Nueve.

La obstinación es el comportamiento pasivo-agresivo al que los Nueve suelen recurrir. En especial, cuando sienten que los presionan para que acepten un plan o hagan algo que no quieren hacer. Pero también pueden elegir entre otras flechas de su aljaba de acciones pasivo-agresivas cuando quieren expresar en forma indirecta su enojo por algo o controlar una situación, tales como evadir, procrastinar, cerrarse en banda, dejar de prestar atención, ignorar o no llevar a cabo las tareas que deben hacer, entre otras cosas. Cuando la pareja de un Nueve finalmente se frustra y exige saber: "¿Hay algún problema?", el Nueve puede repetir: "No sé a qué te refieres". Lamentablemente, su comportamiento pasivo-agresivo hace que los demás se enojen aún más, lo que genera más conflictos

y problemas para el Nueve, que si hubiera dicho que estaba enojado desde el principio.

Como Anne sabe que soy rigurosamente puntual, suele intentar
estar lista para salir; en particular, cuando es muy importante para
nosotros ser puntuales. Sin embargo, a veces es tan lenta como una
tortuga. Esto me obliga a pararme al final de la escalera mientras
miro mi reloj y le grito que debe apurarse porque nos perderemos
el principio de la película u ofenderemos a nuestros anfitriones.

Ahora que estoy familiarizado con la manera en que los Nueve
operan, sé que ella reduce su velocidad porque está enojada conmigo, pero no quiere decírmelo directamente e iniciar una discusión. Quiere que yo descubra por qué está enojada y que arregle
el problema sin que ella tenga que involucrarse. Entonces, cuando
esto ocurre, subo y le digo: "A ver, dímelo", y ella responde: "La
vida era mucho mejor antes de que conocieras el Eneagrama".

Prioridades y distracciones. En ocasiones, cuando los Nueve
deben despertarse y enfrentar sus prioridades, se enfocan en las tareas menos importantes y dejan las más importantes para el final.
Esta es una maniobra de defensa desconcertante, pero no por eso
menos efectiva para no tener que identificar sus prioridades en la
vida, lidiar con su enojo y actuar por sí mismos.

Un domingo por la tarde, le pregunté a Anne, quien enseña
historia a preadolescentes, si quería ir al gimnasio, pero ella me dijo
que no porque tenía que entregar los comentarios para los padres
al día siguiente y todavía no había comenzado con ellos. Cuando
regresé a mi casa un par de horas después, me sorprendí al ver
que Anne estaba puliendo objetos de plata. Yo ni siquiera sabía que
teníamos objetos de plata.

—¿Qué estás haciendo? —pregunté.

—Encontré la platería de nuestro casamiento en un rincón del
comedor y le dije a Maddie que se la podía quedar. Estaba tan des-
lucida que pensé que podría pulirla por ella.

—¿Y tus comentarios? —pregunté—. ¿No los tienes que entregar mañana?

—Está bien —dijo Anne y abandonó la salsera—. Solo estaba intentando hacer algo útil.

Los Nueve se distraen con mucha facilidad. Las prioridades de los demás son más importantes que las de ellos y estas distracciones son una gran manera de olvidarse de sí mismos y de evitar el dolor de no saber qué quieren. Pero espera un momento: la mente del ser humano es maravillosamente creativa, es decir, que hay más.

Una noche, Anne y yo invitamos a mi mamá para que viniera a cenar a las 6:00 p.m. A las 3:00 p.m., Anne anunció que iría a la tienda para comprar los ingredientes de la comida. A las 5:00 p.m. todavía no había regresado, así que la llamé:

—¿Dónde estás? Mi mamá llegará dentro de sesenta minutos. ¿Ya pasaste por la tienda?

Silencio.

—Todavía no. Estaba yendo, pero Sue estaba en el jardín cuando pasé por su casa, entonces paré para saludarla y, mientras hablábamos, la cadena de la bicicleta de uno de sus hijos se cayó y ella no sabía cómo arreglarla, así que la ayudé. Luego, noté que tenía grasa en mi blusa, por lo que paré en la farmacia para comprar un quitamanchas y allí recordé que tenía la receta para las gotas oculares de Maddie, así que las pedí. Después, cuando finalmente estaba de camino a comprar la comida, pasé por otra tienda en la que había descuentos en ropa de cama y, como Aidan necesitará nuevas sábanas y almohadas para ir a la universidad en septiembre y yo tenía un par de cupones de veinte por ciento de descuento, corrí y compré algunas, pero ahora ya estoy cerca de la tienda y estaré en casa dentro de veinte minutos.

> "Si estuviéramos sentados en la entrada hablando y pasara un caballo por delante, mi padre se subiría y se iría cabalgando".
>
> **NATALIE GOLDBERG**

¿Ves lo que sucedió? Cuando un Nueve se distrae con una tarea o una actividad que no es importante (por ejemplo, detenerse para hablar con una amiga), pueden olvidarse del cuadro completo (por ejemplo, que mamá vendrá a cenar dentro de dos horas). Como no puede ver ni sentir la urgencia del cuadro completo, el Nueve no puede asignarles valor a las tareas ni darles prioridad (por ejemplo, comprar comida para una mamá hambrienta *ya*). Sin este cuadro completo (mamá llegará en solo sesenta minutos), la atención del Nueve pierde el enfoque y se vuelve difusa. Y entonces, todas las tareas parecen tener la misma importancia y el Nueve termina haciendo lo que se le presenta en el momento.

Todos necesitamos amigos o una pareja que nos pueda hacer preguntas para despertarnos del trance de nuestro número. "¿Sigues concentrado en tu tarea?" es una buena pregunta para hacerle a un Nueve que pareciera estar haciendo todo y nada a la vez.

LOS NUEVE COMO NIÑOS

La niña más relajada, con el espíritu más dulce y un talento sobrenatural para reconocer las necesidades de los demás que conozco es mi hija Maddie. Cuando recién estábamos comenzando con la iglesia, Anne y yo invitábamos a los grupos a nuestro hogar. En ese entonces, Maddie tenía cuatro o cinco años y solía entrar a la habitación repleta de adultos y elegir a alguien para subirse en su falda, acurrucarse y quedarse dormida como un gatito. Era mejor que un tranquilizante y dos copas de vino para hacer que la gente se sintiera en paz. Podías sentir que una ola palpable de calma y alivio caía sobre la persona que Maddie había elegido.

Un día, un amigo le preguntó a Anne: "¿Has notado que cuando Maddie busca a alguien para acurrucarse en su falda siempre elige a una persona que está pasando por un divorcio, un problema de salud grave u otra crisis importante?". No lo habíamos notado, pero nuestro amigo estaba en lo cierto. Creo que el instinto visceral de Maddie le indicaba quién era la persona que más necesitaba la paz y la seguridad de que todo estará bien. Su presencia continúa comunicando eso hoy en día. Maddie vive en California y quiere ser terapeuta. Todavía no tiene su diploma, pero yo iría reservando una cita. Va a tener mucho trabajo.

Muchísimos Nueve nos dicen a Suzanne y a mí que crecieron en hogares en los que no eran tenidos en cuenta (o en los que ellos percibían eso) y en los que sus preferencias, opiniones o sentimientos tenían menos importancia que los de los demás. El mensaje hiriente que los Nueve reciben es: "Tus necesidades, tus opiniones, tus deseos y tu presencia no son tan importantes". Maddie no es únicamente un Nueve, sino que también es la hija del medio entre una hermana mayor y un hermano menor con números fuertes en el Eneagrama. Me entristece, pero sospecho que, en ocasiones, Maddie se sentía como el típico niño perdido. Desearía que Anne y yo hubiéramos conocido el Eneagrama cuando nuestros niños eran pequeños. De esa manera, podría haber sabido cuán relevante era asegurarme de que Maddie se sintiera valorada e importante. Afortunadamente, hoy lo sabe.

Es muy fácil compartir tiempo con los Nueve cuando son niños. No siempre son los primeros en iniciar actividades o levantar su mano para responder preguntas en las clases, pero llevan armonía y gozo a dondequiera que van. Cuando son niños, los Nueve se sienten muy incómodos cuando hay un conflicto entre sus padres y otros familiares; por lo tanto, intentan desempeñarse como mediadores mientras buscan un lugar en el que no se les exija elegir un lado. Si los participantes son intransigentes y no pueden llegar a una solución pacífica, un niño que es un Nueve puede sentirse enojado; sin embargo, por lo general, su enojo es pasado por alto o ignorado y entonces ellos lo internalizan, se retiran mentalmente o se escapan de la habitación. A menudo, cuando mi hijo Aidan y mi hija Cailey se peleaban en el auto, Maddie apoyaba su cabeza contra la ventana y se dormía para escapar del conflicto.

Estas pequeñas bellezas sienten que sus ideas y sentimientos no son valorados, entonces aprenden el arte de fusionarse a una edad muy temprana. Aunque prefieren no ser el centro de atención durante mucho tiempo, quieren que nosotros notemos su presencia y que la honremos. Al igual que todos los niños, están buscando un lugar y un sentido de pertenencia.

EL NUEVE EN LAS RELACIONES

Los Nueve maduros son maravillosas parejas, padres y amigos. Al ser leales y amables, siempre caminarán la milla extra para apoyarte. Son divertidos, flexibles y no se quejan mucho. Aman los pequeños placeres de la vida. Si tuvieran que elegir entre vestirse elegantes e ir a una cena formal o acurrucarse en el sofá contigo y con los niños para comer pizza y mirar una película, elegirían la segunda opción. Los Nueve siempre tienen un lugar especial en su hogar para refugiarse, estar tranquilos y hacer una actividad que mejore su manera de experimentar la paz.

Un Nueve sano es alguien que se despertó y encontró su voz para ser él mismo. Saben que son valiosos, que deben invertir en ellos y que son importantes para sus familiares, sus amigos y sus compañeros de trabajo. Un Nueve sano es espiritualmente inspirador. Son receptivos hacia el mundo, aunque no tan abiertos como para perder su sentido de autodefinición.

Los Nueve que están dormidos se meten en problemas en las relaciones cuando surge un conflicto (¿y cuándo no surge un conflicto?) y se niegan a reconocerlo y resolverlo. La negación es uno de sus grandes mecanismos de defensa. No quieren enfrentar aquello que puede desestabilizar su armonía, entonces le dirán a su orquesta interna que toque más fuerte mientras el barco se hunde. Pueden ignorar las señales obvias de que algo anda mal, minimizar los problemas o sugerir una reparación sencilla que solo revela cuán desconectados están de la magnitud del problema y cuán determinados están para evitar las cuestiones desagradables que implica tratarlo. Debido a que quieren evitar los conflictos y las conversaciones hirientes, los demás deben ayudar a los Nueve a enfrentar los problemas graves de las relaciones. Su deseo de eludir el conflicto y de fusionarse con el otro es tan fuerte que los Nueve se aferran a las relaciones por más tiempo del que deberían.

Los Nueve no son impulsores, pero les gusta cuando alguien más se acerca a ellos. Tienen una habilidad excelente para volver a conectarse con personas que no han visto durante mucho tiempo. Incluso después de no haber visto a alguien durante muchos años, pueden retomar la conversación donde la habían dejado.

Esto es lo que he aprendido por estar casado con una Nueve y criar una Nueve: lo que parece una riña insignificante para ti puede ser la Batalla de las Ardenas para ellos. Lo que tú escuchas como un leve aumento del volumen de tu voz para un Nueve son gritos.

Es importante que les pregunte a Anne y a Maddie cuáles son sus pensamientos o sentimientos antes de compartir los míos con ellas. Esto es para honrarlas y también para reducir la posibilidad de que se fusionen con los míos y acepten hacer algo que no quieren.

LOS NUEVE EN EL TRABAJO

Puesto disponible para una persona equilibrada, confiable y entusiasta que disfrute de trabajar en equipo en un entorno armonioso. Debe ser accesible y diplomática y debe poder congeniar con una gran variedad de personas. Los que suelen suscitar controversias o ejercer políticas de oficina deben abstenerse de postularse.

Si este anuncio apareciera en LinkedIn, habría una fila muy larga de Nueves clamando por una entrevista. Incluso podría causar un estallido de violencia en esta población que suele ser pacífica.

Los Nueve sanos son magníficos trabajadores y colegas. Algunos tienen parejas que creen en ellos y dedican sus vidas a ayudarlos a explotar su potencial (por ejemplo, Nancy Reagan, Hillary Clinton). Como son alentadores e inclusivos, no critican, construyen puentes y acercan a las personas mediante un espíritu de colaboración. Muchos Nueve nos dicen a Suzanne y a mí que no son muy ambiciosos, aunque otros sí lo son. No codician la mejor oficina ni necesitan un salario alto. Si tienen un buen trabajo con una remuneración y beneficios razonables, les gustará quedarse en ese lugar. Debido a que pueden ver varios puntos de vista, los Nueve pueden resolver problemas y armar acuerdos en los que todos salen ganando.

Los Nueve obtienen su energía y su sentido de identidad del grupo; por este motivo, prefieren fusionarse con el equipo y compartir el mérito por el éxito a robarse las cámaras para avanzar en su vida profesional. Les gusta recibir un poco de reconocimiento, pero suelen pasar desapercibidos para no llamar la atención. ¿Y si sus logros pudiesen derivar en un cambio de tareas o en un aumento de las responsabilidades? Si surge una oportunidad de desarrollo profesional, es posible que los Nueve la aprovechen, pero únicamente cuando estén listos. Por lo general, los Nueve no son enérgicos y no disfrutan de sentirse controlados o presionados.

Como son animales de costumbres, los Nueve aprecian las estructuras, la predicción y la rutina en su lugar de trabajo. No les gusta llevarse trabajo a su hogar y, definitivamente, no les gustan las interrupciones durante los fines de semana o las vacaciones.

Los Nueve son muy buenos terapeutas, maestros, miembros del clero y ejecutivos de relaciones públicas. Mi esposa Anne dice: "Ser una maestra es el trabajo perfecto para mí. Trabajo mejor cuando sé que hay un patrón fijo y un ritmo en mi vida. Me gusta saber qué clases enseño cada día, cuándo comienzan y terminan los semestres, cuándo son las vacaciones y qué es lo que el director de la escuela espera de mí. Pero, sobre todo, tengo muy buenas relaciones con mis colegas y amo a los niños".

Desafortunadamente, es tan fácil aprovecharse de los Nueve en el lugar de trabajo como lo es en las relaciones. Son demasiado serviciales. Para evitar agitar las aguas, dicen que sí cuando quieren decir que no y, a menudo, después lo lamentan.

Los Nueve tienden a subestimarse en el trabajo. Tienen habilidades importantes, pero las subestiman. Aunque tengan la capacidad para ocupar los puestos más altos del mundo profesional, la mayoría de los Nueve gravitan hacia las gerencias intermedias para evitar los conflictos y el estrés relacionados con el liderazgo, tales como tomar decisiones mal vistas, supervisar a los empleados o despedirlos.

ALAS

Nueve con ala Ocho (9a8). Esta es una de las combinaciones más complejas del Eneagrama debido a la necesidad del Ocho de enfrentar a la autoridad y la necesidad del Nueve de evitar los conflictos. Los Ocho obtienen su energía del enojo, mientras que los Nueve lo evitan a toda costa. ¡Qué contradicción! Estos dos números cumplen con el cliché "los opuestos se atraen", pero constituyen un lugar poderoso en el sistema. Al tener más energía, confianza, tenacidad, sociabilidad e introspección que los 9a1, los 9a8 tienen un mejor acceso al enojo y lo expresan más abiertamente cuando los amenazan o amenazan a alguien más. (La hija de Suzanne, Jenny, es una 9a8. Ella suele decir: "Mamá, estoy en problemas. Mi ala Ocho acaba de hacer un par de cosas y le tomará tres semanas a mi ala Nueve arreglar este desastre".) Recuerda que este repunte de confianza y agresividad periódica se compara con el comportamiento de otros Nueve y no con los otros números, quienes tienen *mucho* más acceso a su enojo y lo pueden expresar más abiertamente.

Aunque a veces cambiarán de idea, para los 9a8 es mucho más sencillo ser claros y directos en relación con lo que les resulta importante. Aunque el ala

> "Es mejor conservar la paz que tener que crearla".
> *AUTOR DESCONOCIDO*

Ocho no aumenta las probabilidades de que actúen por sí mismos, tienen más energía para actuar en defensa de los menospreciados y en aras del bien común. Estos Nueve tienden a ser más conflictivos que los otros Nueve, pero también son rápidos para reconciliarse.

Nueve con ala Uno (9a1). Los Nueve con ala Uno (el Perfeccionista) tienen muy en claro la diferencia entre el bien y el mal. La energía del Uno ayuda a estos Nueve a enfocarse un poco más para poder hacer más cosas, lo que aumenta su confianza. Los 9a1 son más críticos, ordenados, introvertidos y pasivo-agresivos que el resto de los Nueve. Debido a su preocupación por los asuntos del bien y el mal, son capaces de involucrarse en esfuerzos de pacificación o en otras causas de justicia social. Estos Nueve son líderes modestos y tienen principios, y las personas quieren seguirlos por su integridad y perseverancia.

ESTRÉS Y SEGURIDAD

Estrés. Cuando los Nueve sienten estrés, comienzan a actuar como los Seis enfermizos (los Leales). Se comprometen demasiado, se preocupan, se vuelven rígidos, temerosos de los demás y ansiosos, aunque no saben por qué. Estos Nueve dudan más de sí mismos, lo cual genera que la toma de decisiones sea aún más difícil que lo habitual. Algo interesante es que también se vuelven reactivos: una divergencia importante para un número que en muy pocas ocasiones reacciona rápidamente, si es que alguna vez lo hace.

Seguridad. Cuando los Nueve se sienten cómodos y seguros en el mundo, se mueven hacia el lado positivo del Tres (el Triunfador), donde están más enfocados, son más decisivos, tienen más autoconfianza y están más cerca de lo que planearon. Los Nueve exitosos no luchan tanto con la inercia, toman el control de su vida y creen que su presencia en el mundo es importante. Sobre todo, los Nueve que están conectados con el lado positivo del Tres pueden experimentar la paz y la armonía *genuinas* y disfrutarlas.

TRANSFORMACIÓN ESPIRITUAL

La debilidad que tiene el Nueve por fusionarse es el lado oscuro de un don espiritual envidiable. Pero yo creo que las ventajas espirituales de ser un Nueve compensan el trabajo que deben hacer en sus vidas. Si el objetivo de la vida espiritual es la unión con Dios, entonces la habilidad que tiene un Nueve sano de fusionarse le da una ventaja espiritual frente a todos nosotros. Cuando se trata de aprehender un conocimiento unitario de Dios y ser "uno con Cristo", los Nueve sanos casi siempre llegan a la meta primero. Son contemplativos por naturaleza.

Los Nueve son abiertos y receptivos en todo sentido. Incluso cuando son niños, parece que tuvieran una conciencia innata de la dimensión sacramental del mundo. Tienen una conciencia profunda de la interrelación entre todas las cosas de la creación. Al ser amantes del aire libre, perciben la presencia de Dios en el mundo natural y la manera en que todo expresa la gloria de Dios. Gracias a que valoran más ser que hacer, los Nueve saben descansar en el amor de Dios y comparten de sí mismos con más generosidad que el resto de nosotros. Y debido a que los Nueve pueden ver los dos lados de todas las cosas, se sienten cómodos con las paradojas y los misterios, lo que puede ser útil en una religión que involucra a una virgen que da a luz y a un Dios que es Tres y Uno al mismo tiempo. Si eres un Nueve, anímate: cuando estás sano, tu capacidad para fusionarte puede posicionarte en un lugar similar al de otros grandes líderes espirituales que son Nueve, tales como el papa Francisco y el Dalái lama.

Pero los Nueve ofrecen resistencia ante algo inseguro por naturaleza como la transformación espiritual. Si eres un Pacificador, tu mayor motivación ha sido evitar los conflictos y experimentar una armonía interna, pero lo que tiene apariencia de paz puede ser únicamente tu deseo de que la vida no te afecte. En términos espirituales, la ausencia de conflictos no implica la presencia de paz, la cual demanda trabajo y riesgos. Si solo recuerdas una cosa, que sea esto: ¡Despierta y dile "sí" a la aventura de *tu propia* vida!

Los Nueve son tan importantes como los demás y, al igual que todos, tienen el derecho a convertirse en sí mismos. Despertarse traerá aparejado el deber de reclamar autoridad y responsabilidad personales por su vida. Significará encontrar y resucitar *sus propios* pensamientos, pasiones, opiniones, sueños, ambiciones y deseos. Esto será aterrador. Tendrán que dejar de esconderse detrás de los demás. Si los Nueve se aman a sí mismos tanto como a quienes los rodean, se permitirán emprender la aventura que implica convertirse en sí mismos. Puede parecer una paradoja, pero el camino hacia la paz y la armonía está plagado de conflictos y discordias. Ten cuidado y evita toda promesa de una vida de paz y tranquilidad sin conflictos o sufrimiento.

A los Nueve no les gusta admitirlo, pero están enojados. Lo entiendo. Yo también estaría enojado si me ignoraran todo el tiempo. Están enojados debido a los sacrificios que han hecho para intentar conservar la paz y mantener las relaciones unidas, pero cuando tienen el deseo de actuar por motu proprio o de defenderse, no lo hacen. Los Nueve temen que si exteriorizan su enojo acumulado, este lastimará o matará a alguien, pero eso no es verdad. Puede que conduzca a un conflicto, al cual podrás sobrevivir, pero no a un asesinato. Los Nueve necesitan saber que cuando descubren la acción correcta y la cumplen, un sentimiento de autoestima surgirá dentro de ellos. Y los demás lo notarán y los alentarán.

El mensaje sanador que los Nueve necesitan escuchar es: "Te vemos y tu vida es importante". Dios no te invitó a esta fiesta para que vivas la vida de otra persona. ¡Te necesitamos a *ti*!

DIEZ CAMINOS HACIA LA TRANSFORMACIÓN PARA LOS NUEVE

1. Reflexiona acerca de la pregunta: "¿Cuál es mi llamado o mi proyecto de vida? ¿Lo estoy cumpliendo o lo estoy postergando a fin de conservar la paz?".

2. Pídele a alguien que te ayude a encontrar un sistema para organizar tus tareas o para hacer un listado de las cosas que tienes que hacer. Hay muchas aplicaciones que te pueden ayudar.

3. Practica decir que no cuando alguien te pida que hagas algo que no quieres hacer.

4. Ten en cuenta las estrategias de adormecimiento que usas para evitar enfrentarte con la vida, ya sea beber una copa de vino, salir de compras o comer algo rico.

5. No tengas miedo de tener opiniones ni de expresarlas. Puedes comenzar con las cosas pequeñas y las importantes.

6. Resiste el deseo de recurrir a comportamientos pasivo-agresivos como la procrastinación y la evasión. Si te sientes enojado, sé honesto y abierto.

7. Comprende cuán importante y única es tu voz. Las personas merecen escuchar lo que piensas y no escuchar que estás de acuerdo con todo lo que dicen.

8. Recuerda que lo que tú sientes que es un conflicto intenso y terrible, puede ser un simple desacuerdo para la otra persona. Respira profundo y enfréntalo.

9. Entiende que tu tendencia a fusionarte con los demás puede ser un hermoso don cuando está dirigida a Dios. Los otros tipos envidian esta ventaja espiritual que tú tienes. Pero no te fusiones con otra persona porque perderás la oportunidad de ser tú mismo.

10. Cuando tengas que tomar una decisión y te sientas paralizado, consulta con alguien que no te diga qué hacer, sino que te ayude a descifrar qué es lo que *tú* quieres hacer. Y hazlo.

1
CÓMO SE SIENTE SER UN UNO

1. La gente me ha dicho que puedo ser muy crítico y sentencioso.
2. Soy muy duro conmigo cuando cometo errores.
3. No me siento cómodo cuando intento relajarme. Hay mucho por hacer.
4. Me molesta cuando la gente rompe las reglas o las ignora, como cuando la persona en la fila rápida del mercado tiene más mercancía que la permitida.
5. Los detalles son importantes para mí.
6. Con frecuencia me encuentro comparándome con los demás.
7. Si digo que haré algo, lo haré.
8. Es difícil para mí soltar el resentimiento.
9. Pienso que es mi responsabilidad dejar el mundo mejor que como lo encontré.
10. Tengo mucha autodisciplina.
11. Intento ser cuidadoso y razonable con respecto a la manera en que gasto mi dinero.
12. Yo pienso que las cosas son o correctas o incorrectas.
13. Paso mucho tiempo pensando en cómo puedo ser una mejor persona.
14. Perdonar es una tarea difícil para mí.
15. De inmediato me doy cuenta cuando las cosas están mal o fuera de lugar.
16. Me preocupo mucho.
17. Siento mucha decepción cuando la gente no cumple con su parte.
18. Me gusta la rutina y no acepto los cambios con facilidad.
19. Doy lo mejor de mí al trabajar en un proyecto y desearía que los demás hicieran lo mismo para no tener que rehacer su trabajo.
20. A menudo siento que me esfuerzo más que los demás en hacer lo correcto.

5

TIPO UNO

EL PERFECCIONISTA

El perfeccionismo es la voz del opresor,
el enemigo de las personas.
ANNE LAMOTT

Los *Uno sanos* están comprometidos con una vida de servicio e integridad. Son equilibrados, responsables y capaces de perdonarse a sí mismos y a los demás por no ser perfectos. Son personas de principios, pero pacientes con el proceso que, *lento* pero seguro, hace del mundo un mejor lugar.

Los *Uno promedio* tienen mentes que juzgan y se comparan, y detectan rápidamente errores y fallas. Se esfuerzan por aceptar que la imperfección es inevitable al mismo tiempo que le temen a esa voz tirana que critica todo dentro de sus cabezas.

Los *Uno enfermizos* se concentran en las pequeñas imperfecciones. Estos Uno están obsesionados con dirigir lo que esté a su alcance. Imponer su control sobre algo o alguien es su único alivio.

Cuando el profesor apagó las luces y encendió el proyector, yo bostecé, crucé los brazos para hacerme una almohada en el escritorio y apoyé mi rostro en ella. Como alumno de séptimo grado, no tenía idea de que la representación de Gregory Peck de Atticus

102

Finch, un padre viudo y abogado, encargado de defender a un hombre negro acusado falsamente en una pequeña ciudad del sur en 1930, plantaría una semilla en mi corazón.

En la película *Matar a un Ruiseñor*, Atticus Finch viste un traje de algodón apropiado para la ocasión, perfectamente planchado, con un reloj de bolsillo colgando de una cadena que guarda en el bolsillo frontal de su chaleco. Él es el ejemplo de un padre sabio, medido y atento, que trata a sus hijos con amabilidad y respeto. Es un idealista, un reformador que siente el deber sagrado de ratificar la ley y de hacer del mundo un lugar más decente para todos. Infundido con un claro sentido del bien y del mal, no puede hacer la vista gorda ante la injusticia y no teme tomar partido aunque deba pagar el precio.

Cuando su hija Scout le pregunta por qué se molesta en defender a su cliente, Tom Robinson, en un caso que no tiene posibilidades de ganar y por el cual la gente del pueblo lo va a injuriar, Atticus le responde: "Antes de que pueda vivir con los demás, debo poder vivir conmigo mismo. Lo único que no se rige por las reglas de la mayoría es la propia conciencia".

A pesar de la apasionada y brillante discusión final de Atticus, Tom Robinson es declarado culpable por un jurado compuesto por personas blancas y, finalmente, los guardias se lo llevan.

Compungido, Atticus empaca sus cosas y lentamente emprende su camino hacia fuera de la sala. Mientras camina, aquellos que están sentados en el palco de la "gente de color" se ponen de pie, unidos en un gesto de respeto hacia él. Cuando el reverendo Sykes, un hombre ya mayor, mira hacia abajo y observa que Scout no se percata ni comprende la solemnidad del acto simbólico de la comunidad negra poniéndose de pie para honrar a su padre, le susurra: "¿Señorita Jean Louise?... Señorita Jean Louise, póngase de pie. Está pasando su padre".

Esa escena me atravesó. Atticus Finch representaba todo lo que yo quería en un padre, pero sabía que nunca tendría, como hijo de un alcohólico con graves problemas. "Con él, la vida era rutinaria; sin él, la vida era insoportable", dijo Scout sobre su padre. Yo hubiese dicho lo contrario sobre el mío. Veinte años después, luego de haber nacido mi hijo, me encontré un antiguo reloj de bolsillo que me recordó a Atticus Finch. Lo compré deseando que, cuando lo mirara, me recordara el tipo de padre que quería llegar a ser.

Ese es el efecto que los Uno, como Atticus Finch, pueden tener en mí. A veces su ejemplo inspira a los demás a ser mejores, a pelear contra la injusticia, a abrazar grandes ideales. Pero el compromiso de los Uno de vivir una vida ejemplar puede degenerar rápidamente en un perfeccionismo rígido que puede resultar tortuoso tanto para ellos como para los demás.

EL PECADO CAPITAL DE LOS UNO

Los del tipo Uno caminan por una línea muy delgada. Cuando son sanos, como Atticus, nos inspiran con su preocupación por la justicia y su deseo de restaurar el mundo y hacerlo íntegro. Pero cuando apenas se inclinan hacia los promedio o los enfermizos, ellos mismos pueden rápidamente ponerle obstáculos a su propio camino.

Desde que se levantan hasta que se acuestan, los Uno perciben un mundo plagado de errores y sienten la imperiosa obligación de corregirlos. Nunca faltan cosas por hacer. Alguien presionó el envase del dentífrico desde el medio, la secretaria del colegio tuvo dos errores ortográficos en el boletín informativo, uno de los niños no dobló y colgó la toalla de baño correctamente, hay un rayón nuevo en la puerta del auto y los vecinos se fueron al trabajo dejando los botes de basura en la acera sin sus respectivas tapas.

¿Qué clase de persona haría algo así?

Los Uno deben ser perfectos. Persiguen la perfección porque tienen esta confusa e inquietante sensación de que si cometen un error, alguien va a salir a culparlos, criticarlos o castigarlos. De forma compulsiva, tratan de arreglar todo lo que está mal en el mundo, pero esta tarea nunca termina. La palabra *irritado* ni siquiera comienza a describir

FAMOSOS DEL TIPO UNO

Jerry Seinfeld

Nelson Mandela

Hillary Clinton

cómo se pueden llegar a sentir con esto. Que los demás parezcan menos preocupados o interesados en unírseles en la cruzada para arreglar el mundo los enfurece aún más. *¿Por qué a la gente no le importa tanto como a mí? ¿Tengo que hacerlo todo yo? No es justo.*

La *ira* es el pecado capital de los Uno, pero el *resentimiento* es el sentimiento que mejor define lo que experimentan.

Ellos creen que el mundo juzga a los que no siguen las reglas, por eso controlan sus emociones, se comportan de forma adecuada y mantienen sus instintos animales básicos bajo control. Para los Uno, la ira encabeza la lista de los sentimientos que la gente "buena" no debería expresar, entonces entierran la furia que sienten sobre los errores que ven alrededor, en los demás y en sí mismos. Los Uno están entre los tres números de la Tríada visceral (8, 9, 1). A diferencia de los Ocho, que externalizan su ira, o los Nueve, que se adormecen ante ella, los Uno se llenan de ira hasta el tope, hasta que, poco a poco, comienzan a exteriorizarla y, para ese momento, ya se expresa en modo de resentimiento.

Pero hay algo más que alimenta el enojo y la indignación de los Uno. Hacia donde miren, la gente está pasándola bien, satisfaciendo sus deseos o rompiendo las "reglas" sin ser atrapados o castigados por ello, mientras que los Uno sienten la obligación de abstenerse de hacer lo que en verdad quieren para hacer lo que *deberían* hacer, o sea, ordenar nuestro mundo desordenado. Para colmo de males, no solo terminan haciendo su parte, sino que también deben hacer la parte de todos los holgazanes que hay en la playa tomando cerveza y jugando al vóleibol, cuando ellos también tienen planes divertidos que les gustaría hacer y que dejan de lado.

Hace varios años en el show *Saturday Night Live*, Dana Carvey interpretó un personaje llamado Enid Strict, también conocida como "la Beata", que es anfitriona de un programa de entrevistas en TV llamado *Conversaciones de iglesia*. Es un retrato exagerado, pero icónico, de la personalidad de un Uno en todo su esplendor. Si no tienen cuidado, los Uno promedio pueden adoptar actitudes similares a las que tiene un puritano con respecto al mundo o, como dijo Mark Twain, convertirse en "buenos en el peor sentido de la palabra".

TODO SOBRE LOS UNO O PERFECCIONISTAS

Walter es un contador y dirige una prestigiosa agencia de contabilidad en Wall Street. Cuando llega del trabajo le gusta que la casa esté limpia, los niños bañados, la cena servida en la mesa y el mundo bien ordenado. Dudo mucho que Walter alguna vez le haya dicho a su esposa Alice que esas son sus expectativas, pero no es muy difícil deducirlo cuando estás cerca suyo.

Una noche, Walter llega del trabajo y la casa está limpia, los niños bañados y la cena servida. Ahora, uno podría pensar que en esta situación él dejaría su maletín y diría algo lindo como: "¡Guau, esto es increíble!". Pero lo primero que hace es señalar el sofá y decir: "Los almohadones están fuera de lugar".

Desde luego, si yo llegara a casa y le dijera eso a mi esposa Anne, ella respondería: "¿De veras? Déjame mostrarte dónde puedo colocar esos almohadones".

En defensa de los Uno, así es simplemente como ven las cosas. Dondequiera que vayan, los errores y desaciertos les saltan a la vista y les gritan: "¡Arréglame!". Y no pueden tan solo dejarlos ahí. O bien dirán algo o acomodarán los almohadones mientras no estés mirando. Es importante entender del Eneagrama que no podemos cambiar la manera en que vemos, solo lo que hacemos con lo que vemos. Walter ha hecho un gran avance desde aquel desafortunado episodio con Alice. "Debo seguir trabajando en eso", diría entre risas. Dios lo bendiga. El Eneagrama lo ha ayudado mucho.

Los Uno tienen expectativas altas de los demás y de sí mismos. Para los Uno promedio, controlar su comportamiento y emociones es una prioridad. Cuando un impulso "incivilizado" o inaceptable crece, los Uno automáticamente lo derribarán y generarán el sentimiento opuesto para negarlo. En psicología, esta reacción se llama formación reactiva. Un ejemplo puede ser los Uno que cuando te escuchan cantar, inconscientemente detienen su envidia antes de que llegue a hacerse visible en su conciencia y la reemplazan con elogios entusiastas. Por un lado, esto es admirable, pero al estar motivado por un interés egoísta de no sentirse culpables, sus sonrisas y elogios pueden sentirse forzados.

Los Uno que funcionan en piloto automático son despiadadamente duros consigo mismos. Algunos exigen la perfección en una única área de sus vidas (por ejemplo: el jardín trasero, su lancha, su auto), mientras que otros la aplican a todo. La casa debe estar inmaculada, las cuentas pagadas a tiempo. El mensaje de agradecimiento debe ser enviado el mismo día que recibes el regalo. Deben conservar copias en papel de los impuestos hasta cinco años después de pagarlos, para evitar violar las leyes de la agencia recaudadora. Ni siquiera mencionemos la agonía que un pobre Uno debe padecer cuando descubre que disminuyó su puntaje de crédito a menos de 800.

También le imponen sus altos estándares a los demás. "Todos los lunes le mandaba a nuestra pobre ministra un correo electrónico con una lista de 'sugerencias' para ayudarla a mejorar lo que yo creía que no había funcionado en el servicio anterior", compartió un Uno ahora consciente de sí mismo en una de nuestras reuniones del Eneagrama. "Le recomendaba mejores maneras en las que podía dirigir las canciones de adoración, ajustar el sermón o acortar las filas para tomar la comunión. Terminaba el correo con un recordatorio de que el servicio debía comenzar exactamente a las 10 a.m., a menos que quisiera que la gente siguiera llegando tarde. Las cosas cambiaron ahora. Mi esposa dice que está orgullosa del progreso que he hecho en mis esfuerzos por ser 'menos servicial'", dijo entre risas.

Si sospechas que alguien que conoces es un Uno, pero no estás seguro, observa cómo reacciona cuando abre un lavavajillas que otro llenó. Si chasquea con la lengua y comienza a reacomodarlo, mientras murmura algo como: "Dios mío, ¿por qué no pueden hacer esto bien?", entonces hay un 50 % de probabilidades de que estés frente a un Uno. Muchas veces, ni siquiera te dejará terminar de llenar el lavavajillas sin saltar a "ayudarte". Se inclinará sobre la encimera mientras tú lo llenas y te dirá "está mal" cuando coloques una taza en donde él cree que debería ir un bol.

La mayoría de las personas no pueden soportar ser juzgados u hostigados por mucho tiempo por alguien que se prendió una estrellita al bolsillo de la camisa y se autoeligió alguacil de la cocina. Con el tiempo, el sermoneado va a levantar las manos y saldrá de la cocina furioso diciendo: "¿Nunca nada es lo suficientemente bueno para ti?".

Lo entiendo. En lo que a mí respecta, siempre que todos los platos entren bien y le llegue un poco de agua a cada uno, ¿a quién le importa si están acomodados a la perfección? Lo que la mayoría de la gente no entiende es que los Uno no creen que están siendo criticones. ¡En su mente están tratando de ayudarte! ¡Ellos piensan que te están mejorando! ¿Acaso no todos quieren mejorar, al igual que ellos?

No todos los Uno están obsesionados con los errores del entorno. A algunos que yo conozco no les podría importar menos si su casa es un caos o que alguien se marche sin recoger el excremento de su perro. Su necesidad de ser buenos y de mejorar las cosas se expresa mediante la preocupación y el compromiso al abordar problemas sociales. El activista y legendario protector de los consumidores Ralph Nader es un Uno. No querrás meterte con ese tipo ni con ningún otro Uno involucrado en la lucha por terminar con la trata de blancas, la corrupción política o las empresas que contaminan el planeta. Una de las razones por la cual los Uno se sienten atraídos a respaldar causas honestas es porque no solo es lo correcto, sino que además es *apropiado* expresar enojo abiertamente acerca de las injusticias sin sentir que estás siendo una mala persona.

Debido a que ellos creen que ocupan los campos superiores de la moral, la ética y lo espiritual, los Uno creen que su modo de ver y hacer las cosas es el único modo y, por lo tanto, se sienten justificados al juzgar y criticar a otros. Aunque, por lo general, no están tratando de hacerlo. "La gente me dice que mi voz y mi lenguaje corporal se interpretan como degradantes y juiciosos, aun cuando hago un esfuerzo consciente por sonar amable", dice mi amiga Janet. El hecho de que cuando hablan suena a que están *sermoneando* es algo que no ayuda. A nadie le gusta sentirse inferior cuando le hablan.

Todos tenemos una voz recriminadora que se activa de vez en cuando al hacer algo estúpido, y luego se nos pasa. Pero, como regla general, los Uno tienen un crítico interior despiadado; a diferencia del nuestro, *el de ellos nunca desaparece. Es estricto. Es incesante. ¿Por qué siempre metes la pata? ¿Qué clase de padre se olvida de ponerle el almuerzo a su hijo en la mochila? ¿Cómo esperas siquiera hacer una venta si no puedes hacer un nudo decente en tu corbata? ¡Al suelo y dame cincuenta lagartijas!*

Rayos, a veces el crítico interior de un Uno se culpará a sí mismo por cosas de las que ni siquiera estaba involucrado o era responsable. Luego de años de desarrollar esa voz cruel, es difícil para ellos callarla.

Los Uno atrapados en el trance de su personalidad no solo creen que su desdeñoso crítico interior habla con total fundamento, sino que además creen que en el fondo tiene las mejores intenciones. *¿Cómo podría haber progresado tanto en la vida sin esa voz recordándome con severidad lo que hago mal o evitando que baje mis estándares? Si no fuese por mi crítico interior que me señala mis defectos, ¿cómo aprendería a vivir una vida más allá de los reproches? ¡Piensa en cuántos errores más hubiera cometido si no fuera por él!*

Los Uno se sienten aterrados de cometer un error. Los Uno trabajan demasiado duro y, debido a que hay tanto por hacer, no se relajan ni se permiten divertirse muy a menudo. Como resultado, se convierten en ollas a presión, cuyas válvulas reguladoras no logran contener la acumulación de resentimiento contra las imperfecciones que ven en todos lados; el resentimiento que guardan hacia ellos mismos y hacia el resto por no poder adherirse a sus altos estándares y por no colaborar; y su temor desmesurado de cometer errores o actuar de manera inapropiada. Es una tremenda sorpresa cuando un Uno normal, muy controlado y prudente, explota. Cuando eso sucede, casi siempre alguien sale quemado.

> "¿Qué es este yo en nuestro interior, este observador silencioso, crítico severo y mudo; capaz de aterrorizarnos?".
>
> **T. S. ELIOT**

De cualquier modo que lo mires, la campaña de los Uno por un mundo perfecto es inútil. Siempre hay una cama sin hacer en alguna parte. Hasta que no empiecen una búsqueda espiritual, no conocerán lo que es la paz.

Dado el caudal de comentarios negativos que su crítico interior les hace constantemente, los Uno no reciben bien las críticas ajenas. ¿Tú le expresarías gratitud a un colega escritor cuando te marca que te faltó una coma luego de una frase introductoria, si el quejoso acusador que vive dentro tuyo ya estuvo comparando tu gramática con efluvios pestilentes desde que comenzaste a escribir a las tres de la mañana? Por favor gente, no joroben.

Aunque ellos son muy sensibles a la crítica, se quedan estupefactos cuando les dices que sientes que están siendo duros contigo. ¿De veras? Solo estás recibiendo una pequeñísima muestra de la amarga autorecriminación de la que ellos beben cada día.

Los de este tipo pueden ser críticos y sentenciosos del resto. El Uno que no es consciente de sí, critica a la gente por fracasar en la tarea de vivir bajo sus estándares de perfección; y también hacen esto porque les gusta sentirse acompañados en su miseria. Les trae cierto alivio si pueden atrapar y criticar a alguien por hacer algo mal o comportarse de forma inadecuada, porque equipara un poco el juego: "¡Gracias a Dios! Alguien más es deficiente al igual que yo". Por supuesto, deleitarse por los defectos del otro es una forma rara de empatar el partido, pero es preferible eso que sentir que eres el único que comete errores en el campo de juego. Esa sí que es una posición de juego solitaria.

Los Uno cumplen con el trabajo. Entonces esos son algunos de los desafíos que traen los Uno. Pero ¿puedes imaginar un mundo sin ellos? Si no fuera por la pasión inflexible de Steve Jobs por crear productos perfectamente diseñados, no existiría Apple. Si no fuera por los líderes moralistas como Mahatma Gandhi y Nelson Mandela que no podían tolerar la injusticia, India y Sudáfrica podrían seguir todavía bajo el yugo opresor del colonialismo europeo. Si no fuera por los maestros espirituales como Richard Rohr, no tendríamos una imagen tan clara sobre el amor de Dios.

Dado que viven en un mundo plagado de errores, mantienen una lista de las cosas por hacer. Algunos son tan considerados y generosos que te confeccionarán a ti también una lista de cosas para que hagas. Llegado el sábado por la mañana, el cónyuge de un Uno puede esperar encontrarse con una lista de quehaceres hogareños

en la encimera de la cocina, tan larga como para mantenerlo ocupado todo el verano y entrado el otoño.

Muchos Uno aprecian el ceremonial y protocolo (por ejemplo, piensa en Martha Stewart) y saben ser buenos anfitriones de
una gran fiesta. Su hogar suele estar inmaculado y prestan atención a la decoración. Ya que anhelan que pases un lindo momento,
cocinarán una cena estupenda y estarán preparados para introducir grandiosos temas de conversación. Hace poco, alguien me
contó que mientras se encontraba sentado en vela en el lecho de
muerte de su madre, ella le preguntaba reiteradamente si la casa estaba ordenada y si estaba usando la vajilla fina para servir café a los
miembros de la familia, quienes estaban reunidos en la planta baja
esperando noticias de su fallecimiento. ¡Háblame de una buena
anfitriona!

Los Uno quieren ser buena gente. Siempre desean hacer lo correcto. ¿Cómo reaccionarías si una persona con un trastorno mental
entrara a la estación de autobuses en la que tú te encuentras y dijera:
"No tengo hogar, no he comido nada por varios días y preciso
ayuda"? Más allá de lo que hagan los demás o aun de lo que ellos
mismos desean hacer, los Uno sentirían que es *su* responsabilidad
asegurarse de que esa persona reciba ayuda. ¿Por qué? Porque es
lo correcto y lo más responsable y lo que hay que hacer. Todos
deberíamos reaccionar así.

Los Uno creen que cada tarea debe ser realizada de forma sis-
temática y correcta. Cuando leen las instrucciones para armar la
parrilla que recién compraron —y esas instrucciones dicen que no
comiences hasta asegurarte de que tienes todas las partes—, los
Uno realmente despliegan todos los tornillos, tuercas y pernos, y
los contabilizan. Luego vuelven a contarlos para chequear.

Si por casualidad uno de los cuatro capuchones plásticos que
protegen los extremos de las patas se ha perdido, los Uno le dirán
a su pareja: "No podemos armarla hoy. Nos falta una pieza".

Ahora, si el cónyugue es un Nueve, podría decir: "No te preo-cupes, podemos conseguir una cajita de fósforos y ponerla bajo la pata para que no se tambalee".

Los verdaderos Uno responderán con firmeza: "¡No mientras yo esté aquí!" y llamarán al 1-800 para preguntar por el capuchón negro perdido, pidiendo que lo envíen lo antes posible para poder seguir todos los pasos del manual correctamente. La razón por la cual los Uno no se conformarán con una parrilla armada a la carrera es que saben que cada vez que la miren, lo único que ve-rán es que a la pata le falta un capuchón ne-gro. (Los Uno se infartan en nuestra casa. Tenemos cajitas de fósforos para nivelar el piso flotante.)

> "No le temas a la perfección, nunca la alcanzarás".
> **SALVADOR DALÍ**

LOS UNO COMO NIÑOS

En su infancia, los Uno intentan ser niños modelo. Se saben las re-glas y las siguen al pie de la letra. Invierten mucha energía en com-pararse con otros niños, por lo que una conversación que puedes esperar en el trayecto de la escuela a la casa será mayormente sobre comparaciones de ellos con otros niños y sus logros, sus fracasos y contratiempos. Piensa en Hermione Granger [un personaje de Harry Potter], de once años, subiéndose al tren que va hacia Hog-warts e inmediatamente poniéndose a comparar apuntes sobre los hechizos que sabían hacer los demás niños y si habían o no leído el libro *Hogwarts: La historia*. Estas mentes comparativas y senten-ciosas se quedan con los Uno toda su vida.

Aquel crítico interior se presenta a temprana edad, así que los Uno son duros consigo mismos. A veces hasta evitan los deportes u otras actividades grupales en las que quizá no sobresalen, porque la perfección es la meta desde pequeños. Hacen muchas pregun-tas sobre si están haciendo las cosas bien y se responsabilizan por cosas de las que no son culpables. Es difícil para un niño diferenciar el bien del mal, pero estos de seguro lo intentan.

Mientras que los Uno no son buenos haciendo *multitasking* (es difícil hacer más de una cosa a la vez y que todas sean perfectas), normalmente no les molesta cuando se les pide que junten los juguetes, tiendan su cama o aten sus cordones. La limpieza y el orden son reconfortantes para los Uno aun en su niñez. Los hace sentir a salvo y les quita la ansiedad.

¿Has visto o leído el libro de Marie Kondo *La magia del orden*? Guau. Cuando apenas tenía cinco años, esta organizadora profesional buscaba expectante entre las revistas fotos de comidas perfectas e interiores con diseños agradables. Entonces comenzó a reorganizar las pertenencias de su familia en casa y las de la maestra en la escuela, saltándose el recreo para reacomodar los libros del aula. Al mismo tiempo, se quejaba de los deficientes métodos de almacenamiento de la escuela. "Si tan solo hubiese un gancho en forma de *S*, sería mucho más fácil usar esto", suspiraba. Te apuesto unas chuletas de cerdo en mi restaurante favorito en Nashville que Marie Kondo es del tipo Uno.

Escucha, es difícil ser un perfeccionista. Tan difícil, de hecho, que alguien escribió y publicó un libro para niños llamado *Nobody's Perfect: A Story for Children About Perfectionism* [Nadie es perfecto: una historia para niños sobre el perfeccionismo] para ayudar a estos pequeños antes de que el crítico interior se instale en sus mentes. El mensaje dañino que adquieren los Uno en su infancia es que deben ser "buenos" y hacer las cosas "bien". Los errores son inaceptables. La gente y las cosas son o perfectas o son defectuosas. Punto.

Los niños de este tipo precisan escuchar que cometer errores es normal, que pueden ser imperfectos y amados al mismo tiempo. Pueden desarrollarse en el lado sano de los Uno con más naturalidad si se les da el mensaje de que los errores son parte del proceso de aprendizaje y crecimiento. Si eres padre de un Uno, asegúrate de corregirlo cuando no haya gente cerca para no avergonzarlo frente a otros. Estos niños pueden parecer confiados todo el tiempo, pero son más susceptibles de lo que piensas.

LOS UNO EN LAS RELACIONES

Para poder formar relaciones amorosas íntimas o amistades profundas, los Uno primero deben superar la dificultad de volverse vulnerables ante el resto. La autora Brené Brown habla del perfeccionismo como un "escudo de veinte toneladas" que usamos para protegernos de ser heridos. Lamentablemente, lo que el perfeccionismo realmente hace es protegernos de conectar con los demás.

Para los Uno, soltar ese escudo requerirá abandonar su necesidad de mantener sus emociones contenidas todo el tiempo. También deberán reconocer su miedo a equivocarse, su susceptibilidad a las críticas y su preocupación por decir o hacer lo incorrecto. Precisan mucho coraje para ser tan transparentes, pero pueden hacerlo.

Una vez oí a Helen Palmer decir algo como que los Uno no van por la vida abrazando o regalando un "te amo" cada cinco minutos, pero eso no significa que no amen. Los Uno te demuestran amor siendo responsables y haciendo lo que se espera de ellos para hacer del mundo un lugar mejor y más seguro para ti. Se asegurarán de que te hagas tu chequeo médico anual. Organizarán los gastos según el presupuesto y todas las comidas que te cocinen serán de la porción adecuada y contendrán la combinación correcta de proteínas, grasas y carbohidratos.

¿Qué? ¿Querías más abrazos? ¿Recuerdas cómo, luego de aquel huracán, tu casa era la única en el vecindario con corriente eléctrica y calefacción porque años atrás tu padre, del tipo Uno, compró un generador eléctrico para emergencias y lo chequeó con regularidad para asegurarse de que funcionaba bien y tenía combustible? A mí eso me suena como un abrazo.

LOS UNO EN EL TRABAJO

Nadie se interesa más por los detalles que los Uno, así que hay ciertos tipos de profesiones en las que sobresaldrán.

El año pasado volé de Los Ángeles a Sydney, Australia, en un avión modelo Airbus A380, el modelo más grande del mundo. Normalmente no me pongo nervioso al volar, pero el tamaño de este avión me asustó. ¿Cómo podía ser que algo tan grande despegara del suelo y mucho menos que se mantuviera en el aire por dieciséis horas?

Antes del despegue, el copiloto dio un paseo por la cabina para darle la bienvenida a los pasajeros a bordo y, de casualidad, notó que yo tenía un libro sobre el Eneagrama en mi regazo.

—Mi esposa está interesada en el Eneagrama —me dijo, apuntando al libro—. Dice que soy un Uno, lo que sea que eso signifique.

—Significa que no tengo nada de qué preocuparme —dije yo, suspirando aliviado.

Debido a que creen que las tareas deben ser realizadas de manera metódica y que es importante seguir los procedimientos y protocolos, no solo quieres que los Uno piloten tu avión, sino que también deseas que sean el ingeniero que diseñe el sistema de frenos de tu auto, el farmacéutico que te prescriba los medicamentos, el programador que realice el código de la nueva página web de tu empresa, el arquitecto que dibuje los planos para la casa de tus sueños, el contador que organice tus impuestos y el editor que revise cuidadosamente tu último libro. Y aunque oro para que nunca necesites uno, con certeza quieres que tu cardiólogo o neurocirujano sea un Uno también. Los del tipo Uno son abogados, jueces, políticos, militares, oficiales de la ley y, por supuesto, también profesores sobresalientes.

Trabajadores, confiables y organizados, se desarrollan mejor en ambientes estructurados donde saben cuál es la fecha límite para entregar un trabajo y quién es responsable de cuál tarea. Debido a que temen cometer errores, los Uno necesitan valoraciones y palabras de apoyo con cierta frecuencia. Aprecian tanto las instrucciones claras que pueden hasta tomar el manual de recursos humanos de ochocientas páginas el primer día de un trabajo nuevo y leerlo de principio a fin. No discutirán cuando les descuenten de su paga por haber llegado tarde, siempre y cuando el resto de los que llegaron tarde reciban la misma penalidad.

Los Uno son excelentes en detectar qué es lo que no está funcionando dentro de una compañía u organización y en desarrollar sistemas o métodos nuevos para volver a poner todo en orden. Una universidad estatal muy importante contrató a una amiga mía de tipo Uno para que reformara el Departamento de Salud y Beneficios Sociales. En tres años pasó de ser la oficina que peor funcionaba en todo el campus a ser un área tan eficiente que otras universidades comenzaron a enviar a sus empleados de la misma área para copiar su ejemplo.

Pero también pueden generarse problemas con los Uno en el trabajo, por ejemplo, por su tendencia a dejar todo para después. No es una buena señal si pillas a una Uno golpeteando la pequeña goma de borrar del extremo del lápiz sobre su rodilla, mirando perdida la pantalla de una computadora apagada. Aunque son disciplinados y determinados al éxito, algunos pueden postergar el comienzo o finalización de un proyecto por miedo a no hacerlo a la perfección. Los pequeños episodios de postergación, compuestos por su vacilación a la hora de tomar decisiones rápidas por temor a cometer un error, pueden retardar las cosas para todo el equipo. Ese mismo miedo a equivocarse los llevará a chequear y volver a chequear su trabajo infinidad de veces, por lo que los demás pueden tener que animarlos a dejarlo como está y seguir con la próxima tarea.

Los Uno normalmente tienen dificultad para adaptarse a los cambios, se ofenden cuando se les interrumpe en medio de una tarea y universalizan los problemas; creen que si una parte del negocio anda mal, todo el negocio se está hundiendo. Si descubren una falla en un plan de negocios, temen que todo el plan esté fallando y precise de una reforma completa.

Debido a su miedo a la crítica o a equivocarse, si algo sale mal, los Uno van a negar toda su responsabilidad en el asunto. No es raro oír a uno de ellos decir: "No fue mi error" o "A mí no me culpes, yo no lo hice".

Como líderes, los Uno trabajan duro para demostrar apoyo a la gente que trabaja para ellos, en particular a aquellos que exhiben un verdadero deseo de mejorar. En ocasiones, sin embargo, pueden ser controladores, rígidos y tacaños con los elogios, incluso cuando la otra persona se los merece. También pueden sentir dificultad para delegar tareas debido a su preocupación de que las cosas no se hagan a la perfección, excepto que las hagan ellos mismos. Algunos van a fastidiar a sus colegas al rehacer las tareas que ellos creen que no hicieron bien la primera vez. Y los Uno que extienden su aluvión de autocríticas hacia sus compañeros, por lo general, no son los más populares en el almuerzo.

Por último, los Uno en el trabajo —tal como en cualquier otra área de la vida— luchan con la tarea de reconocer y hacerse cargo de su ira. Si trabajas con un Uno, debes saber que cuando comienzan a despotricar con una rabia desproporcionada sobre algo, como por ejemplo, el patán que les robó el lugar en el estacionamiento, es probable que no sea esa la razón de su enojo. Su enfado es por una pelea que tuvo esa mañana con su pareja, la cual se esforzó en ignorar y mantener contenida durante todo el día, y ahora se le está derramando por los costados. Si los escuchas, les preguntas con amabilidad y les das su espacio, podrán poco a poco trazar una línea y llegar a lo que realmente los tiene enojados. Precisan algo de ayuda para descubrir qué es lo que en verdad les sucede.

Pero aquí hay algo que me encanta de ellos. Cuando son sanos, están profundamente comprometidos a ayudar a los demás a convertirse en su mejor versión. Ya no buscan perfeccionar a la otra persona, sino ayudarlos a autorrealizarse, sin avergonzarlos o regañarlos. Mi amiga Melanie, una sacerdotisa episcopal del tipo Uno que alcanzó la madurez, dice: "En todo trabajo que emprendí, siempre disfruté cada oportunidad que se me presentó de ser constructiva para alguien al afirmar su trabajo arduo y sus talentos. Ese es uno de los mayores regalos de mi ministerio. Jesús nos llama a participar en la misión de Dios. Pablo nos llama a participar en la construcción de la Iglesia. Como ministro, esto me invita al deleite y gozo que hay en incentivar a la gente a darle lo mejor de sí a Dios, y en trabajar con ellos para discernir qué dones del Espíritu Dios les ha otorgado para la construcción del reino". No puedo explicarles de cuánta ayuda hubiese sido tener un mentor de tipo Uno con ese nivel de madurez espiritual cuando yo era joven.

Dicho eso, si quieres a alguien que sea eficiente, ético, meticuloso, confiable y haga el trabajo equivalente a dos personas, ¡contrata un Uno!

ALAS

Uno con ala Dos (1a2). Un Uno con un ala en Dos es más extrovertido, cálido, servicial y empático del lado fuerte del Dos; pero más crítico y controlador si el Dos es de tipo débil. Son eficaces a la hora de resolver problemas, tanto individuales como grupales. Son generosos en su participación con la Iglesia, la educación, la comunidad, el Estado y la familia. También hablan mucho e intentan resolver demasiadas tareas en un día.

Los Uno con ala Dos tienden a hablar más rápido y por esto son propensos a transformar una enseñanza en un sermón rápidamente. Bajo la influencia de un Dos, un Uno será más sensible a las necesidades ajenas. A diferencia de los Dos, sin embargo, no sienten una necesidad incontrolable de suplir esas necesidades.

Uno con ala Nueve (1a9). Los Uno con ala Nueve tienden a ser más introvertidos, distantes y relajados. Más idealistas y objetivos. Son, a menudo, más cautelosos y piensan antes de hablar para evitar decir algo malo o equivocado. Hacen una pausa antes de terminar una oración. Asimismo, aparentan ser más calmados y reflexionan mucho antes de tomar una decisión. Esta ala exacerba la postergación, en vez de atenuarla.

> "Lo que es realmente difícil y verdaderamente asombroso es renunciar a ser perfecto y empezar a trabajar en convertirse en uno mismo".
> **ANNA QUINDLEN**

La actitud relajada y llevadera de los 1a9 colabora a la hora de crear y mantener relaciones. Sin la influencia de los Nueve, los Uno son propensos a tener demasiadas expectativas de los demás, así que cuando se sienten defraudados, el resultado es muchas veces el resentimiento.

ESTRÉS Y SEGURIDAD

Estrés. Cuando están estresados, los Uno adquieren de manera instintiva los atributos no tan buenos que esperaríamos ver en los Cuatro enfermizos (los Individualistas). Su crítico interior comienza a trabajar horas extra y su necesidad de perfeccionar el mundo se exacerba. Se vuelven más rencorosos con los que la pasan bien, más susceptibles a las críticas y se deprimen. Ante el estrés, los Uno anhelan ser libres de obligaciones y responsabilidades, pierden la autoconfianza y no se sienten amados.

Seguridad. En cuanto a la seguridad, los de este tipo asumen las excelentes virtudes que asociamos con los Siete sanos (los Entusiastas), quienes son más tolerantes consigo mismos, espontáneos, divertidos, abiertos a probar cosas nuevas y a ser más "ambas cosas" en vez de "una de dos". Aquí la voz de su crítico interior se calma, no son tan duros consigo mismos y desplazan su atención de lo que está mal en el mundo hacia lo que está bien. Este acercamiento a los Siete en la seguridad a menudo sucede cuando se encuentran lejos de casa y sienten menos responsabilidad de mejorar o arreglar las cosas. Los Uno pueden convertirse en personas diametralmente distintas cuando viajan para divertirse y relajarse por unos días.

TRANSFORMACIÓN ESPIRITUAL

Si eres un Uno, crees que la única forma en la que encontrarás paz interior es si logras perfeccionar todo lo de afuera. Esto no es cierto. Esa tranquilidad solo llega cuando rindes tu necesidad compulsiva de perfección y dejas de oprimir tus emociones, particularmente tu enojo. No escondas tu verdadero yo detrás de esa fachada de perfección. *Las personas no precisan ser perfectas para ser buenas.* Es una frase digna de repetirte varias veces al día hasta que la internalices.

La travesía de los Uno hacia la integridad deberá incluir hacer las paces con ese crítico interior. Como diría nuestro amigo de tipo Uno Richard Rohr: "Lo que tú resistes, persiste". En este caso significa que los Uno no deberían molestarse en callar a su crítico interior, ya que eso solo lo empodera más. Muchos Uno dicen que una gran ayuda es ponerle a ese crítico un apodo gracioso, de modo que cuando ataque puedan responderle algo como: "Querida Cruella: gracias por ayudarme a atravesar mi infancia, pero, como adulto, ya no preciso de tu ayuda". O pueden tan solo reírse y decirle a la enfermera Ratched que guarde un poco de silencio.

> "Ahora que ya no tienes que ser perfecto, puedes ser bueno".
> **JOHN STEINBECK**

Los Uno hacen bien en recordar que hay más de una manera correcta de hacer las cosas. La tranquilidad significa vivir y dejar vivir a los demás. La vida no es siempre una de dos, blanco o negro, derecha o izquierda. Brené Brown resume el mensaje sanador que los Uno necesitan oír: "Eres imperfecto y estás programado para la lucha, pero eres digno de ser amado y de pertenecer". Y esta letra se cita tan a menudo que ya está gastada, pero no puedo resistirme a mencionar el coro de la canción "Anthem", de Leonard Cohen; fue escrita para los Uno:

Toca las campanas que aún pueden sonar
Olvida tu ofrenda perfecta
Hay una grieta en todo
Y así es como entra la luz.

DIEZ CAMINOS DE TRANSFORMACIÓN PARA LOS UNO

1. Para incentivar la tolerancia contigo mismo, intenta plasmar en un diario las cosas típicas que tu crítico interior te dice y léelas en voz alta.

2. Cuando se active tu crítico interior, sonríe y dile que ya lo has oído y que aprecias mucho que trate de ayudarte a mejorar o a no errar, pero que estás tomando un nuevo camino de aceptación en la vida.

3. Resiste el deseo de darle a los demás una lista de quehaceres o de rehacer lo que ellos hicieron si piensas que no cumple con tus estándares. En cambio, descubre a la gente que amas haciendo las cosas bien y diles cuánto los aprecias por ello.

4. Cuando estés listo para zambullirte a corregir una injusticia o un error, primero pregúntate si la pasión que sientes por ese tema es en realidad un enojo que viene de otro lado.

5. Deja que tus amigos del tipo Siete y Nueve te ayuden a aprender a relajarte y divertirte. El trabajo seguirá estando allí mañana.

6. Si te encuentras postergando cosas, piensa por qué lo estás haciendo. ¿Estás reticente a continuar las tareas o proyectos porque temes no poder lograrlos a la perfección?

7. Busca un hobby que disfrutes, pero uno en el que no seas especialmente bueno y hazlo solo por placer.

8. Perdónate a ti mismo y a los demás por los errores. Todos los cometemos.

9. Fíjate si puedes sorprenderte en el momento en que estás comparándote con los demás para ver quién hace un mejor trabajo, quién trabaja más duro o quién cumple con tu definición de éxito.

10. Sé consciente de cómo recibes las críticas ajenas, e intenta aceptarlas sin ponerte a la defensiva.

CÓMO SE SIENTE SER UN DOS

1. Cuando se trata de cuidar de los demás, no sé decir que no.
2. Soy un gran oyente y recuerdo las cosas que son significativas para los demás.
3. Me impaciento por superar los malentendidos en una relación.
4. Me siento atraído hacia las personas influyentes o poderosas.
5. La gente piensa que soy vidente, porque con frecuencia sé lo que otros quieren o necesitan.
6. Aun las personas que no conozco comparten temas profundos de su vida conmigo.
7. Creo que la gente que me quiere ya debería saber lo que necesito.
8. Preciso ser reconocido y apreciado por mis contribuciones.
9. Me siento más cómodo al dar que al recibir.
10. Me gusta que mi casa se sienta.
11. Me importa bastante lo que otros opinen de mí.
12. Quiero que los demás piensen que me llevo bien con todos, aun cuando no sea cierto.
13. Me gusta cuando las personas que aprecio hacen algo inesperado por mí.
14. Muchos acuden a mí por ayuda y eso me hace sentir valioso.
15. Cuando alguien me pregunta qué necesito, no tengo idea de qué responder.
16. Cuando estoy cansado, a menudo siento que la gente no me aprecia lo suficiente.
17. La gente dice que mis emociones pueden parecer exageradas.
18. Me siento enojado y conflictuado cuando mis necesidades colisionan con las de los demás.
19. A veces me es difícil mirar películas porque no puedo aguantar ver gente sufrir.
20. Me preocupo mucho por ser perdonado cuando cometo errores.

TIPO DOS

EL SERVICIAL

Quiero que seas feliz, pero quiero ser yo el motivo.
ANÓNIMO

Los *Dos sanos* pueden expresar sus necesidades y sentimientos con frecuencia, sin miedo a perder las relaciones. Se esfuerzan mucho por amar y cuidar de los demás. Estos Dos son felices, seguros y conocen sus límites. Saben cuáles son sus obligaciones y cuáles no. Crean un espacio seguro y cálido para los demás y son considerados amigos por mucha gente. Amorosos y amados, se adaptan bien a los cambios y están muy conscientes de quiénes son más allá de sus relaciones.

Los *Dos promedio* están convencidos de que expresar sus necesidades y sentimientos automáticamente amenazará la estabilidad de sus relaciones. Son personas generosas, pero a menudo esperan algo a cambio por sus esfuerzos, consciente o inconscientemente. Tienen límites muy precarios y, en general, solo se conocen a ellos mismos en relación con los demás. Se sienten atraídos por las personas con mucho poder, de quienes esperan que los definan, y usarán halagos para atraerlos.

Los *Dos enfermizos* son personas dependientes. En su deseo de ser amados, aceptarán casi cualquier sustituto de amor: valoración, dependencia, compañerismo y relaciones puramente funcionales. Esta clase de Dos son inseguros, manipuladores y con frecuencia juegan el rol de mártires. Cuando dan algo, lo hacen apenas como una inversión:

intentan ganarse el amor de los demás satisfaciendo sus necesidades, pero siempre esperando una gran retribución a cambio de esa inversión.

Luego de estudiar teología, acepté un trabajo en una congregación en Greenwich, Connecticut. Para conocer a la comunidad, asistí a un almuerzo para los ministros de la zona en el que conocí a Jim, un ministro bautista de una ciudad vecina. Ambos, Jim y yo, éramos jóvenes, recientes padres y nos comenzábamos a preguntar si la decisión de entrar al ministerio era como decidir hacerte un tatuaje estando ebrio, algo que deberíamos haber analizado con un poco más de detenimiento. Desesperados por sentir respaldo, acordamos juntarnos una vez por mes a desayunar en una cafetería para darnos un reporte sobre el servicio del día anterior y hablar sobre los triunfos y altibajos de servir en el ministerio. Pronto nos hicimos amigos.

Un lunes por la mañana, Jim y yo llegábamos al mismo tiempo al parqueo de la cafetería para nuestro desayuno. Para mi sorpresa, él conducía una camioneta todoterreno totalmente nueva. Me reí al verlo intentar aparcar con delicadeza en una de las plazas vacías. Era como ver a alguien intentando aparcar un bus más que un carro.

—Es un buen vehículo para un pastor asociado —le dije mientras bajaba del auto y activaba la alarma con su llave—. ¿Te dieron un aumento?

—Es una larga historia —suspiró, negando con la cabeza.

—Muero por oírla —respondí, abriéndole la puerta de la cafetería.

Entre el café y el omelet, Jim me comentó cómo junto a su esposa Karen se convirtieron en "orgullosos" dueños de una camioneta. La historia involucraba una exitosa agente de bienes raíces llamada Gloria, miembro amada y muy querida de su congregación.

Elocuente, cálida y excesivamente entusiasta, Gloria sabía cómo hacer que todos se sintieran como si fueran sus mejores amigos. Era la anfitriona de un estudio bíblico para niñas en preparatoria, a quienes incentivaba a tocarle el timbre o llamarla a cualquier hora en caso de precisar un hombro sobre el cual llorar. Se ofrecía como voluntaria para todas las actividades, desde enseñar en el retiro de verano para niños hasta entrenar al equipo de sóftbol local.

Unas semanas antes, Jim iba camino a llevar a sus niñas gemelas al jardín en su viejo auto cuando Gloria frenó en el carril contiguo en un semáforo. Cuando se percató de que Jim era el conductor, le tocó la bocina y lo saludó con la mano, hizo unas morisquetas para las niñas y les lanzó un beso. Cuando la luz cambió a verde, Jim se despidió de lejos y arrancó. Al avanzar, miró a Gloria por el espejo retrovisor y la vio observar su carro con esa expresión que uno solo utiliza para mirar una caja de cachorros abandonados.

Para ser justos, Gloria tenía sus razones para estar preocupada por la entereza estructural del carro. Lo tenían hacía diez años y era un testimonio del poder de la cinta adhesiva y mucha oración. El cuerpo del carro estaba abollado y marcado desde el parachoques delantero al trasero, y el silenciador, fijado al chasis con una percha, rugía como el motor de un avión caza.

El domingo siguiente, Jim y su familia llegaron a casa luego del servicio y se encontraron con Gloria esperándolos en la entrada. La mujer aplaudía y saltaba, como una porrista universitaria que hubiera consumido demasiada azúcar, junto a una camioneta todoterreno nueva con un lazo gigante color rojo sobre el toldo. Jim y Karen se preguntaban si estaban en la casa correcta o habían doblado mal la calle y llegado por error al set del programa *El Precio Justo*. Todavía estaban desabrochando sus cinturones de seguridad cuando Gloria se les acercó corriendo, parloteando tan rápido que parecía hablar en lenguas. Cuando Jim se bajó del carro ella lo abrazó y le dijo que lo consideraba el mejor pastor asociado que la iglesia había tenido. Secándose las lágrimas, corrió al otro lado, abrazó a Karen y pregonó sin parar sobre cómo ella era el ejemplo de todo lo que debía ser la esposa de un pastor.

Pronto las gemelas estaban danzando alrededor de la nueva camioneta como dos israelitas venerando el becerro de oro, mientras Gloria explicaba que verlos en el semáforo en su auto arcaico le partió el corazón y se inquietó por la seguridad de su familia. Ella sabía que necesitaban un auto nuevo, pero que probablemente con el sueldo de ministro no se daban abasto, así que se sintió motivada a comprarles uno.

Jim y Karen estaban atónitos; algo acerca de este negocio les hacía pensar: "¡Ay, no!". Intentaron expresar su gratitud y manifestar su preocupación acerca de aceptar un regalo tan extravagante, pero Gloria no aceptaba un no como respuesta.

—Jim, yo me siento bendecida al bendecirlos —dijo, poniendo en su palma las llaves del carro nuevo.

—Yo sé que ella tenía las mejores intenciones —me contaba Jim en la cafetería—, pero esa camioneta está maldita. El resto de los pastores de la iglesia están refunfuñando porque a ellos nunca nadie les obsequió un carro. Karen no la maneja porque no puede ver por encima del volante y, como si fuera poco, consume más gasolina que un portaviones.

—¿No puedes decirle a Gloria que la situación no está funcionando y devolverlo? —le pregunté.

Jim sacudió la cabeza.

—¿Bromeas? Cada vez que la veo me pregunta si todavía estamos encantados con la camioneta y si hay algo más que pueda hacer para ayudarnos.

Tengo un fuerte presentimiento de que Gloria es un Dos en el Eneagrama.

EL PECADO CAPITAL DE LOS DOS

Los de tipo Dos son de las personas más solícitas, amables, comprensivas, alegres y cariñosas en todo el planeta. Tres de mis amigos más cercanos son Dos (una de ellas es mi coautora, Suzanne). Juntos irradian suficiente amor y generosidad de espíritu como para darle calefacción a cualquier metrópolis. Los de este tipo son los primeros en responder ante una crisis y los últimos en irse de la fiesta si todavía quedan platos por lavar. En el lenguaje del Eneagrama son los llamamos los Serviciales.

Si sospechas que puedes ser un Dos, toma asiento y coge una caja de pañuelos desechables; los Dos son los más susceptibles a la crítica, así que deberás confiar en mi palabra cuando digo que este capítulo termina bien.

Los Dos, Tres y Cuatro, componen lo que llamamos la Tríada del sentimiento o del corazón. En el Eneagrama, representan a los tipos más orientados a las emociones, los más enfocados en las relaciones y los que más cuidan la forma en que son vistos por los demás. Estos tres tipos creen que no pueden ser amados por quienes realmente son; entonces, cada uno de ellos proyecta una imagen falsa que creen que les ganará la aprobación de los demás.

Los Dos requieren ser necesarios. Dependen de que otras personas los precisen para reafirmar su autoestima tambaleante. Presentar una imagen alegre y simpática y ayudar a los demás son sus estrategias para ganarse el amor. Para los de tipo Dos, las palabras de valoración tienen un efecto que linda con la embriaguez. Expresiones de gratitud como: "¿Qué haría yo sin ti?" o "¡Me has salvado la vida!" los hacen sentirse bien; hablo de sentirse bien al nivel de "Justin Bieber me acaba de retuitear".

FAMOSOS DEL TIPO DOS
Madre Teresa
Arzobispo Desmond Tutu
Princesa Diana

La *soberbia* es el pecado capital de los Dos, lo cual no parece tener sentido porque se muestran más altruistas que egocéntricos. Pero el orgullo se oculta en las sombras de sus corazones. Se revela en la manera en la que enfocan toda su atención y energía en satisfacer las necesidades de otros, mientras que al mismo tiempo dan la impresión de no tener necesidades propias. El pecado de la soberbia entra en escena cuando los Dos creen que los demás son más demandantes o necesitados que ellos y que solo ellos saben bien qué precisa todo el mundo. Se deleitan en el mito de ser indispensables.

Los Dos ofrecen cuidado a los demás de forma indiscriminada. Imponen su ayuda y consejos a aquellos que consideran más débiles, menos experimentados y menos capaces de manejar su vida; gente que de otro modo estaría perdida sin ellos. Es difícil no sentirte orgulloso cuando tienes un don sobrenatural para detectar las necesidades ajenas y una suma de tiempo, energía, amor y talento para rescatarlos que parece nunca acabar. Los Dos aman subirse a su caballo blanco y ser el héroe cuando alguien precisa ayuda, pero no pueden imaginarse pidiendo que les echen una mano cuando la situación se revierte. No es común que pidan ayuda, al menos no de forma directa, y no saben cómo recibirla cuando alguien se ofrece a ayudarlos. Para ellos es lógico que los demás se apoyen en ellos, ¿pero apoyarse en los demás? ¡Ni en un millón de años! Para ser claros y francos, los Dos padecen de una visión exagerada de su propio poder, independencia y valor. ¿Qué yace detrás de esa soberbia? Terror. Los Dos temen que reconocer sus deseos termine en humillación y que pedirle a alguien explícitamente que supla sus necesidades provoque rechazo. *¿Qué pasa si la persona me rechaza? ¿Cómo sobrevivo luego a la vergüenza y la humillación? Eso solo confirmaría lo que siempre supe: que no soy digno de ser amado.*

Aunque no siempre se dan cuenta, la ayuda que brinda un Dos al que le falta madurar viene con condiciones. Esperan algo a cambio: amor, valoración, atención y la promesa tácita de un futuro de respaldo emocional y material. Cuando dan algo, lo hacen con cálculos y manipulación. Piensan que si pueden obtener valoración y aprobación, y provocar una sensación de deuda en los demás, entonces esas personas van a percibir cuando ellos estén en aprietos y les brindarán ayuda sin que deban pedirla explícitamente. De manera inconsciente, están generando un acuerdo del tipo "esto por aquello": "Puedes contar conmigo siempre y cuando yo pueda contar contigo, sin que sea necesario reconocer mi necesidad o pedirte ayuda".

Los Dos creen que viven en un mundo en el que deben ser necesitados antes de poder ser amados y en el que deben dar para recibir. Y como piensan que si fallan en brindarte ayuda tú los rechazarás, tienen dificultad para ponerle límites al tiempo y la energía que te dedican. Es una maravilla cuando encuentras a un Dos inmaduro subiéndose al tren del amor. Una vez que se pone en marcha es imposible detenerlo.

TODO SOBRE LOS DOS O SERVICIALES

Los Dos tienen una forma asombrosa de hacer sentir cómodo y seguro al resto del mundo. Apenas entras a la casa de mi amiga Suzanne, sientes que has aterrizado en una isla de paz dentro de este mundo caótico. Está llena de almohadones mullidos, recipientes con bombones de chocolate, velas aromáticas, arte sacro colgado en las paredes y libros del sacerdote Henri Nouwen y de la poetisa Mary Oliver ubicados sobre las mesas auxiliares para que los invitados lean si tienen tiempo muerto. Sientes que es una mezcla entre el hotel cinco estrellas Ritz-Carlton y un centro de retiro católico. Los Dos te aceptan como eres, no son críticos y crean un espacio tanto físico como emocional en el cual las personas pueden abrir su corazón.

Por otro lado, como dice Richard Rohr: "Los de tipo Dos siempre están a la conquista". Esto es porque los Dos viven en un mundo de "te doy esto si me das aquello". Ya sea por medio del encanto, de halagos, proyectando una imagen agradable de sí mismos o complaciendo descaradamente a los demás, siempre están intentando seducir o atraer a la gente porque no creen que los demás estarán allí cuando ellos los precisen, a no ser que mantengan esta fachada de alegría y adulación.

Los Dos promedio no se dan cuenta de que tienen expectativas tácitas e intenciones ocultas cuando brindan ayuda. Ven sus actos de servicio como generosos y desinteresados, de ninguna manera basados en la conjetura de que les responderemos con reciprocidad. No se levantan por la mañana y dicen: *Vaya, mi amiga Janet está inundada de trabajo. Para ganarme su amor y aprobación y asegurarme de que ella esté allí cuando yo la necesite, pasaré por su puerta y le dejaré la cena y unos chocolates.* La verdadera motivación del Dos se revela a la semana siguiente, cuando se da vuelta la situación y el Dos, ahora abrumado de trabajo, saca chispas de resentimiento porque ni Janet ni ninguno de los otros a los que alguna vez ayudó le trajeron la cena. Cuando los Dos son sanos, sin embargo, pueden reconocer lo que está sucediendo y decirse: *Oh no, lo hice de nuevo. ¡Esperé que mi acción fuera retribuida con un acto amable y no fue así! Debo seguir trabajando en ello.*

Cuando los Dos entran a un lugar lleno de gente, su atención se centra de inmediato en los: "¿Cómo estás? ¿Qué necesitas? ¿Cómo te sientes?" y, más importante: "¿Qué deseas?". Son tan receptivos y sensibles al dolor ajeno, que a veces hasta pensarías que son videntes. Este es un ejemplo sobre cómo a veces lo mejor de ti también es lo peor de ti. Es genial tener el don de ser sensible a las necesidades ajenas y de ayudar. Pero *nunca* es bueno cuando un Dos o cualquier otro número toma ventaja de su superpoder para manipular a las personas para recibir lo que quieren. Ya que su autoestima depende de la respuesta que reciben de otros, los de este tipo siempre terminan dándole demasiado poder a los demás. Cuando mi amigo Michael, un Dos, se casó, quería expresarle su gratitud a su esposa Amy por mantener dos trabajos y llevar la economía del hogar mientras él estudiaba un posgrado. Así que, un día, cuando ella estaba en la oficina, Michael limpió la casa, armó una mesa plegable con velas y una caja de su té favorito y pegó notas adhesivas por toda la casa con mensajes de amor. Cuando llegó, distraída y cansada por el trabajo, Amy (quien *no es* un Dos) pasó junto a la mesa sin notarla. Pasaron dos horas hasta que la vio y dijo: "¿Esas flores son para mí?". Para ese entonces ya era tarde. A Michael ya le salía humo por las orejas e irradiaba resentimiento. La noche terminó con una terrible pelea acerca de la falta de valoración de Amy *por Michael*. "Al día siguiente me percaté de que yo no solo quería la apreciación de Amy. Quería que ella se postrara a mis pies y me adulara como si yo fuera el santo patrón del altruismo. Más adelante en mi matrimonio, me di cuenta de que mi autoestima dependía de la forma en que Amy y los demás respondían a mis actos de servicio. Eso es mucho poder para darle a alguien".

Los Dos siempre están en busca de señales de que son valorados. Mi amigo Reynolds, un Dos, es un autor y orador brillante. Una vez me dijo que, para él, hablar en público era una pesadilla. "Siempre estoy pendiente de la respuesta del público. Cada vez que estaba frente a un grupo sentía que tenía pegado un papel en la frente que decía: '¿Ya me aman?'. Inevitablemente mi antena servicial percibía las señales negativas que emanaban del único miembro del público con cara disconforme y, excepto pararme de cabeza, hacía lo que fuera por complacerlos. Cuando nada de lo que yo hacía obtenía esa mirada de aprobación tan importante para mí, me iba sintiendo que había fracasado".

> "Actúa sin expectativas".
> **LAO-TSÉ**

Los Dos temen que la gente los descarte una vez que puedan hacer las cosas por sí solos. Suzanne es madre de cuatro hijos hermosos que la adoran. Desde el día en que nacieron, ha disfrutado una relación cercana con cada uno de ellos, pero por mucho tiempo estuvo convencida de que, una vez que hubieran crecido y formado sus propias familias, ya no querrían pasar tiempo con ella. Siempre pensó: *Una vez que ya no me necesiten, no les importaré.* Lo que los Dos no saben es que las personas no tienen que necesitarlos a cada segundo para seguir queriéndolos en su vida.

Los Dos pueden entrar a una fiesta e intuir cuál pareja tuvo una pelea en el camino, quién preferiría estar en su casa mirando un partido de béisbol y quién está preocupado por perder su trabajo. Pueden percibir lo que sienten los demás sin hacer una votación a mano alzada. El modo de hablar de los Dos es de *ayuda y consejería.* Apenas perciben que necesitas algo, un Dos aún sin madurar se entromete a darte sus "útiles" sugerencias (o su plan para ayudarte). El problema es que no todos en la fiesta quieren a un Servicial metiéndose en sus asuntos. Ellos deben aprender a discernir. Antes de saltar a la acción como un perro labrador, deben preguntarse: *¿Esto es asunto mío?* Si alguien se está ahogando realmente, zambúllete a ayudarlo. De lo contrario, opta por controlarte.

Los Dos promedio suelen decirnos a Suzanne y a mí que tienen la habilidad de percibir y luego resolver las necesidades de la gente. La palabra clave aquí es *percibir.* No precisas decirle a un Dos lo que necesitas, tan solo lo saben. El problema es que asumen que el resto tiene la misma habilidad de intuir lo que pasa en el interior de los demás. Esto puede llevar a discusiones que comienzan con alguien alzando los brazos y diciendo: "No leo tu mente. ¿Cómo se supone que iba a saber lo que querías?", y terminan con el Dos marchándose abruptamente de la habitación mientras grita por encima del hombro: "Estoy cansado de tener que decirte lo que necesito. ¡A estas alturas ya deberías saberlo!".

Para un Dos, sentirse sin energía es aterrador, porque su autoestima depende del continuo suministro de gratitud y valoración que obtienen por cuidar de los demás. Si se les acaba, ya no podrán seguir ayudando, y entonces, ¿para qué valen? En este punto, un Dos agotado entra en crisis porque siente que lo dan por sentado. Cuando esto sucede, es como ver un satélite explotar cuando está regresando al planeta Tierra.

Suzanne es una Dos hecha y derecha. Como oradora y esposa de pastor, tiene muchas situaciones en las que puede ser Servicial, quizá demasiadas. Así es como suena cuando llega a casa harta y exhausta y entra en la cocina, donde su esposo Joe está limpiando.

—¿Cómo estás? —pregunta Joe.

—Se acabó.

—¿Se acabó qué?

—Todo. Nadie me valora. La gente espera que yo dé, dé, dé y ni siquiera me agradecen. Ahora a todos les va estupendo y yo estoy agotada. De hecho, todos los que he ayudado ahora se sienten tan bien que de seguro organizaron un festejo y se olvidaron de invitarme.

Por las próximas horas, Suzanne dará portazos, le presentará a Joe su renuncia como miembro de la iglesia porque los líderes ni una sola vez le agradecieron por dar cientos de clases en la escuela dominical o amenazará con llamar a sus hijos por teleconferencia para preguntarles por qué *nunca* expresaron gratitud por todos los años que ella se levantó temprano para planchar sus uniformes de la escuela. Cuando están bien, los Dos son cálidos y generosos; y cuando están mal, son mártires resentidos.

LOS DOS COMO NIÑOS

Los niños que quieren complacer a *todos* compulsivamente probablemente sean del tipo Dos. De pequeños, suelen ser sociables y tienen amistades cercanas. Pero, ante la preocupación de que nadie los quiera, intentarán comprar o mantener el amor renunciando a su juguete favorito o a su almuerzo para regalárselo a los demás.

Extraordinariamente sensibles, estos niños van con el corazón en la mano. A veces denotan indicios de tristeza, porque sienten que no son dignos de ser amados. Una vez que aprenden que siendo serviciales se pueden ganar una sonrisa y un halago, serán los primeros en ofrecerse a ayudar al entrenador a armar el equipo de fútbol o en preguntarle a la maestra si precisa ayuda para repartir los útiles escolares. Con el tiempo estos niños pueden adoptar el rol de persona complaciente y sobreestimar el valor que este rol tiene dentro del funcionamiento de la familia, la escuela o el equipo deportivo. Como chicos, pueden hacerse independientes a edad temprana porque ven sus propias necesidades como problemas a evadir.

En algún momento, estos niños incorporaron el mensaje dañino de que tener o expresar sus propias necesidades los llevará a la humillación y rechazo por parte del resto. Están al tanto de los sentimientos de todos y tratan de adaptar su comportamiento e imagen para ser lo que otros quieren. Nunca asumas que porque un niño Dos conoce *tus* necesidades también sabe las suyas propias. Si están pasando un momento difícil y les preguntas qué precisan, probablemente te dirán que no saben. Si los presionas, se pueden frustrar o ponerse muy sensibles. Los Dos invierten tanto tiempo y energía enfocándose en las necesidades ajenas que pierden contacto con las propias. Para cuando son adultos, ese ya es su patrón de comportamiento.

LOS DOS EN LAS RELACIONES

Si eres lo suficientemente afortunado como para tener un Dos en tu vida, entonces sabes que las relaciones significan todo para ellos. Me refiero a *todo*. De todos los números del Eneagrama, los Dos son los más interpersonales. Cálidos y físicamente "toquetones", tienen facilidad para acercarse a la gente. Por ejemplo, Suzanne no puede pasar al lado de alguien que conoce sin darle una caricia en el brazo, una palmada en la espalda o parándose a tomarle el rostro con sus manos y así poder mirarlo a los ojos y decirle: "Sabes que te quiero mucho, ¿no?".

Pero es importante para los Dos saber que nosotros también los queremos.

Sienten las cosas con mucha profundidad y es fácil para ellos expresar emociones. Lo que puede que no sepas es que la mayoría de los sentimientos que tienen no son propios. Ellos sienten lo que *tú* sientes. No les lleva mucho tiempo a los hijos de un Dos darse cuenta de que mamá o papá padecen más los sentimientos de su hijo que los propios. Pero una vez que se dan cuenta, es como si estuvieran jugando al póquer con dinero ajeno.

Los tres números en la Tríada de los sentimientos o del corazón están en constante búsqueda de un sentido de identidad personal. Un modo en el que los Dos intentan establecer esa identidad es identificándose y mirándose a través de las lentes de sus relaciones. Entonces, en vez de presentarse en una conversación por su nombre personal, se presentan por su relación con gente que quizá conozcas. Siempre es: "Hola, soy el esposo de Amy", o "Soy la madre de Jack". Los Dos deben aprender a individualizarse, a convertirse en una persona por sí mismos.

Este viaje comienza, a menudo, ya avanzada su adultez, cuando, luego de años de poner primero las necesidades de todo el mundo, se sienten exhaustos. Un día se despiertan y se dan cuenta: *No puedo seguir invirtiendo tanto en los otros. Tengo que cuidar de mí un poco más.* Cuidar de sí mismos es un camino difícil, pero necesario, tanto para ellos como para los demás, que se acostumbraron a que los pusieran primero y los presionan para volver a los viejos tiempos en los que ponían los intereses de todos antes que los suyos. Cuando llegue el momento, es importante que los demás los alienten a convertirse en personas individuales que cuidan de sí mismos como es debido.

LOS DOS EN EL TRABAJO

En el área profesional, con frecuencia, los Dos son la mano derecha o el asistente de otro, pero no lo toman como algo degradante para ellos. Saben que los sargentos son los que verdaderamente llevan adelante al ejército, no los generales; así que están más que felices de ser quien mueve los hilos. Cuando estaba en la escuela primaria, la secretaria del director, la señorita Parker, era una mujer amable, enérgica y cariñosa. Ella se sentaba a diario en la oficina principal, donde atendía las infinitas llamadas telefónicas, tranquilizaba a las madres iracundas, nos dejaba coger manojos de confites M&M de un bol en su escritorio cuando sacábamos una buena nota, se aseguraba de que los alumnos alérgicos al maní trajeran su medicación a la escuela, alentaba a los maestros agotados y, a las 3 de la tarde, se paraba en la puerta a monitorear la salida mientras recogían a los niños. Si necesitabas un abrazo, dinero para el almuerzo o un trasplante urgente de órganos, en mi escuela ibas con la señorita Parker. De seguro que el director era un buen tipo, pero ni siquiera recuerdo su nombre.

> "El embrollo de no mirarle los dientes a un caballo regalado es que puede ser un caballo de Troya".
> **DAVID SELLER**

Los Dos son personas intuitivas, con habilidades sociales altamente desarrolladas y precisan trabajar en puestos en los que tengan mucho contacto con la gente. Son capaces de transformar un grupo en una comunidad. En la oficina, saben quién anda bien y quién no. Recuerdan los cumpleaños y los nombres de los hijos de todos. Son los primeros en saber los chismes internos, saben la historia detrás de todos los divorcios, el hijo de quién está en rehabilitación y se enteran de quién está embarazada antes que nadie (aun antes que el padre). Como líderes, saben cómo alistar a la persona correcta para cada tarea y le dan ánimo y elogios para inspirarla y motivarla. Son empáticos, optimistas y, debido a que son muy cuidadosos de la imagen que

EL SERVICIAL   139

proyectan, saben cómo hacer que un establecimiento brille a los ojos de los de afuera.

Como supervisores, necesitan libertad para dar críticas constructivas a sus empleados cuando lo necesiten. Sin embargo, si te toca supervisar a un Dos, debes tener en mente que demasiadas críticas o palabras duras los aplastarán. Los Dos no están tan interesados como otra gente en escalar posiciones o, si lo están, mantienen su deseo de reconocimiento y atención en su inconsciente, porque admitir que ese es su deseo los hace vulnerables a la desilusión.

Al contrario de lo que todos creen, hay muchísimos Dos de género masculino en el mundo. Luego de trabajar en Wall Street por treinta y cinco años, mi amigo Jamie fundó una organización y da una conferencia anual que reúne a jóvenes líderes prometedores junto con líderes de mayor edad, con la esperanza de que se hagan amigos y se aconsejen unos a otros. Su personalidad de tipo Dos se demuestra en su pasión por conectar personas e instruir a chicos más jóvenes sobre las maneras en que pueden evitar las dificultades comúnmente asociadas con el éxito a temprana edad.

ALAS

Dos con ala Uno (2a1). Los 2a1 se preocupan por hacer las cosas de forma correcta. Quieren ser percibidos como gente fiable y responsable. Con el ala Uno, estos Serviciales son más críticos de sí mismos, más controladores y más propensos a sentir culpa. Estos Dos tienen límites más claros y son más conscientes de sus necesidades emocionales, pero tienen más dificultad a la hora de expresarlas. No les es tan fácil confiar en los demás y esperan un poco más en retribución por sus esfuerzos.

Dos con ala Tres (2a3). Los 2a3 son más ambiciosos, cuidadosos de su imagen y competitivos. Extrovertidos y hasta a veces seductores como los Tres (los Triunfadores), cuidan más de sus relaciones y contactos que los Dos con ala Uno. Estos Dos son más seguros y, por ende, alcanzan más logros; ser vistos como personas de éxito significa para ellos casi tanto como ser vistos como gentiles y generosos. En este sentido, los Dos con una autoestima sólida pueden mutar, al igual que los Tres, y convertirse en lo que sea necesario para alcanzar los resultados deseados.

ESTRÉS Y SEGURIDAD

Estrés. Ante el estrés, los Dos adquieren las características de un Ocho dañino: se vuelven demandantes y controladores, de forma directa o a través del uso de la manipulación. Culpan a terceros por lo que los tiene descontentos y pueden ser sorpresivamente agresivos y vengativos por errores del pasado.

Seguridad. Cuando se sienten seguros, los Dos se desplazan hacia el lado sano de los Cuatro, en el que no se consideran obligados a pretender que aman a todo el mundo. Estos Dos tienen mayor conciencia de la necesidad de cuidarse y pueden concentrarse en sí mismos, realizando actividades creativas como una manera de invertir en ellos mismos, ya que este tipo de actividades les trae alegría. Este es el lugar en el que los Dos se sienten bien cuando no están ayudando a los demás.

TRANSFORMACIÓN ESPIRITUAL

Al igual que en el resto de los números, lo mejor de los Dos es, al mismo tiempo, lo peor de ellos. Cuando la gente da demasiado, ayuda por las razones equivocadas o sirve a otros por motivos egoístas en vez de servir porque Dios los llamó a hacerlo, sus dádivas se convierten en cálculos, control y manipulación. Si eres un Servicial, te debe haber sido difícil leer este capítulo.

Por largo tiempo, los Dos han temido que la gente los rechace una vez que descubran que tienen necesidades y penas que no han atendido. Los Dos viven al servicio de la mentira de que la única manera de ganar amor es escondiendo la persona estropeada y vulnerable que en el fondo son, detrás de la apariencia y actitud de un ayudante alegre y desinteresado. Al igual que todos los números de la Tríada de los sentimientos, creen que si muestran su verdadero yo al mundo, el mundo los rechazará. El mensaje sanador que necesitan es: "Eres valioso". Sus necesidades son importantes y pueden comenzar a aprender cómo expresar sus sentimientos y deseos de forma explícita sin un miedo injustificado a la humillación o al rechazo.

Todos los Dos deben entender la diferencia entre dar de forma egoísta y dar de forma altruista. Al dar de forma egoísta uno espera que lo retribuyan, mientras que al dar de forma altruista, uno da sin condiciones. Como dice el dicho popular: "Cuando das esperando algo a cambio, eso es una inversión. Cuando das sin esperar nada a cambio, eso es amor".

Por suerte, con un poco de conocimiento y conciencia de uno mismo, los Dos pueden aprender a brindar ayuda libre de costos. Si eres un Dos, significa aprender a dar lo que te corresponde dar, ni más ni menos. Si tu amiga Isabelle está abrumada de trabajo y te ofreces a cuidar a sus hijos, pero ella no te devuelve el favor cuando tú pasas por una crisis similar, entonces no te importará, porque no estabas esperando que ella lo hiciera. Como dice mi padrino en el programa de rehabilitación: "Una expectativa es rencor esperando para aparecer".

Vuelvan a pensar en mi amigo Jim y la historia sobre él que conté al principio del capítulo. Él no quería que Gloria lo ayudara, no lo necesitaba ni lo había pedido. De hecho, su "ayuda" terminó haciendo todo menos ayudarlo. Cuán distinta hubiese sido esta historia si una versión más madura de Gloria se hubiese acercado a Jim diciéndole algo como: "Jim, el otro día en el semáforo noté que tu carro está para el desguace. Por alguna razón, Dios me ha dado más dinero del que necesito y me encantaría sentarme contigo y Karen para ver si hay alguna manera de ayudarlos. Sin presión, solo háganme saber si les puedo dar una mano".

Está un poco trillada, pero si eres un Dos, podría serte útil leer la historia de María y Marta en Lucas 10. El relato comienza con las palabras: "Aconteció que yendo de camino, [Jesús] entró en una aldea; y una mujer llamada Marta le recibió en su casa" (vers. 38). Resulta interesante que era la casa tanto de María como de Marta, pero solo es Marta la que recibe el crédito por invitar a Jesús y a los discípulos. ¿Esto quiere decir que María era poco hospitalaria? ¿O que, de las dos hermanas, solo Marta sintió la obligación de suplir las necesidades de Jesús y los discípulos?

Cuando ellos entran a la casa, Marta hace lo que haría cualquier Dos: ponerse manos a la obra y asegurarse de que todos se sientan a gusto y tengan lo que necesiten. Probablemente ya ha lavado los pies de Jesús y ahora anda corriendo de un lado para el otro, preparando la cena mientras su hermana "buena para nada", María, se sienta relajada a los pies de Jesús. Marta comienza a sentir celos y resentimiento. Todos están en la sala de estar, comiendo aceitunas y riendo, mientras ella se deja el pellejo en la cocina horneando el cordero.

Marta se enoja porque, *como de costumbre,* ella hace el trabajo pesado, y le dice a Jesús: "Señor, ¿no te importa que mi hermana me deje trabajar sola? ¡Dile que me ayude!" (vers. 40). No estoy del todo seguro, pero creo que es el único lugar de la Biblia en el que alguien le da una orden a Dios. Como dije, no hay nada más peligroso que un Dos cansado que se siente poco valorado.

Jesús sabe bien lo que está pasando y responde: "Marta, Marta, estás preocupada y aturdida con muchas cosas. Pero una sola cosa es necesaria. María ha escogido la mejor parte, y nadie se la quitará" (vers. 41-42).

Esta lección es simple: a veces piensas que estás sirviendo a Dios o a otras personas, cuando en realidad no lo estás. En ocasiones, cargarte con toda la ayuda y el cuidado de otros no es lo que Dios te está llamando a hacer. La Biblia nunca menciona a Marta *preguntándole* a Jesús qué deseaba o necesitaba; ella sintió la responsabilidad de echarse todo al hombro por sí sola. Quizá Dios tan solo quiere que los Dos —y todos los demás— se relajen en su presencia.

Si quieren aprender a ocuparse de sus propias necesidades tal como se ocupan de las del resto, los Dos deben trabajar su alma en soledad. Si intentan hacer este trabajo de forma grupal, sentirán la tentación de ayudar a los demás a crecer espiritualmente, en vez de enfocarse en su propio desarrollo. En este tipo de situaciones, la tendencia que ellos tienen a dejar todo para ayudar a los que están en crisis es más una defensa para no enfrentar sus propias necesidades y sentimientos que un acto de servicio. En su tiempo a solas con Dios deben preguntarse: *¿Quién soy yo cuando nadie me necesita?*

DIEZ CAMINOS DE TRANSFORMACIÓN PARA LOS DOS

1. En vez de insinuar tus necesidades o dejar que otros las interpreten, intenta decirlas explícitamente.
2. Respira profundo y comienza de nuevo cuando te encuentres trabajando demasiado duro para proyectar una imagen que agrade al resto o elogiando a los demás para ganar su aprobación.
3. No digas sí como un acto reflejo. Cuando alguien te pida ayuda, dile que le confirmarás al rato, cuando hayas tenido un tiempo para pensarlo. O tan solo experimenta con decir la palabra "no". Es una opción válida.
4. Cuando las ansias de rescatar o ayudar a alguien te sobrepasen, pregúntate: *¿Esto es asunto mío?* Si no estás seguro, consúltalo con un amigo íntimo.
5. Cuando notes que has vuelto a los comportamientos típicos de tu número, piensa: *¿Cómo debería sentirme si no elogio o ayudo a esta persona en este momento?*

6. Cuando sea posible, haz actos de servicio de manera anónima.

7. Los Dos oscilan entre una visión sobreestimada y una subestimada de sí mismos y lo que valen. Recuérdate que no eres ni el mejor ni el peor. Solo eres tú.

8. Si notas que sientes resentimiento o la sensación de que te deben algo, no niegues esos sentimientos. En cambio, tómalos como invitaciones a mirar dentro tuyo con paciencia y preguntarte: *¿Qué debería mejorar de mí en este momento?*

9. No te castigues si te descubres siendo agresivo con los demás o abrumándolos con tus emociones. Felicítate por identificar la situación y retráctate.

10. Dos o tres veces al día, pregúntate: *¿Cómo me siento en este momento?* y *¿Qué necesito en este momento?* No te preocupes si no tienes una respuesta. Lleva tiempo desarrollar los músculos del cuidado personal.

CÓMO SE SIENTE SER UN TRES

1. Para mí es importante ser el ganador.

2. Me encanta entrar a un lugar y saber que estoy causando una primera impresión excelente en la gente a mi alrededor.

3. Yo podría convencer a Bill Gates de que comprara una Mac.

4. Las claves de mi felicidad son la eficiencia, la productividad y ser reconocido como el mejor.

5. No me gusta cuando las personas me frenan.

6. Sé cómo retocar los fracasos para que parezcan éxitos.

7. Prefiero, sin duda alguna, ser un líder y no un seguidor.

8. Soy competitivo a más no poder.

9. Puedo encontrar la manera de persuadir a casi cualquier persona y de conectar con ella.

10. Soy el campeón del mundo haciendo un millón de cosas al mismo tiempo.

11. Le presto mucha atención a la manera en que las personas reaccionan conmigo en cada momento.

12. Se me hace muy difícil no llevarme trabajo cuando me voy de vacaciones.

13. Es muy difícil para mí identificar o saber cuáles son mis sentimientos.

14. No soy de los que habla mucho de su vida privada.

15. Algunas veces me siento como un impostor.

16. Me encanta ponerme metas que pueden ser medidas y alcanzarlas.

17. Me gusta que los demás conozcan de mis triunfos.

18. Me gusta que me vean en compañía de gente exitosa.

19. No me molesta cortar presupuesto si eso significa que el trabajo se termina de manera más eficiente.

20. Los demás dicen que yo no sé cómo o cuándo parar de trabajar.

7

TIPO TRES

EL TRIUNFADOR

La pregunta clave es: ¿Puedes amar a mi verdadero yo?
No a la imagen que tenías de mí, sino a quien soy en verdad.
CHRISTINE FEEHAN

Los **Tres sanos** han trascendido la meta de tan solo verse bien y se están moviendo hacia el objetivo de ser conocidos y amados por lo que verdaderamente son, no por sus logros. Aún adoran ponerse metas, enfrentar desafíos y resolver problemas, pero su valor como persona no está basado en estas cosas. Intentan repartir su abundante energía entre el trabajo, el descanso y alguna actividad reflexiva, reconociendo que lo importante es *ser,* y no *hacer.* Se sienten valiosos, lo que desencadena en ellos una bondad sensible enfocada en el bien común.

Los **Tres promedio** no solo intentan alcanzar las metas, sino que las sobrepasan, obsesionándose con el trabajo o el gimnasio. Sumamente determinados, su necesidad de destacarse se extiende hasta las cosas mínimas, como el tiempo que pasan entrenando al equipo de soccer infantil o siendo voluntarios en la iglesia. Ven el amor como algo que deben ganarse, por eso callan sus convicciones internas, valorando lo que otros definen como éxito y esmerándose en hacer más y hacerlo mejor. Son seguros de sí mismos y de sus habilidades, pero también conscientes de su imagen; viven preocupados de que un desempeño mediocre los haga quedar mal ante los demás.

Los *Tres enfermizos* ven el fracaso como algo inaceptable, lo que los vuelve incapaces de admitir errores y los hace comportarse como si fueran superiores al resto. Desesperados por llamar la atención, estos Tres pueden transformar su pecado capital del autoengaño en un engaño intencional, inventando historias sobre ellos mismos y sus logros para mantener una imagen. En su peor acepción, los Tres enfermizos pueden ser mezquinos, crueles y vengativos.

Crecí en Greenwich, Connecticut, cuna de muchos de los grandes gerentes de fondos de cobertura, capitalistas de riesgo y banqueros de inversión del mundo. Existe mayor cantidad de Tres en Greenwich que actores y cantantes adolescentes en rehabilitación. A la cabeza de todos ellos estaba mi padre.

Como todos los Tres, mi padre creía que solo podía ser amado si era o parecía ser una persona exitosa, evitando el fracaso a toda costa y alineando su imagen a lo que los demás querían. Por largo tiempo tuvo un trabajo glamoroso y de gran visibilidad en el mundo del cine y la televisión como director de la firma Columbia Screen Gems Motion Pictures en Europa y Oriente Medio, hasta que a los cuarenta años perdió todo por una serie de malas decisiones en lo personal y lo profesional. En cuanto a su carrera, mi padre era un fracaso, pero nunca lo podrías haber deducido al verlo o escucharlo.

Aun cuando nuestra familia estaba en bancarrota, mi padre continuaba comprando trajes hechos a la medida en la calle Jermyn, en Londres; manejaba un costoso carro deportivo (pero de segunda mano) y era el único hombre que conocí que se las arreglaba para usar pañuelos de seda en el cuello a modo de corbata y no parecer un ridículo. Contaba historias sobre cómo los legendarios Mel Brooks y Carl Reiner solían representar escenas de comedia en la sala de mi casa cuando vivíamos en Londres; historias sobre safaris en la selva con William Holden; y sobre cómo el actor Roger Moore, quien interpretó a James Bond, le debía su carrera a mi padre. Todas estas historias eran "verdaderas", pero embellecidas, y él las hacía sonar como si hubieran sucedido el mes anterior, no la década pasada.

Mi padre creía que la gente adinerada de Greenwich solo valoraba a personas habilidosas, adineradas, sofisticadas y con buenos contactos, así que él mutaba a ser "ese tipo" para ganarse su admiración.

Pero el talento de mi padre para proyectar una imagen perfecta y ganarse al público no se limitaba a la clase alta de Greenwich. Lo hacía con cualquiera, en cualquier lado. Así funcionaba: cuando llegaba a una fiesta o evento lo primero que hacía era leer a la gente. Quería saber la composición general de la multitud —quién había asistido, cuáles eran sus preferencias, valores y expectativas—, como intentando responder a la pregunta: *¿Qué tipo de persona debería generar y ser para ganarme la aprobación de esta gente? ¿En qué quieren que me convierta para quererme y admirarme?* Una vez que descubría la respuesta a esas preguntas (lo cual le tomaba unos treinta segundos), de forma automática se transformaba para convertirse en "ese tipo". En serio, una vez presencié el acercamiento de mi padre a un grupo de mecánicos parados en una estación de servicio, y antes de que puedas decir "carburador", él ya había asimilado todos sus gestos, su jerga y comportamiento. En realidad, no conocía la diferencia entre un silenciador y una guantera, pero para cuando nos íbamos, los mecánicos creían que mi padre podía, tranquilamente, ser el presentador de un programa de automóviles.

EL PECADO CAPITAL DE LOS TRES

No te culpo si después de leer esto etiquetaste a mi padre de hipócrita. Pero ¿sentirías más compasión si supieras que creaba y proyectaba su resplandeciente imagen de éxito, definida por cualquier público que tuviera enfrente, solo porque pensaba que ser o al menos parecer exitoso era la única manera de probar su valor y ganar amor? ¿Se sensibilizaría tu corazón si supieras que desde que era niño creía que debía construir constantemente una imagen para ganarse la aprobación de los demás, hasta que, con el tiempo, ya no pudo diferenciar entre esa imagen falsa y lo que él era realmente?

Esta es la trampa de los Triunfadores.

De acuerdo con el Eneagrama, el pecado capital del Triunfador es el *engaño*, no tanto porque engañen a otros sino porque se engañan a sí mismos. Como escribió Nathaniel Hawthorne: "Ningún hombre puede poner por mucho tiempo una cara para sí mismo y otra para la multitud sin que, finalmente, se quede perplejo preguntándose cuál será la verdadera".

En medio del desarrollo de un personaje que genere una buena impresión y, tal vez, hasta los ayude a entablar relaciones con gente de influencia que los impulse en el campo profesional o social, los Tres pierden contacto con quienes son realmente. Con el tiempo, se identifican tanto con su personaje destellante que su verdadero yo se pierde en la función. Ellos también, al igual que el resto, terminan siendo engañados y creyendo que esa imagen falsa es *quien realmente son*.

La estrategia de proyectar una imagen falsa para suplir una necesidad no pertenece únicamente a los Tres. Todos los números de la Tríada de los sentimientos o del corazón (2, 3, 4) rechazan la idea de que es posible mostrar quiénes son realmente y al mismo tiempo ser amados incondicionalmente, por lo tanto, abandonan su verdadero yo para ocupar roles ficticios. Los Dos confeccionan en un santiamén una imagen alegre y agradable para agradar al resto; los

Cuatro (¡alerta de *spoiler*!) proyectan una imagen de originalidad por razones de las que hablaremos pronto; y los Tres proyectan una imagen de éxito y logros para obtener admiración ajena.

**FAMOSOS
DEL TIPO TRES**

Taylor Swift

Mitt Romney

Tom Cruise

Los Tres que aún no han madurado sienten necesidad de ganar a toda costa y hacer que parezca fácil. Para ellos, salir en segundo lugar es un eufemismo condescendiente de ser el primer perdedor. Ya sea que estén en el salón de clases, en el campo de juego, en el recinto de la bolsa de valores, en un escenario, pastoreando una iglesia enorme, en la sala de reuniones o ayudando a los más necesitados, los Tres *deben* ser la estrella. Como crecen creyendo que el mundo solo valora a las personas por lo que hacen y no por quienes son, convertirse en rey o reina de la selva es una cuestión de vida o muerte. Al confundir el éxito con amor, los Tres que no son autoconscientes sienten la obligación de aprobar cada examen, cerrar cada operación de negocios, dar un sermón que se equipare al discurso de Martin Luther King cada domingo y romper todos los récords de ventas. La vida se trata de acumular logros dignos de aplausos.

Los Tres son camaleones que pueden cambiar de personaje para encajar en cada contexto. "Los Tres no tenemos un solo personaje, somos una legión", bromeaba un pastor amigo y ahora un Tres autoconsciente, refiriéndose al personaje de Marvel. Hace poco, en un taller en el que di una charla acerca de los Tres, una mujer vestida muy elegante se acercó a mí en el receso y me confesó: "Mi socia jura que puede oír el ruido del sistema operativo en mi mente analizando a una audiencia cuando entramos a una sala llena de clientes potenciales. Antes de que todos se hayan presentado, yo ya sé a quién debo acercarme para cerrar la venta".

"Me gusta cambiar
de personalidad".
MICK JAGGER

Los Tres que no son autoconscientes son camaleones sociales. Sin embargo, como puedes imaginar, su habilidad para crear y proyectar la imagen correcta para cerrar la venta o conquistar a la chica o chico, puede dejarlos preguntándose quiénes son en realidad. Cuando en muy raras ocasiones los Tres desaceleran el ritmo lo suficiente como para reflexionar sobre su vida, pueden llegar a sentirse como un fraude. *Uso tantas máscaras, pero ¿cuál es el auténtico yo?* Cuando se les presenta esta revelación súbita, aparece su peor temor: *¿Qué pasa si no hay nadie detrás de esa imagen? ¿Qué tal si no soy nada más que un atuendo vacío?*

A menos que los Tres tengan un consejero espiritual que los ayude a mantener esa sensación de vacío lo suficiente como para darle a su verdadero yo un chance de aflorar, entrarán en pánico y se refugiarán detrás de su personaje otra vez; en esta ocasión redoblando los esfuerzos para obtener éxito e impresionar a los otros y así ocultar su vacío. En general, se requiere de una derrota digna de una tragedia griega para que un Tres se despierte y se percate de que "ser sincero con uno mismo" es mejor lema de vida que "la imagen lo es todo".

TODO SOBRE LOS TRES O TRIUNFADORES

Hay infinidad de cosas buenas sobre los Tres sanos. Son personas optimistas, resilientes, con sueños audaces que inspiran al resto. Cuando están sanos en lo espiritual y autoconscientes, no sienten la obligación de tener que demostrar nada. Se interesan por hablar sobre tus sueños y celebrar tus logros, en vez de alardear sobre los suyos o venderte un personaje. En un Tres que ha evolucionado no hay ni un rastro de falsedad. Ya no están aterrados por el fracaso y abren su corazón sobre las enseñanzas que les dejaron sus errores. Son generosos y sabios y, a menudo, ponen sus habilidades al servicio de organizaciones para hacerlas más efectivas a la hora de perseguir su misión.

> "La imagen lo es todo".
> **ANDRE AGASSI**

Sin embargo, los Tres enfermizos viven un triste desasosiego, siempre debiendo esforzarse, siempre alertas de sus avances y progreso. Políticamente astutos y vestidos para matar, de alguna manera viven tratando con el público como si se preguntaran: *¿Cómo lo estoy haciendo? ¿Eh?* Algunos Tres se vuelven inquietos como una ardilla cuando pasan demasiado tiempo en un mismo lugar, por lo que necesitan vacaciones basadas en aventuras, como un viaje de buceo o un recorrido en bicicleta a lo largo de Francia (y te deseo buena suerte si intentas convencerlos de que no lleven una maleta con cosas pendientes del trabajo). Como observan Hurley y Dobson, algunas veces los Tres pretenderán estar interesados en ciertas conversaciones cuando en realidad no lo están. En cuanto se den cuenta de que no eres un "jugador" o piensen que no eres lo suficientemente interesante, sonreirán y asentirán con la cabeza como si te estuvieran escuchando, cuando, por dentro, están cerrando una venta inmobiliaria o produciendo un álbum musical o mirando cada tanto sobre tu hombro para ver quiénes son los verdaderos jugadores en la sala y dónde se ubican.

Hace poco, Suzanne y yo participamos en una conferencia donde la audiencia estaba plagada de hombres y mujeres muy exitosos. Una de las noches, un abogado empresarial de alrededor de sesenta años compartió con el grupo cómo en algún momento había creído que la vida se trataba de lo que posees, con quién te codeas y qué tan bien luces, hasta que al cumplir cincuenta tuvo una crisis (de esas que te llevan a conocer a Jesús) que lo puso cara a cara con quién realmente él era. "Puse mucho esfuerzo en conocerme y convertirme en quien yo soy realmente", dijo David, poniéndose una mano en el corazón. "Hoy en día pienso mucho menos en trabajar y ganar y mucho más en 'solo ser David'".

David es un Tres que ha evolucionado. Ya no cree que debe trabajar ochenta y ocho horas semanales y ser conocido como el mejor en todo lo que hace para ser una persona amada. En general, los Tres encuentran más dificultad para reconocer y conectar con lo que sienten que cualquier otro número en el Eneagrama. No solo no se percatan de sus sentimientos, tampoco suelen notar los tuyos. ¿Recuerdas que en el capítulo anterior vimos que puede suceder que los Dos no tengan idea sobre sus propias emociones, pero que tienen habilidad para enfocarse en las tuyas con la precisión de un radar Doppler? Bien, los Tres desconocen totalmente los sentimientos, los suyos y los tuyos.

Ellos *crean* lo que sienten, en vez de tan solo *sentirlo*. Al encontrar dificultad para reconocer o acceder a sus sentimientos, de forma inconsciente observarán las emociones que expresan los de alrededor y las copiarán. Lo que revela que en el fondo no están conectando con la tristeza que expresan en un funeral sino que, al mismo tiempo, pueden estar pensando en algo que les quedó pendiente en el trabajo.

Los Tres pueden ocultar y posponer sus emociones para que no derrumben su fachada de "tengo todo bajo control". En un mismo momento pueden sentirse deprimidos, enojados o asustados, pero mantener su cara de póquer, luciendo animados y seguros. A fin de cuentas, son quienes más se preocupan por la eficiencia y por completar una tarea. Las emociones son complejas y ralentizan el camino hacia una meta, por eso no les prestan demasiada atención.

De acuerdo con Riso y Hudson, los Tres incorporaron en su niñez el mensaje de que tener tu propia identidad o emociones no está bien. De niños, sintieron que debían dejar de lado quienes realmente eran para convertirse en el prototipo perfecto de lo que la gente importante para ellos asociaba con el éxito. Una vez le dije a un Tres en su camino espiritual: "Cuánto debes haber amado a tu padre que dejaste tu verdadero yo para complacerlo". El hombre lloraba, como aliviado de entender que era amor, y no vacío, lo que había detrás de aquella máscara que llevaba.

Aquí hay una pregunta: ¿Qué incentivaría a los Tres a cambiar, en una cultura que los aplaude y los premia por personificar nuestra definición cultural del éxito? *¡Estados Unidos es el país de los Tres!* Cientos de nosotros miramos a un Tres y pensamos: *Rayos, ¡cómo desearía ser él o ella!* Digo esto porque todos somos cómplices de perpetuar un mundo que incentiva a esta gente maravillosa a continuar viviendo al servicio de una mentira. Está mal que le pidamos a los Tres que usen sus habilidades para hacer crecer nuestras empresas o que junten dinero para la campaña de la iglesia local, especialmente porque cuando terminan la tarea, nos damos vuelta y los criticamos a sus espaldas por ser falsos y narcisistas. Este es un motivo por el cual Suzanne y yo amamos el Eneagrama. ¿No crees que saber cómo ve el mundo un Tres y qué lo motiva a tener esa personalidad te ayuda a despertar cierta compasión por su situación, y con suerte también por la de algún otro número?

Nos sentimos deslumbrados cuando vemos a un Tres en la senda de la madurez espiritual, a pesar de tener que despertarse cada día y nadar contra la corriente de nuestra cultura orientada al éxito y obsesionada con la imagen. Y hay cientos de estas maravillosas personas por ahí, luchando por convertirse en sí mismos. Son santos en proceso.

LOS TRES COMO NIÑOS

A temprana edad los Tres incorporan un mensaje dañino: "Eres lo que haces". Como resultado, se convierten en máquinas de alto desempeño, en la lucha por sobresalir y ser reconocidos por sus logros, porque estos constituyen la base de su identidad. Si un Tres percibe que sus padres o la cultura premia el éxito académico por sobre todo lo demás, se enfocará en calificar para Harvard, aunque recién esté comenzando el secundario. Asimismo, si crece en una cultura o una familia en la que el éxito significa ascender los rangos de la mafia hasta convertirse en jefe, esa se convertirá en la meta de su vida. Es extraño, lo sé, pero tiene que ver con el contexto.

Los Tres se adaptarán a la imagen que prefiera su familia o la cultura, aunque para eso deban convertirse en alguien que no se asemeja en absoluto a lo que ellos son o ir en contra de su naturaleza. El jugador de tenis Andre Agassi tiene una historia así. En 1991 apareció en un comercial de televisión

> "Nuestra vocación más importante es crecer en nuestra individualidad, ya sea que esta se ajuste o no a la imagen de quien debemos ser".
>
> **PARKER PALMER**

para una cámara fotográfica de la marca Canon llamada Rebel [Rebelde]. En el comercial, el superatleta engreído y vestido a la moda, desciende de un Lamborghini blanco, arroja una mirada despreocupada a la cámara, se baja sus gafas Ray-Ban hasta el medio de la nariz y declara: "La imagen lo es todo". Oh, ¡lo que es ser joven y Tres!

En su libro autobiográfico, *Open*, Agassi describe su vida al lado de un padre cuyo amor por él estaba atado a su desempeño en la cancha. El tenista sorprendió al mundo cuando, en su libro, confesó públicamente por primera vez que siempre odió jugar al tenis, desde que tomó una raqueta por primera vez hasta el día en que se retiró. Lo que lo llevó a convertirse en un campeón no fue la pasión por el juego, sino su deseo por ganar el corazón de un padre a quien él describe como incapaz de "diferenciar entre amarme a mí y amar el tenis". Otros Tres cuentan lo que fue crecer en hogares en donde debían preocuparse de que sus padres, amigos o profesores los ignoraran u olvidaran si no volvían a casa con calificaciones o trofeos extraordinarios.

Los padres de mi amiga Allen se criaron en la pobreza. Cuando ella y su hermano gemelo eran niños, constantemente les repetían: "Queremos que hagan más con su vida de lo que logramos hacer nosotros". Desde temprana edad, cuando los niños comenzaron a volver a casa con excelentes calificaciones y destacándose en el baloncesto, sus padres se volvieron tan eufóricos y los felicitaron tanto, que los pequeños sintieron que su única opción era mantener ese éxito.

"Mis padres son grandiosos y nos amaron más que a nada en el mundo", dice Allen ahora. "Simplemente no tenían idea de cuánto nos presionaban para que alcanzáramos el éxito. Se les rompería el corazón si se enteraran de que nos criamos creyendo, de manera inconsciente, que su amor por nosotros dependía de que ganáramos en todo lo que hiciéramos, y que temíamos decepcionarlos. Nunca nos dijeron: '¡Solo los amaremos si triunfan!', pero éramos niños y eso era lo que inconscientemente escuchábamos". Es muy triste, pero la vida que los padres no lograron vivir muchas veces empuja a los hijos a destinos que ellos no eligieron.

Cuando los Tres son pequeños, se despiertan en la mañana con el día planificado. Distinguidos por su habilidad social, saben cuál va a ser su atuendo para la escuela y con quién se sentarán en el almuerzo. Saben quiénes son los chicos *cool* y pueden ir en contra de sus emociones o deseos en pos de ser aceptados en el grupo. Estos chicos vienen equipados con todas las herramientas necesarias para triunfar.

Intentan hacer las cosas que valoran los de alrededor, pero cuando fallan, lo toman muy a pecho. Son enfocados y de naturaleza competitiva porque creen que son amados por sus logros. Son niños que desean sobresalir. Y lo hacen.

LOS TRES EN LAS RELACIONES

Al ser el número del Eneagrama que tiene menos contacto con sus emociones, es lógico que tengan cosas que resolver en el campo de las relaciones.

Como parte de su campaña de autopublicidad, los Tres que no son conscientes espiritualmente querrán proyectar la apariencia de una familia perfecta al mundo exterior, pero mantener esa reputación puede cansar a su pareja e hijos. Desfasados de sus emociones y deseosos de proyectar la imagen correcta, los Tres pueden, de forma consciente o inconsciente, jugar el rol del padre o cónyuge perfecto. Otros Tres suelen andar en piloto automático y ven a sus parejas, o demás relaciones, como un quehacer en su lista de tareas, convirtiéndolas en uno de los tantos proyectos en los que están trabajando en un momento dado. Por ejemplo, puedes oír a un Tres decir que ellos y su pareja se sientan una vez al año a ponerse objetivos espirituales, económicos, físicos o sociales para su matrimonio o relación, o a discutir modos en los que pueden hacer del manejo diario de la familia algo más eficiente y productivo. Por supuesto que tener metas en tus relaciones es admirable, siempre y cuando se mantengan como uniones espirituales que cultivamos, y no como sociedades de negocios que dirigimos.

Sin excepción, las relaciones de los Tres que no han madurado sufren, porque son casi adictos al trabajo. Tienen tantos proyectos en curso y tantas metas que alcanzar que no pueden poner su atención completa en la gente que aman. Como lo remarca la autora Helen Palmer: "El corazón de un Tres está en el trabajo", por lo tanto, todas las emociones que tengan las usan en pos del logro de una meta o una tarea, y no queda mucho para los demás.

Los Tres tienen un talento sobrenatural para el *multitasking*. Pueden hacer malabares para conducir y al mismo tiempo cerrar un negocio multimillonario en sus celulares, comer un sándwich, escuchar un audiolibro del libro superventas de David Allen *Organízate con eficacia* y conversar con su pareja sobre un problema que está teniendo uno de sus hijos en la escuela. No es simplemente sorprendente lo que pueden hacer, sino que es tan sorprendente como el Cirque du Soleil, a menos que seas su pareja, hijo o amigo, que se siente poco valorado y menos importante que las ambiciones de los Tres.

Debido a que alteran su apariencia para ganar a diferentes tipos de personas, mantienen a sus grupos de amigos por separado. Si organizan una fiesta y por error invitan a todos sus amigos de diferentes ámbitos de su vida se volverían locos, porque nadie puede mutar tan rápido.

Los de este tipo valoran a las amistades que son libres y no demandantes. La vida se trata de ser eficiente y lograr los objetivos, por eso ellos se mantienen alejados de las amistades que requieren mucha atención, que son complicadas o exigentes, que llevan mucho tiempo o energía que podrían utilizar en alcanzar sus metas.

La estrategia de defensa de los Tres es la identificación. Los Tres se defienden del daño al sumergirse de lleno en la tarea que están haciendo o igualando su identidad con el puesto y las instituciones para las que trabajan. Por esto, defenderán a muerte la reputación de su empresa o el número insólito de horas que trabajan.

Como observa Richard Rohr, el número más triste del Eneagrama es un Tres que fracasa, uno cuyas ambiciones son mayores que su talento. Yo agregaría que te rompe el corazón ver a un Tres que ya pasó la mitad de su vida sin comenzar a jugar su propio juego. Es terrible estar sentado junto a un señor de setenta años en una cena que todavía se las da de conocer gente importante, diciéndote en qué universidad estudió o alardeando de lo joven que era cuando lo nombraron socio de la empresa o cuánto dinero cobró a la hora de jubilarse.

LOS TRES EN EL TRABAJO

Si todavía no está claro, los Tres en el trabajo se sienten como pez en el agua. Más que cualquier otro número, ansían conquistar logros y obtener reconocimientos, y para la mayoría de los adultos eso significa tener éxito en lo laboral. Para los Tres que no trabajan afuera, como es el caso de algunos padres que trabajan desde casa, la tendencia a buscar la validación de los demás puede surgir de

otras maneras, por ejemplo, comparando a sus hijos con los demás:
si aprendieron a controlar sus esfínteres cuando aún estaban en el
útero o si fueron aceptados en la Universidad de Princeton mientras estaban en jardín de infantes.

Poniendo el éxito por sobre la
esencia, los Tres son venerados en Estados Unidos. Son la personificación
del ideal estadounidense: inteligentes, carismáticos, ambiciosos; lo que

> "¡El trabajo es más
> divertido que la diversión!".
> **NOEL COWARD**

la psicología califica como hombres y mujeres de tipo A. Pero ten
cuidado, hay una línea muy delgada entre tipo y estereotipo. Algunos piensan que todos los Tres son como el personaje Don Draper
de la serie *Mad Men*. ¿Puede un Tres que no está maduro espiritualmente convertirse en un triunfador loco por el éxito, obsesionado con su imagen, que cautiva a todos con su carisma para trepar
hasta el tope de la pirámide empresarial? ¿O ser un candidato po-
lítico que sonríe y estrecha la mano de la gente en la feria estatal,
aunque no sienta ganas, solo para hacer campaña? De seguro que
sí, pero esos son más que nada estereotipos: caricaturas, aceptadas
comúnmente, basadas en patrones establecidos sobre un tipo de
persona en particular. Los Tres son personas, no clichés. Al igual
que todos nosotros, son complejos y vienen en una infinita variedad de matices y tonalidades. No todos son CEO [director ejecu-
tivo] de una compañía o celebridades, ni tampoco todos aspiran a
serlo. Hay Tres en casi todas las profesiones, desde la música hasta
en el área de misiones en la iglesia. Pueden ser desde David Bowie
hasta Dorothy Day, la fundadora del Catholic Worker Movement
[Movimiento Católico del Trabajador]. Pero todos creen la misma
mentira: solo eres amado por tu logro más reciente.

Como una vez me dijo un profesor universitario amigo mío:
"Ven a oír las conversaciones que se dan entre profesores en una
reunión de mi facultad. Cuando no se están recordando el uno al

otro dónde obtuvieron sus doctorados, están haciendo mención del prestigioso periódico en el que publicaron recientemente un artículo, contando sobre la invitación que acaban de recibir para dar un discurso en una reconocida conferencia académica o compitiendo por un puesto fijo en la universidad".

Cuando están sanos en lo espiritual, estas personas carismáticas, productivas y determinadas son gente auténtica, líderes visionarios y hacedores extraordinarios que merecen toda nuestra admiración. Sin embargo, como cualquier otro número, cuando no son maduros y no conocen sus puntos débiles, son un accidente esperando a suceder.

La gente dirá que los Tres están dispuestos a hacer lo que sea por ponerse en la delantera. Están interesados en los cargos, en quién es el próximo a ser ascendido en el trabajo y quién ocupa la oficina más grande. Los Tres son fenomenales para efectuar una venta, aunque desarrollan una especie de orgullo acerca de su habilidad para hacerlo y se convierten en quien sea que el cliente desee para tan solo cerrar el negocio.

Como se preocupan tanto por el estatus, también lo hacen por los símbolos de estatus. Cuando incrementan su patrimonio, descubren qué objetos comunican éxito en su ámbito y van directo a adquirirlos. Si son banqueros de inversión o atletas profesionales, pueden ser lanchas, segundas casas o autos de marca Tesla. Si son defensores de la igualdad social, vestirán ropa harapienta como parte de una campaña para demostrar su compromiso con la solidaridad hacia los más pobres.

Sus problemas con las emociones se hacen muy claras cuando los ves trabajar. Viven para ponerse una meta, alcanzarla, ponerse otra meta, alcanzarla, ponerse la siguiente meta, alcanzarla. Aquí es donde obtienen su energía, pero todo esto tiene un precio. Imagínate que un Tres esté trabajando en un proyecto importante cuando su pareja o un amigo lo llama para decirle que está enojado o decepcionado con él por algo. Puede que el Tres también tenga emociones respecto a la situación, pero tener que lidiar con ellas amenaza la finalización de su proyecto a tiempo. Entonces se desconecta para mantenerse enfocado en el trabajo. Es como si dijera: "Voy a guardar esta emoción en mi archivo 'Emociones para resolver más tarde' y la volveré a tomar cuando haya finalizado mi tarea".

¿Cuán seguido crees que los Tres vuelven para lidiar con el sentimiento? Rara vez. Cuando finalizó su proyecto ya han comenzado con el siguiente. Para cuando llegan a los cincuenta años, ¿cómo crees que lucirá el archivo de 'Emociones para resolver más tarde'? Si todavía no estalló, definitivamente está al borde. La habilidad de un Tres para posponer o alejar los sentimientos explica por qué la gente a menudo los ve como superficiales, vacíos emocionalmente y personas con quien se hace difícil conectar. Productividad, eficiencia, metas y resultados mensurables: esto es lo que preocupa a los Tres y lo que hacen mejor que nadie; en particular, la eficiencia. Quieren alcanzar la línea de llegada de un proyecto o una tarea lo antes posible, y este deseo por la eficiencia afecta sus relaciones y decisiones.

Los Tres son pragmáticos. Harán lo que sea para terminar el trabajo. Para alcanzar una meta pueden tomar ciertos atajos por propia conveniencia, lo que puede llegar a afectar la calidad de su trabajo. No son precisamente poco éticos, pero pueden llegar a maquillar o dejar afuera algunas cosas para asegurarse un puesto, buscar un ascenso o cerrar un negocio. Como compositor, ocasionalmente trabajé con un productor muy exitoso de la ciudad de Nueva York, quien era un Tres de manual. Un día le pregunté a otro compositor colega si creía que este agradable, pero astuto productor era un hombre honesto. Se rio y me dijo: "Doug no es un mentiroso, pero él 'amoldará' la verdad si debe hacerlo".

Los Tres a menudo atropellan a la gente en su apuro por cruzar la línea de llegada, y pueden disculparse o no por ello. Demandan lealtad de sus empleados, así que si tu jefe es un Tres inmaduro, en tu lugar yo no cuestionaría su decisión de introducir una línea nueva de productos, a menos que quieras presenciar el lanzamiento desde afuera.

Entusiastas y seguros, el lenguaje de un Tres es un lenguaje de *publicidad* o de ventas. Prefieren hablar poco a hablar de más. Aman vender lo que sea a la gente de alrededor: una idea, la empresa para la que trabajan, el producto que venden, la causa que defienden, el hobby que disfrutan.

Los Tres son carismáticos y, debido a que se adaptan rápido a lo que los demás esperan de ellos, saben exactamente qué decir para inspirar y motivar a los que trabajan para ellos. Tienden a elegir carreras en las que llegar lejos depende de las buenas impresiones y en las que los ascensos son otorgados a aquellos que mejor personifiquen los valores de la compañía o de sus superiores.

ALAS

Tres con ala Cuatro (3a4). Es difícil ser un Tres con ala Cuatro. Como veremos en el próximo capítulo, los Cuatro son los Románticos, que se interesan mucho por ser profundos y auténticos. Estas personas llevan la vida interior a otro nivel. Ya que los Tres pueden ser camaleones y los Cuatro valoran la autenticidad, los 3a4 experimentan terrible confusión y disonancia interior. Al mismo tiempo que proyectan una imagen para agradar al público, su ala en Cuatro los está señalando y gritando: "¡Falso! ¡Impostor!". Los Tres con ala Cuatro son más introspectivos y están más en contacto con su vergüenza y otras emociones que los 3a2. Son sensibles, artísticos, intensos emocionalmente y trabajan con mayor detalle en la "creación" de la imagen correcta. No se inclinan tanto al estrellato como los 3a2, pero pueden ser más pretenciosos.

Tres con ala Dos (3a2). Encantadores y profundos, los 3a2 son excelentes animadores, políticos, agentes de ventas y pastores. Sin embargo, cuando su deseo de atención y reconocimiento los sobrepasa o no se sienten apreciados, pueden enojarse y ponerse muy hostiles. Mucho más que los 3a4, ellos necesitan ser estrellas.

Realmente personifican algunas de sus características en un esfuerzo por ser vistos como más amorosos, generosos y amables. Estos Tres aún tienen un gran deseo de ser reconocidos por sus logros, pero también utilizan algo de su energía para ayudar a que los demás obtengan éxito.

ESTRÉS Y SEGURIDAD

Estrés. Cuando los Tres se estresan, adquieren los comportamientos característicos de los Nueve enfermizos. Se refugian en el sofá con el control remoto o se pierden en tareas improductivas. Aparentemente exhaustos, pierden su optimismo y confianza característicos y baja su autoestima. Los Tres sin motivación y estresados pueden perder el interés en ejercitarse, comer sano y prestar atención a su apariencia.

Seguridad. Cuando los Tres se sienten seguros, se inclinan al lado positivo de los Seis y se convierten en personas más cálidas y tienen más contacto con sus emociones y las de los demás. Menos competitivos y a la defensiva, estos Tres tienen más energía para dedicarle a la familia y amigos. Ya no necesitan ser el centro de atención ni tener el control, se preocupan más por lo que beneficia a todos y quieren conectar con algo más grande que ellos mismos. Los Tres que se conectan al lado positivo de los Seis finalmente pueden experimentar ser amados por quienes son, en vez de por lo que hacen.

TRANSFORMACIÓN ESPIRITUAL

Ser un Tres y vivir en Estados Unidos es como ser un alcohólico en recuperación en medio de un bar. En nuestra cultura obsesionada por el éxito y la imagen, son más venerados y premiados que cualquier otro número del Eneagrama. No es extraño entonces que el trabajo espiritual sea algo difícil para ellos. Debido a que las estrategias de adaptación de su personalidad funcionan tan bien y por tanto tiempo, pueden empezar a trabajar en su espiritualidad sino hasta llegar a los cincuenta años o hasta que fallan y no pueden encubrir la situación.

Cuando los Tres se despiertan en lo espiritual y se vuelven conscientes de sí mismos, inevitablemente se sentirán desnudos y avergonzados. No hay manera de evitarlo. En ese momento, lo que precisan es un amigo amable, pero valiente, que los llame a volver a quienes son en verdad, en caso de que comiencen a publicitarse y empaquetarse de nuevo para venderse a las masas. De hecho, todos necesitamos al menos un amigo que nos aliente en la lucha por convertirnos en nosotros mismos. No es un trabajo que debamos hacer solos.

Todos precisamos oír que somos amados por quienes somos, pero los Tres necesitan oírlo hasta que llegue el día en que se miren en el espejo y no vean una imagen sino el reflejo de un hijo o hija de Dios. El mensaje sanador para los Tres es: "Eres amado por quien eres". Los ángeles cantan cuando este mensaje penetra en el corazón de un Tres.

DIEZ CAMINOS HACIA LA TRANSFORMACIÓN PARA LOS TRES

1. Es importante para cada número desarrollar una práctica de silencio, soledad y meditación, pero para los Tres es particularmente esencial, ya que le das tanto valor a la actividad y productividad.

2. Encuentra un guía espiritual para que te acompañe en el camino para recuperar tu auténtico yo. Es difícil transitar ese sendero solo.

3. Desafía tu definición de éxito y desarrolla una nueva basada en tus propias emociones, deseos y valores, no en los que heredaste de tu familia o cultura.

4. No esperes a tener un amorío, convertirte en alcohólico o ser la persona más joven de tu familia en tener un paro cardíaco para preguntarte: *¿Quién soy yo si no soy este personaje?* Hazlo ahora mismo.

5. Tener éxito en lo material y ser real no son excluyentes. El éxito es estupendo si la persona responsable de él es tu verdadero yo.

6. Haz una lista de quiénes y qué estás sacrificando en tu carrera frenética por cruzar primero la línea de llegada: pareja, hijos, salud, amistades.

7. Tómate unas vacaciones y *no lleves el trabajo contigo.*

8. Intenta ser tan solo uno más del montón. Resiste la tentación de tomar el liderazgo o ser el centro de atención. En cambio, intenta ser un miembro colaborativo del equipo que desea ayudar a los demás a brillar y triunfar.

9. Ten al menos un amigo con quien puedas ser real y vulnerable. Como un Tres, probablemente tengas un millón de amigos, pero asegúrate de que algunos de ellos sean personas que puedan amarte aun cuando seas un completo desastre, no solo mientras proyectas tu imagen de éxito.

10. Lee los siguientes libros de Richard Rohr: *Caer y levantarse: una espiritualidad para la segunda mitad de la vida* e *Immortal Diamond: The Search for Our True Self* [Diamante inmortal: la búsqueda del verdadero yo].

4

CÓMO SE SIENTE SER UN CUATRO

1. Me gustan las cosas no convencionales, dramáticas y refinadas. Definitivamente no soy fanático de lo común y corriente.
2. Nunca he encajado en ningún sitio.
3. Tengo sentimientos distintos a lo largo de un día.
4. Hay quienes creen que soy distante, pero soy especial.
5. En situaciones sociales tiendo a alejarme y esperar que otros se me acerquen.
6. La melancolía es un sentimiento confortable para mí.
7. No soy como todos los demás... ¡uf!
8. Soy muy sensible a la crítica, y me lleva un tiempo superarla.
9. Paso mucho tiempo intentando entenderme a mí mismo.
10. Cuando la gente me dice lo que tengo que hacer, a menudo me veo tentado a hacer justo lo contrario.
11. A veces, simplemente desaparezco y me desconecto de todo.
12. Me siento bien escuchando canciones tristes y viendo películas tristes. La gente demasiado feliz me da dolor de cabeza.
13. Siento que algo esencial me está faltando.
14. Me resulta muy difícil establecerme en una relación, porque siempre estoy buscando el alma gemela ideal.
15. Soy demasiado autoconsciente. Me cuesta encontrar mi lugar en un salón lleno de gente.
16. Las personas dicen que soy demasiado intenso y que mis sentimientos los abruman.
17. Soy muy creativo. Tengo una idea asombrosa tras otra. Solo que llevarlas a la práctica a veces es muy difícil.
18. Es mucha la gente que no me entiende y eso me frustra.
19. Atraigo a las personas, pero luego me asustan y las expulso.
20. Me preocupa mucho el abandono.

▼

8

TIPO CUATRO

EL ROMÁNTICO

*Si alguna vez tuviste esa sensación
de soledad, de que eras un extraño,
la verdad es que nunca te deja.*
TIM BURTON

Los *Cuatro sanos* tienen un rango emocional significativo y lo manejan no hablando o actuando acerca de cada sentimiento que tienen. Saben que no tienen que ser especiales para ganarse el amor incondicional de Dios. Estos Cuatro encontraron una manera de vivir, en su gran mayoría, fuera del patrón de la vergüenza y la inferioridad. Son profundamente creativos, emocionalmente honestos y conectados, y están en sintonía con la belleza.

Los *Cuatro promedio* luchan diariamente con aprender a aceptarse tal como son. Estos esfuerzos son complicados porque buscan su identidad exagerando su singularidad. Estos Cuatro son tímidos; quieren que los quieras, pero se hacen los difíciles. Su melancolía a menudo no se controla, causando una dolorosa distancia entre ellos y los demás. Los Cuatro promedio son temperamentales, melodramáticos, necesitados y autocompasivos.

Los *Cuatro enfermizos* tienden a ser manipuladores y juegan el papel de víctima para crear o mantener las relaciones. Se sienten inferiores al compararse con otros, lo cual no hace más que exacerbar

167

su desvalorización. Estos Cuatro sienten mucha vergüenza de no poder conectarse con esa parte de sí mismos que cree que pueden cambiar y ser mejores.

❁

Poco antes de que naciera nuestra primera hija, Cailey, Anne comenzó a averiguar sobre carritos de bebé. Al igual que nosotros, gran parte de nuestros amigos tenían veintitantos años y estaban embarazados o teniendo hijos al ritmo de una máquina expendedora. No faltaba alguien para pedirle una recomendación.

—Todos dicen que deberíamos ir por la Graco —me anunció Anne mientras cenábamos una noche.

—¿Todos? —pregunté, arqueando una ceja.

No me gusta cuando alguien dice que debo hacer algo basado en lo que los demás están haciendo. Durante su migración anual, miles de ratones de Noruega se suicidan porque todos los ratones que conocen lo están haciendo.

—¿No podemos ser más creativos? —pregunté.

—Es un carrito de bebé, no un vestido de graduación —me dijo Anne con su voz de "estoy embarazada de ocho meses, así que no molestes".

—Entendido —respondí, abandonando el tema.

Sin embargo, a la mañana siguiente, mirando catálogos para bebés me encontré con la propaganda de un cochecito genial. Sí, era caro y el fabricante tendría que enviarlo desde su fábrica en Inglaterra, pero era para nuestra primera hija, ¿no? Pedí uno de inmediato.

—¿Estás loco? —objetó Anne cuando le conté la noticia—. Podemos ir a la tienda en este mismo momento y comprar un Graco por la mitad del precio.

—Vamos a tener una hija. ¿No deseas que tenga un cochecito inglés?

—¿Un cochecito inglés? —se burló Anne, sacudiendo su cabeza con incredulidad, mientras se daba vuelta y salía de la habitación—. El "Sr. tengo que ser yo mismo" ataca de nuevo.

—Espera a que lo veas —prometí—. Me lo agradecerás.

Tres días antes de la fecha de parto de Anne, la caja que contenía nuestro nuevo cochecito apareció en nuestra puerta. Estaba ansioso por descubrirlo y admirarlo, hasta que vi las palabras "Precisa ensamblaje" escritas en grande a lo largo del costado de la caja de cartón.

Cuando se trata de ser habilidoso con las manos, tengo problemas genéticos. De hecho, una vez un consejero académico me informó que mis resultados de visualización espacial y destreza en los dedos eran más parecidos a los de una almeja que a los de un ser humano. "Siéntete libre de escribir canciones sobre herramientas, pero no utilices una", me aconsejó. "Lastimarás a alguien".

Dejé de lado la advertencia de mi consejero y respiré hondo. "Puedo hacer esto", declaré una y otra vez arrastrando la caja hacia adentro de la casa.

Una vez dentro, coloqué las piezas del cochecito en el suelo de mi sala de estar. Sosteniendo el manual de instrucciones en una mano y rascándome la cabeza con la otra, observé el mar de tuercas y pernos, resortes, cierres de plásticos y otras curiosas misceláneas a mis pies. Había tantas partes que me pregunté si se esperaba que ensamblara un cochecito de bebé o un Boeing 747.

No siendo alguien que se aleja de un desafío, juré que tendría el cochecito listo para cuando Anne llegara a casa del trabajo. Pero, algunas horas después, ella me encontró desplomado en el sofá, mirando al techo y rasgueando un lamento en mi guitarra como Leonard Cohen teniendo un mal día.

—Esta es una metáfora de mi vida —me quejé, señalando hacia el cochecito sin terminar que yacía de costado en el suelo de nuestra sala de estar, con el eje descubierto que se elevaba por los aires como si me levantara el dedo del medio—. No tengo remedio.

Anne sonrió y se sentó a mi lado en el sofá.

—Eres una tortura para ti mismo —dijo, acariciando mi mano.

No fue la última vez que Anne me dijo eso en el transcurso de nuestro matrimonio. Después de todo, soy un Cuatro en el Eneagrama.

EL PECADO CAPITAL DE LOS CUATRO

Los Cuatro sienten que les falta algo importante en su composición fundamental.

No están seguros de qué es, de si se lo sacaron o lo tenían hace tiempo y se perdió; solo saben que la parte faltante no se puede encontrar por ningún lado y que ellos son los culpables. Como resultado se sienten "diferentes", avergonzados, inseguros de quiénes son e incómodos en el mundo.

Cuando tenía doce años, un mecánico de bicicletas me dijo que mi tambaleante rueda delantera estaba "fuera de eje", una expresión que no había escuchado nunca, pero que reconocí inmediatamente como una descripción no solo de la bicicleta, sino de mí. Fuera de eje. Así es como nos sentimos los Cuatro.

CUATRO FAMOSOS
Amy Winehouse
Thomas Merton
Vincent van Gogh

Los Cuatro creen que solo ellos tienen una falla trágica, así que cuando se comparan con otros (lo cual sucede todo el tiempo), se sienten inferiores. Como lo dijo Richard Rohr: los Cuatro se sienten frecuentemente "gobernados por una vergüenza oculta". El gozo y la entereza que los demás parecen disfrutar es un recordatorio diario de lo que a ellos les falta.

Hay una escena en la película del libro *Cumbres borrascosas* que muestra de forma maravillosa el sentido de abandono, pérdida y separación interna de los Cuatro. Los personajes principales, Catherine y Heathcliff, están parados afuera de la casa de sus adinerados vecinos, los Linton, que están haciendo una fiesta. Con sus narices contra las ventanas, Catherine y Heathcliff miran a los invitados, elegantemente vestidos, bailar y reír la noche entera. Por las expresiones quejumbrosas de sus rostros está claro que les gustaría poder unirse a las festividades, pero esto es lo más cerca que estarán. Son forasteros.

Como Heathcliff y Catherine, los Cuatro anhelan unirse a la fiesta de la vida, pero la ausencia de ese *algo* fundamental los descalifica para recibir la invitación. Fueron exiliados a la Isla de los juguetes inadaptados por alguna falta propia sin nombre.

No es ninguna sorpresa que la *envidia* sea el pecado capital de los Cuatro. Envidian la normalidad, la felicidad y el sentido de comodidad con los que los demás parecen moverse en la vida. Inmediatamente encuentran a la persona que tiene una existencia más interesante, una familia o infancia más feliz, un mejor trabajo, un gusto superior, una educación más privilegiada, ropa más distinguida o talento artístico inigualable. Esta envidia, unida a su omnipresente sentido de "deficiencia irredimible", los lanza a una búsqueda interminable para encontrar la pieza faltante sin la cual nunca se sentirán como en casa en este mundo. Tristemente, al fijarse en lo que les falta, los Cuatro están ciegos a lo que está presente en sus vidas, es decir, las muchas cualidades maravillosas que ya poseen.

En caso de que te lo preguntes, la envidia y los celos son diferentes. La envidia tiene que ver con desear características que otros poseen, mientras que los celos ocurren cuando sentimos que algo que ya poseemos corre el riesgo de ser arrebatado de nosotros. Aunque la envidia es su gran pecado, los Cuatro también experimentan celos. Para ellos, los celos tienen que ver con su temor al abandono y se expresa en la posesividad que sienten hacia las personas que aman.

TODO SOBRE LOS CUATRO O ROMÁNTICOS

Como puedes adivinar, los Cuatro son propensos a la melancolía. Como la figura del Antiguo Testamento, Job, pueden hundirse en lamentos. Después de todo, es difícil estar contento cuando la, ahora pasada de moda, canción de U2 "Still haven't found what I'm looking for" [Todavía no he encontrado lo que estoy buscando] o la canción de Radiohead "Creep" [Despreciable] se escuchan como la banda sonora de la película de tu vida.

Sin embargo, no confundamos la melancolía con la depresión. El anhelo y la nostalgia de los Cuatro tienen una cualidad agridulce. Si a mis veintitantos años me hubieras dado la opción de ir a un viaje con todo pagado a Disney World o al oeste de Irlanda, donde podría sentarme en la cima de un acantilado con vista al mar y escribir canciones, hubiera elegido Irlanda en un abrir y cerrar de ojos. Como escribió Victor Hugo, autor de *Los miserables:* "La melancolía es la felicidad de estar triste".

Desafortunadamente, la melancolía de los Cuatro puede transformarse en melodrama. Un Cuatro puede tomar un pequeño desacuerdo con un amigo y convertirlo en una ópera de Wagner, mientras que cortar con un novio o novia puede rivalizar con una escena de *Dr. Zhivago*.

Todo este teatro, a menudo, aleja a las personas con las que los Cuatro más quieren hacer una conexión sincera. Como sucede con todos los tipos del Eneagrama, las estrategias que empleamos para satisfacer nuestras necesidades con frecuencia nos perjudican.

Uno pensaría, dado su deseo de encajar y pertenecer, que los Cuatro querrían tratar de ser como todos los demás para mezclarse más, pero eso es lo último que quieren. Su necesidad es de ser *especiales o únicos.* Creen que la única forma de compensar por su pieza faltante y, finalmente, asegurar una identidad auténtica es cultivando una imagen única, una que los distinga de todos los demás. Tal vez así las personas los quieran y acepten, y puedan regresar de su exilio de la Isla de los juguetes inadaptados.

La necesidad de los Cuatro de ser especiales nunca me fue tan clara como durante una sesión de consejería premarital que tuve con una pareja llamada Roger y Linda. Roger, un quiropráctico habilidoso, no se sorprendió cuando se enteró que era un Uno. Linda pensó que podía ser un Cuatro, pero no estaba segura, así que le describí cómo eran los Cuatro. En medio de la descripción se le prendió la lamparita.

—Espera, ¿hay otros como yo? —gritó como si le acabara de decir que le quedaban seis semanas de vida.

—Bueno, algo así, pero...

—Eso no puede ser. Pensé que era *diferente* —dijo, enterrando su rostro en sus manos y llorando de manera incontrolable.

Muchos Cuatro podrían enseñar la angustia como un segundo idioma. Les atrae todo lo trágico y su estilo de habla es el *lamento.* Pueden jugar el papel de romántico trágico o a veces de artista que sufre por su arte, y siempre se puede contar con ellos para narrar historias tristes. Yo no hablo de sufrimiento o temas tristes todo el tiempo, pero cuando lo hago no parece tener el mismo efecto depresivo en mí que en otros. De hecho, las historias tristes me mueven, siempre y cuando sean honestas y no sentimentales. Las emociones oscuras e intensas que provocan me ayudan a explorar mis propias profundidades y encontrar sentido. A través de los años, sin embargo, aprendí que no todos ven el mundo a través de los mismos lentes. En 1990 pensé que la, entonces nueva, película *El joven manos de tijera*, del director Tim Burton, era la película perfecta para llevar a una chica a una primera cita. Resulta que no es para todos.

Los Cuatro son los más complejos de todos los tipos del Eneagrama; lo que ves nunca es lo que obtienes. Siempre hay más ca-
pas de cosas que suceden debajo de la superficie. Sus aguas son
profundas. *¿Quién soy? ¿Cuál es mi propósito? ¿Cómo encaja la
narrativa de mi vida en el gran esquema de las cosas?* Estas son las
preguntas de angustia, existenciales, de lectura de Albert-Camus-
en-un-día-lluvioso que ocupan a los Cuatro.

Como puedes imaginar, los Cuatro luchan con la insatisfacción.
Nunca quieren estar disponibles. Lo que tienen nunca es lo que
realmente quieren y lo que quieren siempre está en algún lado "ahí
afuera", justo fuera de su alcance. Si tan solo supieran que lo que
quieren está dentro de ellos mismos.

Los Cuatro no tienen sentimientos; *son* sus sentimientos. Sus
sentimientos forman la base de su identidad. ¿Quiénes serían sin
ellos? Sin embargo, a los Cuatro no les satisface tener sentimientos
comunes y corrientes, quieren sentimientos *agrandados.*

De joven nunca me encontré con un sentimiento que no quisiera embellecer o intensificar. Si me sentía bien, quería sentirme
extasiado, así que tocaba un disco de la gran banda de Sinatra e invi-
taba a diez amigos a cenar a última hora. Si me sentía triste e introspectivo, escuchaba el *Adagio for Strings* [Adagio para cuerdas], de
Samuel Barbers; cualquier cosa para agregarle adrenalina a lo que
sentía en ese momento.

Dado su amor y su excesiva identificación con emociones car-
gadas, el estado de ánimo de los Cuatro está en constante cambio.
Se balancean de un estado sentimental a otro tan rápida y hábil-
mente como lo hace un mono de una rama a la otra. Como señala
el autor Tom Condon, los problemas y el panorama emocional de
un Cuatro no difieren mucho de los de un adolescente. Ambos
comparten "el sentido de alienación, su búsqueda consciente de
identidad, su preocupación de ser únicos, una tendencia de roman-
tizar la muerte, la convicción de que nadie más ha sentido nunca

lo que sienten y una aguda conciencia tanto de la euforia como del dolor del amor".

¡Justo en el clavo!

Los estados anímicos de los Cuatro son como patrones meteorológicos de rápido movimiento. En un abrir y cerrar de ojos pueden ir de arriba hacia abajo, de regreso a la media, luego caer en picada, después elevarse y, finalmente, regresar a la línea de base. De hecho, los Cuatro se pueden sentir tan abrumados por experimentar tantas emociones de una vez que, cuando llega el momento de organizarlas, no saben cuál de ellas elegir para hablar primero. ¿Ves el problema? Si la identidad de los Cuatro está conectada a sus emociones, entonces siempre cambia. Su sentido de sí mismos nunca se estabiliza. Hasta que se despiertan, es como ver a alguien subirse al equivalente emocional de la montaña rusa El Diablo en Six Flags.

Los Cuatro tienen una rica imaginación y vida de fantasía, donde van a reflexionar y suspirar por el pasado. Los Cuatro pasan mucho tiempo mirando detenidamente su infancia diciendo: *Si tan solo, si tan solo… o ¿Qué pasaría si…?* Cuando no están fantaseando sobre el pasado, imaginan un futuro donde vivirán en el lugar perfecto, tendrán el trabajo ideal y los amigos correctos o serán completados finalmente por su alma gemela.

> "Soy tan solitario como el césped. ¿Qué es lo que me falta? Ojalá que pueda encontrarlo, sea lo que sea".
> **SYLVIA PLATH**

La vida es un callejón sin salida para los Cuatro. Quieren pertenecer al mundo, pero se sienten deficientes. Así que compensan lo que sienten que les falta proyectando una imagen especial, que los lleva a actuar de una manera que solo hace más difícil encajar. Por ejemplo, mi amigo Don, un compositor notable y un simbólico Cuatro. Cuando estaba en octavo grado, Don y su familia se mudaron de Missouri a Kansas. Aunque solo estaban a cuatro horas de distancia, podría haber sido un universo paralelo del otro lado del mundo. Luego de intentar y fracasar en hacer amistad con los niños populares de la escuela, cambió de rumbo. Comenzó él yendo a la escuela en un ciclomotor amarillo, usando un casco rojo con dardos de juguete que se adherían a la parte superior como un par de antenas y su maletín negro, marca Samsonite, pegado a la parte trasera con una cuerda elástica. Algunos días llegaba a clase vestido con el traje de piloto de la Fuerza Aérea de su padre y un par de gafas de ciencia.

¿Puedes ver cómo todos estos comportamientos excéntricos y compensatorios perjudicaron el objetivo de Don de lograr aceptación social? Aunque los dardos de juguete y los trajes de vuelo pueden no ser lo tuyo, los Cuatro son conocidos por ponerse ropa que los diferencia del resto y atrae la atención. Los Cuatro harán que parezca que la acaban de juntar, pero créeme: estaba bien pensado.

La búsqueda de autenticidad lo es todo para los Cuatro y pueden identificar a un farsante a millas de distancia. Leer *El guardián entre el centeno*, de J. D. Salinger, en la secundaria fue un momento decisivo para mí porque me identifiqué con el desprecio del protagonista Holden Caufield por los "farsantes". No puedo decirte cuántos Cuatro me cuentan que tuvieron la misma reacción. No nos gusta la mediocridad, la superficialidad o las personas que son siempre optimistas. Mi hija me recuerda que cuando tenía dieciséis años se quejó en la mesa: "Solo quiero ser feliz", a lo que yo respondí: "¿De dónde sacaste este gusto por el lujo?". Me gusta la felicidad, pero dado el estado del mundo, ¿quién puede esperar un regocijo perpetuo? Además, las personas que no sufrieron o que siempre están contentas son menos interesantes que un arbusto.

Los Cuatro son personas que se sienten atraídas por lo insólito y lo vanguardista de la vida. Se preocupan profundamente por la belleza y el arte. Decoran sus hogares de una forma que refleja su originalidad y crean cosas que expresan sus sentimientos y su visión sesgada de la vida. Asumen pasatiempos inusuales y, a menudo, tienen un grupo de amigos muy interesante y diverso.

Todos estos intereses de élite pueden dar a las personas la impresión de que los Cuatro son presumidos o distantes. Para ser honestos, ocasionalmente nos vemos como superiores a las masas que nos apretujan y pensamos que tienen sentimientos superficiales o un gusto inferior al normal, o que estamos exentos de tareas ordinarias como lavar la ropa o rastrillar las hojas cuando estamos preocupados por las cuestiones más importantes de la vida. Pero, a veces, el hecho de apartarnos a un costado de la muchedumbre es más una invitación a que se den cuenta y a que vengan a conectar con nosotros que a otra cosa.

Los Cuatro sienten que el significado se expresa mejor a través de imágenes, metáforas, historias y símbolos que pueden expresar sentimientos y verdades que ponen a prueba los límites del lenguaje. Siendo un sacerdote episcopal que vive en Nashville, veo a más de un Cuatro los domingos por la mañana. Nos encantan las iglesias litúrgicas donde el incienso, las campanas, las estatuas, los íconos, los sacramentos y las vestiduras de colores satisfacen nuestra apreciación por el misterio y la trascendencia.

Y ni nos hagas hablar de mártires. A los Cuatro nos encantan los mártires.

LOS CUATRO COMO NIÑOS

Los Cuatro dicen que se sintieron diferentes o malinterpretados por sus padres, hermanos y pares en su infancia. Mis hermanos mayores eran tipos rudos que no rehuían las peleas ocasionales en el patio de recreo, mientras que yo era físicamente pequeño y más introspectivo. Jugaban al fútbol americano y se peleaban mientras yo tocaba la guitarra y leía a P. G. Wodehouse. Ellos fueron a la escuela católica y yo pertenecía a Hogwarts. Definitivamente, crecí sintiéndome como un bastardo en una reunión familiar.

Cuando niños, los Cuatro parecen ser accesibles y no estar disponibles al mismo tiempo. Viven con esa sensación de que no son como los demás niños, así que tratan de hacerse un hueco aprovechando sus diferencias. Eso, a menudo, les sale mal, saboteando sus posibilidades de conseguir lo que realmente quieren, que es un sentido de pertenencia.

El mensaje hiriente que escuchan los Cuatro todo el tiempo es: "Hay algo raro en ti. Nadie te entiende y nunca pertenecerás". Estos niños se sienten solos y malentendidos la mayoría del tiempo. Desesperadamente quieren que las personas "los entiendan", pero las formas excéntricas que usan para comunicar quiénes son y cómo ven el mundo los hacen aún más incomprensibles para el resto. A veces, el presente parece insoportable y el futuro está lleno de ansiedad, así que piensan mucho en el pasado. Intentan encontrar dónde perdieron esa pieza faltante, de qué forma las cosas podrían haber sido diferentes y por qué Dios los abandonó. Si ves a un Cuatro mirando hacia afuera con esa mirada anhelante y lanzando suspiros glotales, probablemente esté reproduciendo el estribillo: "¿Y si...? ¿Y si...? ¿Y si...?" en su cabeza. Llámalo como quieras, pero esos pequeños cerebros y corazones crecen y se convierten en Cuatros como Bob Dylan, Meryl Streep, la coreógrafa Martha Graham y el director de cine sueco Ingmar Bergman, así que no nos apresuremos a decirles: "¿Por qué no puedes ser como los demás niños?".

LOS CUATRO EN LAS RELACIONES

Las relaciones son el escenario en donde se desarrolla el drama de la vida de un Cuatro. Pueden ser amigos o parejas exigentes. Siempre están buscando a ese alguien ideal que les ayude a superar su sentimiento de indignidad y los complete. Es mucho pedir.

Los Cuatro son intensos. Quieren cavar hasta el fondo del corazón para tratar con lo que sea que esté pasando entre tú y ellos.

Si están en la cima de una montaña emocional, quieren que estés allí con ellos, y si se sienten tristes y morbosamente interesados en sí mismos, podrían invitarte una botella de vino para compartir sus penas contigo, con la esperanza de que puedas arreglarlos.

Los Cuatro pueden aprovechar eventos o situaciones triviales como oportunidades para mostrar su toque shakespeariano. Cuando su demanda por tener picos de experiencias emocionales excede la oferta, pueden instigar algún drama con un amigo o una pareja y, luego de unas semanas de silencio, extienden una disculpa incómoda en forma de poema o canción que escribieron y ejecutan en tu buzón de voz. Su inclinación por el comportamiento teatral puede darles la reputación de ser reinas del drama o reyes de la crisis. Para algunas personas los altos de los Cuatro son demasiado altos y sus bajos son demasiado bajos. Esto puede resultar cansador.

Los Cuatro también son un desafío en las relaciones porque están preocupados por volver a experimentar el abandono que sufrieron o percibieron cuando eran niños. Esta ansiedad se ve reflejada en lo que Helen Palmer describe como "un baile de tira y afloja". Mirando hacia atrás, hubo veces, sobre todo durante los primeros años de nuestro matrimonio, en las que, inconscientemente, comenzaba a pensar: *Quizá amo demasiado a esta mujer. ¿Qué pasa si la pierdo, o peor, si me deja? No lo podría soportar.*

Una vez que este miedo al abandono se instalaba, inconscientemente comenzaba a alejar a Anne, distanciándome emocionalmente de ella al pensar en sus faltas, siendo un tanto crítico, rumiando sobre lo que faltaba en nuestro matrimonio o reteniendo el afecto. Después de algunas horas o

> "¿Qué significa todo esto a fin de cuentas?, seguía preguntando como una estudiante. ¿Por qué siento deseos de llorar? Tal vez sea que todos somos espectadores, todos estamos transitando nuestro camino inusual a través del desierto de la normalidad que es solo un mito".
>
> **ANNE RICE**

semanas, me levantaba en pánico, pensando: *Ay no, me fui demasiado lejos. Adoro a esta mujer y lo último que quiero es perderla.* Entonces corría de vuelta a Anne y decía cosas como: "Te amo tanto. Estoy aquí para ti. ¿Lo estás para mí?".

Otra variación del baile del tira y afloja sucede cuando los Cuatro se dicen a sí mismos: *Si pudiera encontrar la pareja correcta, el terapeuta correcto, la iglesia correcta o el amigo correcto, entonces estaría completo.* Una vez que los Cuatro encuentran a este alguien o ese algo perfecto, lo acercarán lo suficiente como para darse cuenta de que ninguna persona o cosa llenará el vacío de sus almas. Luego, el Cuatro los alejará. De repente, dejan de devolver llamadas o de ir a actividades sin ofrecer ningún tipo de explicación. Pero una vez que esa misma persona se empieza a alejar demasiado de ellos, comienzan a desearla de nuevo.

Más que nada, los Cuatro necesitan una pareja y amigos que sepan "separarse sin retirarse". Tienes que poder escuchar sin, necesariamente, estar de acuerdo con ellos. Si amas a un Cuatro, no puedes permitirte ser absorbido por su torbellino emocional. Tienes que mantenerte separado y dejar que los Cuatro hagan lo suyo hasta que terminen; pero hagas lo que hagas, a menos que estén realmente locos, no los dejes. Si lo haces, solo confirmarás su peor temor, que es que son "irremediablemente deficientes". Los Cuatro en una relación necesitan que se reconozcan sus sentimientos y que sus seres queridos comprendan que la melancolía no es depresión. Las personas que aman a los Cuatro pueden ayudarlos animándolos a mirar tanto el lado positivo como el negativo de las cosas.

Como ocurre con todos los tipos, cuando los Cuatro del Eneagrama son maduros, saludables y conscientes de sí, son amigos, compañeros de trabajo y parejas maravillosas. Trabajan duro, son generosos e increíblemente creativos. Te despertarán a la belleza y trascendencia de la naturaleza del mundo guiándote a emociones que no te atreverías a sentir de otro modo. Como artistas, pueden decir claramente lo que siempre sentiste de manera imprecisa. Medita sobre la *Noche estrellada sobre el Ródano*, de Van Gogh, o escucha el disco *Carrie and Lowell*, de Sufjan Stevens, o *Purple Rain*, de Prince, y apreciarás el don que poseen los Cuatro de guiar a las personas hacia o a través de aguas emocionales en las cuales, de otra manera, nunca se atreverían a meterse solos.

¿Tú sabes cómo, cuando sientes dolor, quieres que te acompañe alguien que no intente arreglarte o hacerte sentir mejor? Cuando estés en ese punto, busca a un Cuatro. Son más empáticos que cualquier otro tipo. Los Cuatro instintivamente saben cómo honrar y ser testigos del dolor de los demás. Saben que no hay nada que puedan hacer para ayudar más que solidarizarse contigo hasta que, cualquiera que sea la emoción aflictiva que estés experimentando, termine su trabajo en ti. Así que cuando necesites sacrificar a tu perro y no puedas soportar la idea de ir al veterinario solo, no llames a un Dos. Aparecerán con un guiso y un cachorro nuevo. Los Cuatro te llevarán al veterinario, se quedarán a tu lado y te ayudarán a sostener a tu perro durante esos momentos finales, y no te darán nada más que su presencia. No existe tal cosa como un Cuatro que no pueda acompañarte durante siete días seguidos de luto. Dicho esto, los Cuatro pueden ser increíblemente graciosos. Su extraña visión del mundo y su sentido de la ironía pueden producir momentos escandalosos y cómicos.

LOS CUATRO EN EL TRABAJO

Como puedes imaginar, muchos Cuatro se inclinan a carreras artísticas. Una cantidad desproporcionada de nuestros actores, poetas, novelistas, músicos, bailarines, pintores y directores de cine queridos son Cuatro del Eneagrama. Pero los Cuatro no eligen exclusivamente carreras relacionadas con las artes. Pueden ser cualquier otra cosa, desde un chef hasta un instructor de yoga, desde un pastor de adoración hasta un diseñador web. Debido a que los Cuatro se sienten cómodos acompañando a las personas en sus travesías a través de tiempos dolorosos, son grandes terapeutas, consejeros pastorales y directores espirituales. Prosperarán siempre y cuando su trabajo les brinde la oportunidad de expresar su creatividad, profundidad de sentimientos y estilo propio.

Si quieres que los Cuatro hagan tareas ordinarias y rutinarias, olvídalo. En primer lugar, sentirán que está debajo de sus sensibilidades. Los Cuatro darán mil vueltas si les pides que hagan proyectos que involucren demasiados detalles, como escribir informes o trabajar con hojas de cálculo. Si conoces a un Cuatro cuyo trabajo diario es servir mesas o conducir un taxi, lo más probable es que sea un trabajo secundario para apoyar su arte u otra pasión creativa.

Para sentirse realizados, el trabajo de los Cuatro debe tener un propósito superior, utilizar o resaltar su área de conocimiento, tocar su imaginación fértil y su vida interior y hacer posible que establezcan conexiones emocionales con los demás. No les gusta la uniformidad, la regulación y la abundancia de reglas y expectativas.

Los Cuatro no siempre son buenos en equipos donde sus dones pueden llegar a ser enterrados. Quieren ser vistos y apreciados por sus aportes únicos. No necesariamente se resentirán si no implementas algo que ellos sugieren, siempre y cuando esté claro que escuchaste y entendiste su idea. Claro, son temperamentales, pero si les das algo especial para hacer y los dejas ser, a menudo superarán tus expectativas.

Como advierte Helen Palmer, cuando se trata de la revisión de desempeño de los Cuatro, evita decir cosas como: "¿Por qué no puedes escribir un texto como lo hace Andrew?". Si lo haces, el Cuatro pasará el resto del día sintiendo envidia de Andrew, en lugar de concentrarse en el texto que quieres que escriba.

Como líderes, los Cuatro toman decisiones basados en los sentimientos y la intuición, lo que puede llegar a asustar al tipo de personas enfocadas en los datos, y lideran por la fuerza de su personalidad, lo que puede intimidar a quienes trabajan para ellos. Su capacidad para reunir a personas compatibles y crear un clima de colaboración, en lugar de competencia, es inestimable.

Son inspiradores y sacan a relucir lo especial en los otros. Desafortunadamente, la danza del tira y afloja de los Cuatro no solo ocurre en las relaciones personales de los Cuatro, sino también en el lugar de trabajo.

Un día te tratarán como el empleado del mes y al día siguiente entrecerrarán los ojos y actuarán como si fueras un recién contratado. No te preocupes: volverán, es solo parte del baile. Por último, si trabajas para un Cuatro, sé autentico. Las personas inauténticas o frívolas son invisibles para ellos.

ALAS

Cuatro con ala Tres (4a3). Los Cuatro están emparedados entre los Triunfadores (Tres), por un lado, y los Observadores (Cinco), por el otro. Los Cuatro con ala Tres dominante quieren ser los más especiales y los mejores. Su energía es competitiva y, como tienen bastante de esa preocupación por la imagen de los Tres, son más conscientes que otros Cuatro de la necesidad de reducir su intensidad emocional e idiosincrasia estrafalaria para ser socialmente aceptables. Con la energía agregada del Tres, dos cosas son probables: primero, serán más extrovertidos, lo que se traduce en demasiado dramáticos y, segundo, usualmente son más productivos, convirtiendo sueños e ideas en realidad. Ambas de estas tendencias muestran el deseo de los Cuatro de ser vistos. A menudo, estos Cuatro tienen cambios de humor más frecuentes que los Cuatro con ala Cinco.

Cuatro con ala Cinco (4a5). Los Cuatro con ala Cinco son probablemente los más introvertidos y poco convencionales de todos. Están muy preocupados por la singularidad, pero tienen menos necesidad de ser observados por una audiencia que los 4a3. Son silenciosamente diferentes, a menudo excéntricos. Pasan más tiempo a solas y les resulta más fácil dejar sus emociones sin tener que hablar de ellas o responder con algún tipo de acción.

ESTRÉS Y SEGURIDAD

Estrés. Los Cuatro estresados comenzarán a verse y a actuar como los Dos enfermizos. Aquí reprimen sus propias necesidades y comienzan a ser excesivamente dependientes de los demás. Deseosos de atención, necesitarán un montón de consuelo y afirmación por parte de amigos y parejas, y los celos podrían surgir.

Seguridad. Los Cuatro seguros asumen las cualidades de un Uno saludable, donde dejan de hablar de sus ideas creativas y se vuelven lo suficientemente disciplinados como para abrocharse el cinturón y llevarlas a cabo. Son más conscientes de lo que sucede en el presente, más centrados y tranquilos. Cuando los Cuatro están conectado al lado positivo de un Uno, son más exitosos en sus relaciones, sabiendo que pueden tener emociones sin hablar de ellas o actuar sobre ellas. Es un lugar de mucha madurez para los Cuatro.

TRANSFORMACIÓN ESPIRITUAL

Toda su vida los Cuatro se sintieron diferentes y separados de los demás. ¿Es de extrañar que llegaran a creer que solo podían recobrar el amor que anhelan convirtiéndose en únicos y especiales? Su sentido de la identidad nunca fue muy estable, ya que probaron una manera tras otra, como trajes, buscando el calce perfecto. Los Cuatro no deberían enojarse consigo mismos, porque todos tienen estrategias peculiares, e incluso ilógicas, de suplir sus necesidades.

Así que primero, los Cuatro tienen que escuchar esto fuerte y claro: no te hace falta nada. Puede ser difícil de creer, pero Dios no los envió hasta aquí con una parte faltante de su composición fundamental. Los Cuatro llegaron a las puertas de la vida con las mismas capacidades que todos los demás. El Reino también está dentro de ellos. Todo lo que necesitan está aquí.

Como parte de la Tríada de los sentimientos o del corazón, la travesía de los Cuatro a la salud espiritual y vitalidad involucrará trabajar en esta área. Deben aprender a regular y estabilizar sus emociones. Es difícil al principio, pero deben encontrar la forma de observar y separarse de sus sentimientos en lugar de exagerarlos, quedarse varados en ellos o actuar de forma impulsiva. Para hacer eso, los Cuatro necesitan cultivar lo que llamamos *ecuanimidad,* una virtud ignorada en la tradición cristiana. La ecuanimidad se refiere a la habilidad de mantenerse emocionalmente equilibrado y estable sin importar lo que esté sucediendo a nuestro alrededor. Recuerda, los sentimientos son como olas en la superficie del océano. No te apegues o te identifiques con ellos, sino con el vasto océano que hay debajo de ellos. Más de una vez en la vida tuve que decirme a mí mismo que *yo no soy mis sentimientos.*

Los Cuatro no se deberían preocupar por conformarse con tener emociones ordinarias de tamaño promedio. Los sentimientos regulares no hacen que los Cuatro sean menos especiales y, una vez que tienen su casa emocional en orden, equilibrando los altibajos, encontrarán que realmente pueden formar relaciones con los demás más fácilmente y aferrarse a ellas. Con oración, meditación y autoconocimiento, la necesidad de los Cuatro de ser únicos se tranquilizará. Para los Cuatro, un mensaje importante de sanación es: "Te vemos. Eres hermoso. No te avergüences".

¿Has visto alguna vez la mirada dulce en el rostro de una madre cuando mira a los ojos de su recién nacido? Los Cuatro necesitan recordar que así es como los mira Dios. Dios los ve, los escucha y los comprende, y su identidad solo se puede encontrar en Él. Nunca deberían conformarse con menos.

DIEZ CAMINOS HACIA LA TRANSFORMACIÓN PARA LOS CUATRO

1. Ten cuidado con el ensimismamiento. Escucha a los demás cuando comparten historias sobre su propio sufrimiento y date cuenta de que no estás solo tú en el mundo.

2. Ten cuidado de no instigar un drama o una crisis con tu familia o amigos cuando sientas que tus emociones son comunes y corrientes. Todo el mundo no es un escenario y tú no eres Shakespeare.

3. Sal de tu camino para encontrar y expresar aprecio por lo que tienen de singular las personas que amas, en lugar de enfocarte en lo que les hace falta.

4. Ofrécete el regalo de la amistad incondicional mientras trabajas para liberar los sentimientos de vergüenza e inferioridad. ¡Nunca te rindas contigo mismo!

5. No te sumerjas en el sufrimiento, pero averigua lo que lo causa y haz lo que puedas para sanarlo.

6. ¡Mantente alerta con la envidia! Nunca sales ganando cuando te comparas con otras personas.

7. Deja de fantasear sobre la relación, carrera o comunidad ideal y de quedarte atascado anhelándolas. En lugar de eso, trabaja duro por lo que sí es posible y llévalo hasta el final.

8. No busques la belleza y el sentido solo en lo extraordinario o inusual, sino también en lo ordinario y simple.

9. Cuando el pasado llama, déjalo ir al buzón de voz. No tiene nada nuevo que decirte.

10. No embellezcas tus sentimientos, ni te dejes llevar por ellos. En palabras de Jack Kornfield: "Ninguna emoción es definitiva".

CÓMO SE SIENTE SER UN CINCO

1. Puedo cuidarme solo y creo que los demás pueden hacer lo mismo.
2. No siempre digo las cosas en voz alta, pero dentro de mi cabeza soy bastante sarcástico y cínico.
3. A menudo me siento incómodo alrededor de otras personas.
4. Estoy bien si me hacen algunas preguntas sobre mi vida, pero no me gusta cuando la gente quiere demasiada información.
5. Necesito estar solo.
6. Si quiero que las personas sepan cómo me siento, les diré. Generalmente prefiero que no me pregunten.
7. Creo que los pensamientos son más confiables que los sentimientos.
8. Necesito un par de días para procesar una experiencia o para saber cómo me siento sobre algo.
9. La gente es derrochadora. Yo me aferro a lo que tengo.
10. A menudo, prefiero observar en lugar de participar.
11. Confío en mí. Eso significa que medito un poco las cosas y luego tomo mis propias decisiones.
12. No entiendo por qué las personas se juntan solo para "pasar el rato".
13. Me gusta escuchar.
14. Debo ser cuidadoso con mi tiempo y mi energía.
15. Me canso cuando tengo que estar con gente por demasiado tiempo.
16. A veces elijo ser invisible.
17. Algunas veces siento que debería ser más generoso.
18. Estar desinformado me hace sentir muy incómodo.
19. No me gustan las reuniones sociales con muchas personas.
20. Las posesiones materiales no me hacen feliz.

TIPO CINCO

EL INVESTIGADOR

Pienso que existo, luego existo. Eso creo.
GEORGE CARLIN

Los *Cinco sanos* tienen una visión a largo plazo de las cosas. Logran un equilibrio correcto entre la participación y la observación, se relacionan cómodamente con los demás y demuestran una verdadera neutralidad. Es probable que estos Cinco tengan un conocimiento profundo sobre varias áreas de su vida y que, voluntariamente, compartan sus hallazgos con otros. Viven en un mundo de abundancia, se ven como parte de su ambiente, en lugar de separados de todos y de todo.

Los *Cinco promedio* se aferran a una mentalidad de escasez, lo que lleva a acaparar tiempo, espacio y afecto. Se sienten más cómodos observando que participando en el mundo exterior y el pensar sustituye al sentir. Los Cinco en este espacio tienden a confiar en ellos mismos más que en la fe y miden cuidadosamente la cantidad de tiempo que pasan con otros. Luchan con todo lo que les haga sentir incompetentes o incapaces.

Los *Cinco enfermizos* no quieren depender de nadie para nada. Tienen una personalidad defensiva que se preocupa por su seguridad, independencia y privacidad. Estos Cinco están atrapados en la creencia de que no hay lo suficiente y frecuentemente expresan esta forma de pensar con crítica, cinismo y sarcasmo. Cuando participan en reuniones familiares o sociales, se mantienen alejados de los demás.

Bill y yo nos conocimos y nos hicimos amigos rápidamente en el seminario. Él era un psiquiatra que había decidido dejar un consultorio próspero para obtener un doctorado en teología. Compartimos nuestro amor por Flannery O'Connor, Willie Nelson y G. K. Chesterton, y pasamos horas de caminata, jugando al squash y pescando con mosca juntos. Afortunadamente, nuestras esposas también se hicieron muy buenas amigas, así que se hacían compañía cuando Bill y yo nos íbamos para las montañas.

Bill era la persona más brillante que había conocido hasta ese momento de mi vida. Había asistido a una universidad de la Ivy League, donde se especializó en los clásicos; se graduó como primero de su clase en la escuela de medicina y luego pasó dos años en Suiza estudiando psicoanálisis junguiano. Era un hombre que parecía saber más que cualquier otro sabio sobre una amplia gama de temas como el arte, la filosofía, la historia antigua y arquitectura, por no mencionar que podía leer *La Odisea* de Homero en griego.

Una vez, mientras pedíamos nuestro almuerzo en un restaurante mexicano, Bill entabló una conversación en español con el camarero. No estoy hablando de un nivel básico como: "¿Dónde está el baño?", sino algo como: "Escuché que la nueva novela de Gabriel García Márquez es bastante buena, ¿usted la leyó?". Podías sacar a relucir cualquier tema desconocido y, de alguna forma, Bill sabía al menos algo al respecto. Probablemente debería haber hecho una copia de seguridad de una parte de la información que daba vueltas en su cabeza en uno de esos servidores seguros de los que se dice que existen en el desierto de Utah.

Durante nuestro último semestre, Bill y yo tuvimos una conversación en la cual él mencionó el viaje que estaba a punto de realizar para visitar a su hermana, que sufría de una grave enfermedad terminal. Quedé aturdido. No tenía idea de que Bill tenía una hermana y menos de que estaba enferma. En los días siguientes, pensé en nuestra amistad y poco a poco me di cuenta de que había muchas cosas que no sabía de Bill. Habíamos pasado horas caminando y pescando juntos en el Roaring Fork y, en todo ese tiempo, él había compartido solo una fracción de lo que yo le había contado sobre mi propia historia, luchas, alegrías y decepciones. Fascinado por conocer más de la vida de las personas y un gran oyente, Bill siempre encontraba la manera de volver a centrar la conversación en mí cada vez que yo le preguntaba algo sobre su propia vida.

En ese tiempo, yo no estaba familiarizado con el Eneagrama y no sabía que retener información personal es un rasgo clásico de los Cinco.

EL PECADO CAPITAL DE LOS CINCO

Los Cinco, al igual que Bill, sienten el mundo como intrusivo, abrumador y agotador. El mundo es un lugar donde la demanda siempre supera a la oferta. Exige más de lo que ellos quieren o piensan que tienen para dar. Típicos introvertidos y analíticos, los Cinco no creen tener los recursos en su interior o la energía suficiente para satisfacer las demandas de la vida. Se sienten agotados por una prolongada interacción con otras personas o por tener demasiadas expectativas puestas sobre ellos. Cada apretón de manos, llamada telefónica, reunión de negocios, reunión social o encuentro inesperado parece costarles más que a otras personas. Temerosos de no tener los recursos internos suficientes para funcionar en el mundo, se alejan y se retiran a su mente, donde se sienten más a gusto y confiados. Monitorean la cantidad de tiempo que pasan con otros y hacen una retirada al mundo de la mente cada vez que pueden, para reabastecerse de combustible.

No escuchamos la palabra *avaricia* muy a menudo, pero la avaricia es el pecado capital de los Cinco. Por lo regular, la entendemos como un antojo desmedido por el dinero o ganancia material, pero en el lenguaje del Eneagrama se refiere más a la necesidad de los Cinco de retener, un deseo de aferrarse y proteger lo poco que ya tienen, en lugar de un deseo de adquirir más. Temerosos de que no haya suficiente, los Cinco reducen sus necesidades y acumulan lo esencial para asegurarse de poder mantener una vida autosuficiente ahora y en el futuro. Para los Cinco, esto no solo incluye la retención de sus muchos recursos, sino también de su tiempo, energía, espacio físico, información personal, soledad y privacidad. Los Cinco valoran la autonomía y el autocontrol, por lo que almacenan estas cosas, ya que nunca quieren llegar a estar en una posición en la cual tengan que depender de otros para que se ocupen de ellos. La idea de perder su independencia y autosuficiencia los aterroriza. De más está decir que los Cinco son reacios a compartir sus preciadas necesidades con los demás.

La avaricia también se expresa en el deseo excesivo de los Cinco de adquirir más conocimientos, información, ideas, modelos conceptuales, experiencias, hechos interesantes y comprensión de cómo funcionan las cosas. Los Cinco buscan en el conocimiento lo que la mayoría de las personas encuentran a través de sus relaciones, como el amor, el consuelo y el apoyo.

CINCO FAMOSOS
Stephen Hawking
Dietrich Bonhoeffer
Bill Gates

Los Cinco, Seis y Siete forman la Tríada del miedo o del pensamiento (también llamada Tríada del miedo o de la cabeza) y cada número tiene una estrategia distinta para encontrar una sensación de control o de refugio seguro en este mundo impredecible. Los Cinco son motivados por su deseo de comprender. Para ellos, la recopilación de conocimiento y el dominio de la información no solo son esfuerzos interesantes, sino también claves para la super-vivencia.

Al embarcarse en una búsqueda de información de por vida, frecuentemente sobre temas inusuales y desafiantes, los Cinco creen que se pueden aislar del daño emocional y espiritual. Albert Einstein, Oliver Sacks y el director David Lynch son tan solo algunos ejemplos de Cinco que se salieron del camino trillado para ser pioneros de ideas y explorar temas que pocos habían tratado antes. ¿Qué otra mejor forma hay de construir autoestima, a veces sentirse superior y aislarse de los demás, que convertirse en experto en un campo de estudio especializado?

Los Cinco son minimalistas. No necesitan ni quieren muchas cosas. Ellos creen que cuantas más posesiones tienen las personas, más energía gastan pensando en ellas, manteniéndolas o arreglándolas. Desafortunadamente, el deseo de los Cinco de mantener una vida simple y austera se puede ver en su apariencia. No ganan competencias de moda.

Al final, la avaricia alcanza a los Cinco. Acumulan demasiado, emocionalmente hablando. Su codicia por la privacidad y su miedo a revelar su interior los conducen al aislamiento. Creyendo la antigua máxima: "Aquel que tiene el conocimiento tiene el poder", prefieren acumular demasiado conocimiento y esas pocas necesidades para sí mismos. Y lo que es peor, escatiman en amor y afecto y se lo niegan con mezquindad a las personas que más quieren apoyarlos y cuidarlos.

TODO SOBRE LOS CINCO O LOS INVESTIGADORES

Puede ser difícil conocer realmente a los Cinco, pero comparten algunas características generales que los marcan como tribu.

Los Cinco prefieren observar. Pueden parecer solitarios y a veces lo son. A menudo parecen estar emocionalmente distantes, no totalmente presentes o en casa en sus propios cuerpos, indiferentes y, a veces, intelectualmente arrogantes. En parte, eso se debe a que los Cinco *observan la vida desde la distancia, en lugar de saltar y participar* en ella. Observar desde los laterales, junto con obtener conocimiento, es su primera línea de defensa. Si pueden observar y entender lo que sucede, tal vez se sientan más al tanto o estén preparados en caso de que, de repente, se espere algo de ellos. No todos los Cinco son inteligentes, pero todos son observadores. Se los puede ver en una fiesta observando a la multitud desde la periferia o dando vueltas alrededor en un evento social, como un antropólogo que realiza un trabajo de campo, recolectando y analizando información sobre las personas y los acontecimientos generales. Sin embargo, esta tendencia a observar no es pasiva, para nada. Los Cinco observan *activamente*, recabando información y archivándola para usos futuros.

A pesar de su tendencia a la observación, muchos Cinco son sociables. Algunos disfrutan especialmente de estar con otros amantes del conocimiento, los intelectualmente curiosos o aquellos que comparten su entusiasmo por un tema o pasatiempo específico, como los manuscritos de libros poco comunes, la ópera alemana o, tal vez, coleccionar la parafernalia de *Viaje a las Estrellas*.

Uno de los beneficios de toda esta observación desde la periferia es que los Cinco se pueden mantener objetivos y no tomar parte en la pelea de otros. Cuando se trata de ser neutrales, los Cinco son como Suiza. Si me enfrento a una decisión importante de la vida y mis emociones nublan mi juicio, llamo a mi amigo Chris. Como un Cinco, puede ordenar los hechos, estudiar la situación desde todos los ángulos y luego presentarme un caso bien razonado y objetivo de por qué cree que debo elegir un curso de acción en particular, incluso si eso no es lo que quiero escuchar o si, de alguna manera, podría afectar su vida de forma negativa. Y, como los Cinco son capaces de ser neutrales, rara vez reaccionan; más bien, responden. Cuando se administra correctamente, es un don maravilloso. (Al igual que los Nueve, los Cinco son capaces de ver ambas caras de la moneda, pero debido a que no les preocupa causar conflicto, serán muy directos contigo.)

Los Cinco recolectan conocimiento.

> "El entendimiento es una clase de éxtasis".
> **CARL SAGAN**

El conocimiento y la información de cualquier tipo (aun la información más trivial) les brindan a los Cinco una sensación de control y una defensa contra los sentimientos de insuficiencia. Los Cinco también recolectan información o conocimiento porque no quieren parecer tontos o desinformados ni ser humillados por no tener la respuesta correcta. No quieren sentirse incapaces o ineptos, lo que ya piensan que son. De más está decir que lo mejor y lo peor que les pasó a los Cinco es la llegada de internet. Una vez que caen en ese agujero negro, estos adictos a la información entran en un trance de recolección de conocimiento y no hay forma de saber cuándo saldrán de ahí y qué información nueva y divertida traerán con ellos. Vi esto en la práctica una tarde cuando llamé para ver cómo estaba mi amigo Bill.

—Se me descompuso la impresora y estuve en internet para ver cómo arreglarla —dijo.

—Bill, ¿hace cuánto que estás trabajando en esto? —le pregunté, suspirando.

—Desde las ocho de la mañana —admitió.

—¡Son las cinco de la tarde! —dije, mirando mi reloj—. ¿No has pensado en llevar la impresora adonde la compraste y pedir que ellos te la arreglen?

Hubo una larga pausa.

—Es una impresora vieja de chorro de tinta. Dejaron de fabricar los repuestos ya hace años —respondió sintiéndose avergonzado.

—¿Eres un psiquiatra que cobra $200 la hora y desperdiciaste todo un día leyendo cómo reparar una impresora que puedes dar a una venta de garaje?

Hubo una pausa.

—Sí, pero ahora sé sobre la historia de la impresión, desde la prensa de Gutemberg hasta nuestros días —señaló triunfante.

Por más graciosa que sea esta historia, los Cinco realmente terminan como animal atropellado en la autopista de la información. Para los Cinco, las computadoras e internet ofrecen otra manera de evitar la interacción con las personas, que es lo último que necesitan.

Compartimentación y privacidad.
La compartimentación es una estrategia de defensa propia ante el sentimiento de ser abrumados por la vida. Creyendo que sus recursos son limitados y buscando tener el control, los Cinco le designan cubículos mentales separados a su trabajo,

> "No puedo vivir sin hacer trabajar el cerebro. ¿Qué otra razón hay para vivir?".
> *SHERLOCK HOLMES*

su matrimonio, sus pasatiempos, sus amistades y otros compromisos. De esta forma, pueden determinar cuánta energía necesitará cada uno para mantenerlos, repartirla correctamente y tratar con un compartimento a la vez. Pronto descubren que la vida no coopera con su deseo de compartimentar las diferentes áreas de su vida. De la misma manera, los Cinco mantienen a sus amistades en su propio cubículo, personas que no se conocen entre sí ni saben de la existencia del otro. Hace algunos años llegué al funeral de mi amigo Sam y, para mi asombro, la iglesia estaba repleta. Sin poder encontrar un lugar para sentarme, me paré en el fondo y me pregunté si había entrado al servicio correcto. Aparte de tres o cuatro personas, no conocía a nadie allí, a pesar de que Sam y yo fuimos compañeros en el mismo estudio bíblico por diez años y nos juntábamos regularmente.

En la recepción posterior al servicio me enteré de que algunos de los dolientes eran miembros de un club de astronomía al que Sam había pertenecido por mucho tiempo. Varios de ellos eran miembros de la tripulación de un barco en el que Sam corría carreras. Conocí a cinco tipos con los que andaba en bicicleta los sábados por la mañana y un grupo de observadores de aves que habían volado desde Baja California.

¿Astronomía? ¿Piqueros de patas azules? ¿Quién era este tipo?

Para mantener su privacidad, los Cinco le cuentan a cada grupo de amigos o colaboradores una parte de su historia, pero no le cuentan a ningún grupo toda la historia completa. No te contarán todas las actividades en las que están involucrados ni te presentarán a amigos que hicieron en otras esferas. Como le dijo un joven Cinco a Suzanne: "Me asusta pensar que un día me despertaré de un coma y que las personas que estén alrededor de mi cama sean de diferentes partes de mi vida. ¿Qué pasa si no sé cuánto tiempo estuve inconsciente y no sé lo que se contaron unos a otros?".

A los Cinco no los dominan sus emociones. De todos los tipos, los Cinco son los más distantes emocionalmente. Eso no significa que no tengan emociones, sino que quieren tener control sobre sentimientos impredecibles que amenazan con abrumarlos. Para los Cinco, el desapego significa que pueden tener una emoción y luego dejarla ir. Luego tienen otra y también la dejan ir. Los Cinco se creen pensadores racionales y ven al resto como personas irracionales. Particularmente, ven a los tipos centrados en las emociones, como los Dos, Tres y Cuatro, y se preguntan cómo es posible que desperdicien tanta energía en toda esa confusión interna.

Yo soy un Cuatro. Cuando se trata de sentimientos, yo soy como un radiador para atraer insectos. Se me han presentado emociones y se han quedado por tanto tiempo que debería haberles cobrado la renta. En el seminario, si me ponía nervioso por algo buscaba a Bill, quien me escuchaba con paciencia. Sin embargo, si me volvía emocionalmente incontinente, pasaba de parecer preocupado a observarme con toda la calidez de un búho de nieve, parpadeando y mirándome fijamente como si dijera: "¿Cuándo terminará esto?".

Los Cinco necesitan tiempo para procesar las emociones. En las reuniones sobre el Eneagrama las personas escuchan la descripción de su número y se emocionan, porque finalmente se sienten comprendidas (o, por otro lado, avergonzadas y expuestas). No sucede lo mismo con los Cinco. Toman la información y no sienten nada hasta que tienen algunos días para procesarla a solas y en privado. Para ellos, la vida es una barra de ensaladas del conocimiento. Se ponen en la fila, elijen lo que quieren, lo embolsan, lo llevan a casa, se lo comen y luego lo digieren durante la semana. Necesitan periodos extendidos de tiempo a solas donde puedan procesar sus sentimientos y emociones.

Este retraso puede enloquecer a las personas de otros tipos. Cuando Bill y yo fuimos a ver la película *Filadelfia*, hace ya unos cuantos años, yo reacioné como un típico Cuatro. Cuando encendieron las luces del cine, lloré como un bebé. Buscaba un compañero de duelo en el vestíbulo, pero Bill me miraba con su típica mirada de búho de nieve. En aquel momento, pensé que Bill no tenía corazón, pero ahora sé que primero tuvo que irse a casa para tratar de pensar en cómo llegar a sus emociones.

> "Me gustaría ser la clase de persona que puede disfrutar de todo al mismo tiempo, en vez de tener que regresar a ello en mi mente y recién allí poder disfrutarlo".
> **DAVID FOSTER WALLACE**

LOS CINCO COMO NIÑOS

Muchos de los Cinco que conozco dicen que crecieron con un padre que era intrusivo o envolvente, mientras que otros describen infancias carentes de afecto o de interacciones profundas y significativas con sus cuidadores. Sensibles y callados, estos pequeños Cinco encontraron refugio en el mundo de sus mentes, donde se podían alejar o esconder de un padre dominante, así como también procesar sus sentimientos fuera de la vista de los demás.

De niños, los Cinco son curiosos, imaginativos y se sienten cómodos estando solos. Muchos son genios de la informática y lectores voraces que disfrutan de coleccionar cosas. Mi amigo Dan creció con seis hermanos tumultuosos en una pequeña casa rural en Texas. Para escapar del caos, convirtió la mitad del cobertizo de su padre en un refugio.

"Pasé un millón de horas en ese cobertizo leyendo *El Señor de los Anillos* y desarmando cosas para ver cómo funcionaban. Fue allí donde mis amigos y yo hicimos nuestra primera incursión en el mundo de la codificación informática. Mis hermanos y hermanas eran ruidosos y extrovertidos, todo el tiempo buscaban llamar la atención, mientras que yo no pedía mucho. No habría podido culpar a mi madre si alguna noche durante la cena me hubiera mirado y dicho: 'Espera, ¿y tú quién eres?'".

Los niños Cinco por lo general son callados y autosuficientes. Les incomoda cuando no pueden cuidarse ellos mismos, por lo que aprenden a aferrarse a sí mismos, en lugar de a los demás. Encuentran la respuesta a la mayoría de sus preguntas dentro de ellos y tienen mucha más información sobre las cosas de la que comparten.

Estos niños tienen sentimientos encontrados sobre la escuela. Son inteligentes y les gusta aprender, y por lo general sacan buenas notas. Sin embargo, las demandas sociales de la escuela son difíciles de comprender y un reto a enfrentar. Ellos sienten que las personas quieren demasiado de su tiempo o no el tiempo suficiente. Se sienten cómodos pasando tiempo a solas, por lo que se contentarían con uno o dos amigos, pero no son adeptos a hablar de sus sentimientos y su necesidad de espacio personal es difícil de entender para los demás.

Estos niños pensantes tienen temores significativos, por lo que a menudo parecen ser más serios de lo que son. Hay que invitarlos a ser juguetones y, aun así, lo sienten frívolo e incómodo. En el fondo, son tiernos y compasivos, y quisieran ser más abiertos con su amor y afecto, pero la vulnerabilidad que sienten es demasiado grande para arriesgarse.

Todos captamos mensajes hirientes cuando somos niños. Si eres un Cinco, encuentra palabras para articular el mensaje hiriente que captaste; probablemente será una variación de los temas de la competencia y conectividad, como: "No eres capaz de lidiar con las demandas de la vida y las relaciones. Para sobrevivir necesitarás apartarte emocionalmente y esconderte".

LOS CINCO EN LAS RELACIONES

Cuando se trata de relaciones, los Cinco pueden ser los más incomprendidos de todos los tipos. Es importante recordar lo difíciles que pueden ser para ellos las interacciones sociales. Por ejemplo, Anne y yo tenemos una amiga tipo Cinco, llamada Georgia, que es tutora privada de niños con discapacidades graves de aprendizaje. Callada y amable, Georgia solo puede tener un cierto grado de interacción social antes de que su tanque se vacíe y tenga que ir a casa para recargarse. En reuniones muy tumultuosas, ella y su esposo (un extrovertido Siete) llevan dos autos, porque casi siempre ella se quiere ir un rato antes que él. En nuestro pequeño grupo semanal, Georgia frecuentemente limpia la mesa y se retira a la cocina a lavar los platos, mientras que el resto seguimos conversando. Es la forma de Georgia y aprendimos a no insistir en que se quede a socializar. Ella no es fría, pero establecer una conexión con ella puede ser difícil. Como todos los Cinco, su estilo de hablar es de presentación o de conferencia; si le preguntas lo que siente, te dirá lo que piensa. Los Cinco tienen murallas altas y gruesas. Es como si Georgia estuviera del otro lado de una autopista de tres carriles y tuvieras que gritar más fuerte que el tránsito para establecer una conexión con ella.

A los Cinco no les interesa ser atrapados por tus dramas emocionales, lo cual es otro reto relacional para ellos. No son fríos; por el contrario, escucharán y ofrecerán apoyo mientras hablas de tus sentimientos, pero no quieren que los hagas sentirse responsables por esas emociones. Tomarán la responsabilidad por sus propias emociones y esperan que tú la tomes por las tuyas.

Los Cinco necesitan independencia. Las personas que mantienen una relación con ellos tienen que comprender que no es una preferencia, sino una necesidad. Porque tienen ese deseo de mantener su independencia y autosuficiencia, puede que te despiertes un sábado a la mañana y descubras que tu pareja Cinco tomó a los perros y se fue a algún lado, sin dejar una nota diciendo dónde está o a qué hora planea volver. Cuando aparezca, horas más tarde, puede que tengas que preguntarle adónde fue, porque quizá ni se le ocurra contarte.

Las personas que están en una relación con un Cinco tienen que reconocer y honrar su necesidad de privacidad y tiempo de soledad. En la casa, los Cinco suelen tener un lugar donde retirarse para recargar energías. Un amigo Cinco, que es un gran aficionado a la música, construyó una habitación en su sótano donde va a leer, fumar cigarros y escuchar su colección de discos de John Coltrane. Su esposa lo llama "el Ermitaño". Para los Cinco con un presupuesto más ajustado, su retiro puede ser una silla de cuero escondida en un rincón o, simplemente, un banco de trabajo en el sótano. A menudo, su espacio especial está lleno de libros, papeles, revistas viejas de la *National Geographic* y curiosidades extrañas recogidas en sus viajes. Pero este es *su* espacio y *su* desorden, y es improbable que un Cinco exprese su aprecio si lo violas sin una muy buena razón.

El alto valor que los Cinco le asignan a la privacidad se extiende también a ocultar algunas cosas. Aunque los Cinco quieren juntarse o ser incluidos, rara vez comienzan una interacción social, así que me sorprendió cuando mi amigo Adam me llamó a último minuto para preguntar si quería reunirme con él a cenar.

—Si fuera cualquier otra noche, me encantaría, pero esta noche es el cumpleaños de Anne y los chicos y yo la estamos sorprendiendo llevándola a ese restaurante italiano que ama en la 12 sur —le expliqué.

—Okey —dijo—. Será en otro momento —y colgó.

Luego, pensé lo que hubiera pasado si invirtiéramos los roles. ¿Qué hubiera dicho Adam si lo hubiera llamado para preguntarle si quería ir a cenar conmigo, pero él tenía un conflicto?

Él hubiera dicho: "No puedo". Punto final. No hubiera explicado por qué no podía ir, adónde iba a ir en lugar de eso, lo que haría o con quién lo haría. Eso es privado. Me daría solo los datos que yo necesitaba saber y nada más. En comparación, yo compartí información de más sobre mis planes familiares. Hasta le di la maldita dirección del restaurante. Los Cinco por ahí no se dan cuenta, pero las personas comunican estos detalles triviales sobre su vida como su forma de dejar la puerta abierta para que los otros puedan contar lo que pasa en las suyas. Adam podría haber dicho: "¿Cómo están los niños? ¿Anne todavía disfruta de su trabajo? Me intoxiqué con los calamares de ese restaurante, así que no los pidan". Esto puede sonar mundano, pero decir estas pequeñas cosas sobre nuestras vidas es como un fertilizante para las relaciones. Compartir solo información necesaria puede hacer que los amigos y parejas de los Cinco se pregunten si realmente los conocen o si conocerán realmente a esa persona. Al igual que las flores, las relaciones no crecen en la oscuridad. Las relaciones crecen a la luz de mostrar el mundo interior.

Los cónyuges de los Cinco a veces nos cuentan a Suzanne y a mí que se sienten ignorados emocionalmente. El esposo de una Cinco una vez me dijo: "Mi esposa y yo llevamos casados treinta años y nos amamos, pero se sostiene sola mentalmente y es tan independiente que sé que ella podría adaptarse a una vida sin mí mejor de lo que me las arreglaría yo sin ella. Me llevó tiempo estar bien con el hecho de que ella no me necesita tanto o, por lo menos, de la misma forma que yo la necesito a ella".

Los Cinco necesitan y disfrutan de estar con otros, pero no les preguntes si les gustaría "pasar tiempo" nada más. Un Cinco quiere una razón para reunirse, como un cumpleaños, una película o ir contigo a una muestra de autos antiguos, un tema sobre el cual aún no tienen conocimiento. Pero si lo único que está en la agenda es pasar el tiempo, prefieren hacerlo solos.

Para entender más a los Cinco, usemos la analogía de un automóvil. Imagina que tienes un tanque donde guardas todo el combustible que necesitas para interactuar con las personas todo el día. Los Cinco tienen tanques más pequeños que los demás números, así que, a medida que pasa el día, revisan el medidor más seguido y están cada vez más conscientes de que se les acaba el combustible y necesitan ir a casa.

Hay beneficios maravillosos de estar en una relación con un Cinco. No son mendigos emocionales, no tienen expectativas imposibles de sus seres queridos y, generalmente, se mantienen tranquilos cuando las personas a su alrededor se están cayendo a pedazos. También puedes contarles tus secretos más oscuros y saber que los guardarán en un lugar sagrado. Como un sacerdote, pondrán lo que les digas bajo el "sello del confesionario", en parte porque saben lo importante que sería para ellos esa confidencialidad si se diera vuelta la tortilla.

> "Un buen matrimonio es aquel en el cual cada cónyuge elige al otro para que sea el guardián de su soledad y, por ende, se muestran el uno al otro la mayor confianza posible".
>
> *RAINER MARIA RILKE*

Los Cinco no te dirán a menudo que te quieren, pero eso no significa que no lo hagan. Paso sesenta días al año hablando en retiros y conferencias. Una o dos veces al año Bill visita mi página web para revisar mi calendario y preguntar si puede reunirse conmigo donde estoy predicando, aun cuando eso signifique tomar un avión o escuchar una charla que él ya se sabe de memoria. Eso es amor, gente.

El amor es peligroso y demandante. Para que prospere una relación, las dos personas deben compartir abiertamente no solo sus pensamientos, sino también sus emociones, lo cual es un desafío para los Cinco. Requiere que compartan espacio, que ejerzan menos control sobre el tiempo que pasan solos, que sacrifiquen su privacidad y que traten con las emociones abrumadoras de otras personas. Para que funcione, tienen que renunciar en gran medida a la seguridad, independencia y privacidad que han mantenido su vida en una sola pieza desde que eran niños. Su pareja y amigos pueden ayudarlos siendo pacientes mientras que los Cinco aprenden a identificar y expresar sus sentimientos. No es poca cosa cuando un Cinco asume el riesgo de intercambiar secretos y se compromete a caminar al lado de otra persona. Celébralo cada día si un Cinco eligió emprender este viaje contigo. Lo más probable es que seas mucho más especial de lo que crees.

LOS CINCO EN EL TRABAJO

En el mundo profesional, se valora a los Cinco por su mente fría, clara, precursora y analítica. Desde el fundador de Microsoft, Bill Gates, hasta el novelista Jean Paul Sartre, desde el físico Stephen Hawking hasta la primatóloga Jane Goodall, los Cinco están muy bien representados en cualquier lista de los más grandes innovadores y pensadores.

No todos los Cinco pueden ser titanes de la industria o ganadores del Premio Nobel, así que muchos eligen carreras como ingenieros, investigadores científicos, bibliotecarios, profesores, programadores informáticos o psicólogos. Debido a que permanecen calmados en momentos de crisis, son excelentes médicos de salas de emergencia y paramédicos. Como son maestros de la observación, los Cinco pueden convertirse en artistas magníficos.

La autora Joan Dixon, la pintora Georgia O'Keefe, el cantante de Radiohead, Thom Yorke, y el actor Anthony Hopkins son solo algunos de los Cinco cuya visión artística ha dejado una huella en el mundo.

Independientemente de lo que hagan o cuán exitosos sean, lo que los Cinco necesitan por sobre todas las cosas en el trabajo es previsibilidad. Si saben lo que se les exigirá todos los días, sabrán cómo repartir sus energías sabiamente para poder llegar a casa sin quedarse sin combustible.

Por eso, a los Cinco no les gustan las reuniones. Si no tienen otra opción que asistir a una, querrán saber cuándo empieza y termina, quién más estará ahí y cuál será el programa. Cuando termina una reunión están ansiosos por irse, así que si la persona que la dirige pregunta si alguien tiene una última pregunta y una mano se dispara al aire, enterrarán su rostro entre sus manos y murmurarán: "Dame una navaja y todo esto terminará en un instante".

En posiciones de liderazgo, los Cinco pueden concentrarse demasiado en un proyecto y terminar no apoyando o prestando la atención suficiente a otras personas. Para mantener su privacidad y proteger sus recursos internos, ponen barreras de defensa entre ellos y otros. Con mucho gusto entregarán su prestigiosa oficina con paredes vidriadas a un colega tipo Tres, consciente de la imagen, y buscarán otro lugar donde las personas tengan dificultad para encontrarlos, como el sótano, porque odian ser interrumpidos mientras trabajan. Si están lo suficientemente elevados en la escalera corporativa, tendrán un asistente administrativo y algunos pasantes que interferirán y les ahorrarán el trabajo de reunirse o hablar con demasiadas personas.

Los Cinco prefieren que les des un proyecto, les digas la fecha de entrega y que los dejes llevarlo a cabo donde y como quieran. Las recompensas tradicionales por un empleo bien hecho no son algo que motive a los Cinco, que no son materialistas y no están buscando, como los Tres, un ascenso ni un aumento de sueldo. Si quieres reconocer y recompensar a los Cinco por un trabajo bien hecho, dales más autonomía. Lo que anhelan es la independencia, aun cuando trabajen en equipo. Generalmente se impacientan con las decisiones grupales, porque no les gustan las discusiones largas o tener que escuchar a otros con ideas de asociación libre.

Los Cinco pueden desempeñarse exitosamente en posiciones que requieran hacer presentaciones o discursos, siempre y cuando tengan tiempo de prepararlas bien. No les gusta que los pongan en un aprieto inesperado o que les pidan espontáneamente que digan o hagan algo. Si saben lo que se espera de ellos y los mantienen bien informados sobre lo que sucede, su desempeño es excelente.

ALAS

Los cinco están metidos en medio de los apasionados e intensos Cuatro, por un lado, y de los leales, pero ansiosos Seis, del otro. Cualquiera o ambas cualidades de esos tipos están disponibles para los Cinco.

Cinco con ala Cuatro (5a4). Estos Cinco son más creativos, sensibles, empáticos y egocéntricos que los Cinco con un ala Seis. Independientes y muchas veces excéntricos, los 5a4 no están seguros de qué hacer con sus sentimientos, pero prefieren procesarlos solos, en lugar de en grupo. Piensa en el actor Robert De Niro, la fotógrafa Annie Leibovitz o el físico Albert Einstein. No es mala compañía.

Los Cinco con un ala en Cuatro son más propensos a experimentar la melancolía. La conexión con la energía y la profundidad emocional de los Cuatro los ayuda a ser más tiernos con ellos mismos y menos reservados emocionalmente con otros. Los 5a4 saludables son capaces de comunicar sus sentimientos a sus seres queridos.

Cinco con ala Seis (5a6). El miedo juega un papel más prominente en la vida de los 5a6 que en la vida de los 5a4. Son más ansiosos, cautelosos y escépticos, pero también más sociables y leales que los 5a4. Los Cinco con ala Seis viven más en sus mentes y cuestionarán la autoridad y el statu quo.

Los Cinco con ala Seis también se relacionan más. Con la influencia de un Seis, los Cinco son más conscientes de sus propios temores, lo cual incrementa su interés en hacer alianzas con otros en las diversas comunidades de las que forman parte. A menudo son socialmente torpes y siguen siendo escépticos hacia los demás, pero conocer a la gente es más reconfortante que desconcertante.

ESTRÉS Y SEGURIDAD

Estrés. Con el estrés, los Cinco instintivamente se mueven al lado no tan saludable de los Siete, donde acumulan y se aferran más a las cosas, lo cual solo hace que su mundo se empequeñezca cada vez más. Cuando esto sucede, les dan la espalda a las necesidades de otros y se enfocan casi únicamente en su propia necesidad de seguridad e independencia.

Aquí también se vuelven frívolos, desorganizados y distraídos al punto de no poder terminar sus tareas. Siguen viviendo en sus cabezas, pero dejan de pensar en las consecuencias de su comportamiento. En este espacio, los Cinco pueden ser descorteses, condescendientes y desconectados.

Seguridad. Cuando los Cinco se sienten a salvo, se mueven al lado positivo de los Ocho, ¡lo cual es un cambio gigantesco! Cuando esto ocurre, los Cinco son infinitamente más espontáneos, francos y están físicamente presentes. El cambio es tan drástico que las personas dirán: "¿Qué le paso a Holly? De repente es energética, confiada y franca". Los Cinco que quieren conocer y experimentar la vida abundante sin que les cueste más de lo que pueden permitirse perder pueden lograrlo en el lado bueno de los Ocho.

TRANSFORMACIÓN ESPIRITUAL

Cuando se trata de trabajo espiritual, los Cinco tienen una ventaja sobre el resto. No se aferran a su ego con un agarre tan fuerte. Su amor por la soledad los hace naturalmente contemplativos. Les atrae la simplicidad, logrando tener menos ataduras con las cosas del mundo y soltándolas más fácilmente cuando lo hacen. Las personas de otros números que están en el camino de la transformación espiritual pueden envidiar la calma y el desapego de los Cinco.

Cuando lo exageran, sin embargo, el desapego deja de ser una virtud. Los Cinco corren el riesgo de convertirlo en una desconexión de sus emociones para prevenir heridas y agotamiento. Los hace fríos, distantes y no disponibles para las relaciones; observadores, en lugar de participantes en la vida. Desde una perspectiva cristiana, eso no es desapego. "El objetivo final del desapego es la participación", escribe David Benner. "Nos apartamos para poder reordenar nuestros apegos y luego, alineados y cooperantes con el flujo de la gracia en nuestro ser más profundo, podemos permitir que el amor fluya a través de nosotros para tocar y sanar a otros en el mundo". Para madurar espiritualmente, los Cinco necesitarán aprender este patrón de separación, con el fin de poder involucrarse.

Los Cinco necesitan practicar conectarse con sus sentimientos en tiempo real. ¡Una persona no puede celebrar la Navidad un lunes y no sentirlo hasta el viernes! Si todo lo que dije en este capítulo hace que los Cinco se sientan tristes, los animo a que sientan esa tristeza ahora, y no el mes que viene. Una vez que dominan, primero, el apego a los sentimientos y, luego, dejarlos ir, pueden enseñarles a otros a hacerlo, porque el resto de nosotros nos enredamos demasiado en nuestros sentimientos.

Los Cinco que buscan ser libres de sus patrones por defecto, deben reconocer con qué frecuencia sus acciones son impulsadas por el miedo. Al igual que los Seis y los Siete, el pecado capital de los Cinco es el temor, y son motivados por un deseo de seguridad. Conscientes de que tienen recursos limitados, se preguntan cuánta información, afecto, energía, privacidad, dinero, pueden permitirse dar y cuánto pueden guardar para sí.

¿Qué tan diferentes serían las vidas de los Cinco si abrazaran la mentalidad de la abundancia? Esta mentalidad que dice que cuando damos, recibimos. Es el álgebra del evangelio. ¿Qué pasaría si los Cinco confiaran en que hay más que suficiente para todos y pudieran dar algo más?

En cierta medida, los Cinco también tienen que acostumbrarse a la dependencia o, por lo menos, a la interdependencia. Ellos fueron tan motivados a vivir de manera autosuficiente que nunca dependieron de nadie. Pero hay una humildad que viene solo cuando permitimos que otros nos cuiden. Para los Cinco, establecer tantas barreras para no tener que experimentar nunca lo que es depender de nadie los predispone a una gran pérdida. También priva a sus seres queridos del placer de cuidarlos.

DIEZ PASOS HACIA LA TRANSFORMACIÓN DE LOS CINCO

1. Permite que tus emociones surjan de forma natural y experiméntalas en el momento presente, y luego puedes dejarlas ir.
2. Reconoce cuándo estás recayendo en la mentalidad de escasez acumulando afecto, privacidad, conocimiento, tiempo, amor, dinero, posesiones materiales o pensamientos.
3. Cuando ocurre algo que parece provocar emociones en otras personas, trata de sentirlas junto con ellas en ese momento, en lugar de guardar esas emociones para procesarlas más tarde.
4. Intenta compartir más de tu vida con otros, confiando en que ellos no harán mal uso de esa información.
5. Sal de tu zona de confort y muestra más acerca de quién eres o de lo que tienes con los demás.

6. Trata de recordar que no debes tener respuestas para todo. No parecerás tonto, simplemente humano.

7. Llama a un amigo y ofrécele pasar el rato, sin más razón que disfrutar la compañía del otro.

8. Permítete tener algunas experiencias y posesiones materiales de lujo. ¡Compra un colchón nuevo! ¡Viaja!

9. Comienza a practicar yoga o alguna otra actividad que te conecte con tu cuerpo. Superar la desconexión que hay entre tu cuerpo y tu cabeza cambiará tu vida.

10. Incluso, cuando no estés seguro de ti mismo, únete a una conversación, en lugar de salir de ella.

CÓMO SE SIENTE SER UN SEIS

1. Siempre imagino y me preparo para lo peor.
2. A menudo no confío en las personas en puestos de autoridad.
3. La gente dice que soy leal, comprensivo y compasivo.
4. La mayoría de mis amigos no tiene tanta ansiedad como yo.
5. Actúo rápido en una crisis, pero cuando las cosas se calman me desmorono.
6. Cuando a mi pareja y a mí nos está yendo bien en nuestra relación, me encuentro pensando en qué cosa mala sucederá para arruinarla.
7. Estar seguro de que tomé la decisión correcta es casi imposible.
8. Estoy consciente de que el temor ha dictado muchas decisiones de mi vida.
9. No me gusta encontrarme en situaciones impredecibles.
10. No puedo dejar de pensar en las cosas que me preocupan.
11. Generalmente no me siento cómodo con los extremos.
12. A menudo tengo tanto que hacer que me es difícil terminar mis tareas.
13. Me siento más cómodo cuando estoy rodeado de personas parecidas a mí.
14. Me dicen que soy demasiado pesimista.
15. Soy lento para arrancar y, una vez que arranco, me encuentro pensando en lo que puede llegar a salir mal.
16. No confío en quienes me hacen demasiados cumplidos.
17. Me ayuda tener las cosas en cierto orden.
18. Me gusta que me digan que soy bueno en mi trabajo, pero me asusta cuando me quieren agregar responsabilidades.
19. Tengo que conocer a las personas por mucho tiempo antes de poder confiar realmente en ellas.
20. Soy escéptico ante las cosas nuevas y desconocidas.

10

TIPO SEIS

EL LEAL

No hay nada de malo en esperar lo mejor,
siempre y cuando estés preparado para lo peor.
STEPHEN KING

Los *Seis sanos* aprendieron a confiar en sus propias experiencias de vida. Son conscientes de que la certeza y la predictibilidad exacta no son probables en la mayoría de las situaciones. Son productivos, pensadores lógicos que casi siempre organizan sus pensamientos y acciones con base en lo que sería más beneficioso para el bien de todos. Leales, honestos y confiables, los Seis saludables tienen un buen ojo para juzgar a las personas. Estos Seis llegan a creer que al final del día todo estará bien.

Los *Seis promedio* cuestionan casi todo. Luchan para no pensar tanto y para vencer el patrón de planificar para el peor de los casos. Se enfocan demasiado en la autoridad y pueden ser subordinados, por un lado, o rebeldes, por otro. Para ellos, el mundo es un lugar inseguro y responden con el instinto de lucha o huida. Estos Seis, aunque manejan toda su ansiedad, están comprometidos con la educación, la Iglesia, el gobierno, la familia y las organizaciones de servicio social.

Los *Seis enfermizos* encuentran peligro a la vuelta de cada esquina. Su ansiedad roza la paranoia, ya que temen que el mundo sea injusto y que la mayoría de las personas no sean quienes dicen ser y no se pueda confiar en ellas. Incapaces a su vez de confiar en ellos mismos, recurren a las figuras de autoridad y a los expertos para que tomen decisiones por ellos. Estos Seis encuentran faltas en otros y tienden a caer en patrones asociados con el mecanismo mental de protección.

En 1999, los autores Joshua Piven y David Borgenicht publicaron el *Manual de supervivencia en situaciones extremas*. Con instrucciones graciosas, pero reales, sobre qué hacer en situaciones terribles, el libro se vendía como "el acompañante esencial para una era peligrosa". Aterrador y divertido a la vez, ofrecía capítulos concisos sobre cómo realizar una traqueotomía, identificar una bomba, aterrizar un avión, sobrevivir si tu paracaídas no abre, tratar con un toro a la carga, saltar de un edificio a un contenedor de basura y escapar de abejas asesinas, entre otras cosas.

Alguien me regaló un ejemplar del manual cuando salió. Me encogí de hombros y dije: "Bah".

Vendió diez millones de copias.

¿A quién deberían enviar una nota de agradecimiento los ahora inconmensurablemente ricos y agradecidos autores por encabezar las ventas épicas de su libro? Podrían comenzar con los Seis del Eneagrama, quienes, probablemente, representen la mitad de esas ventas.

Los Seis ven un mundo peligroso donde el desastre puede suceder en cualquier momento. Las apariencias engañan. Las personas tienen motivos ocultos. Mantienen sus ojos bien abiertos ante posibles amenazas y practican mentalmente lo que harán cuando suceda lo peor. Para los Seis, imaginar y planificar para potenciales catástrofes es una forma de mantener un sentido de seguridad, control y certeza en un mundo impredecible. Dada su inclinación a preguntar constantemente "¿Qué pasaría si...?" o "¿Qué haré cuando...?", no puedo imaginar que un Seis vea un libro que se describe como una "guía para sobrevivir a los cambios repentinos de la vida" y que no compre dos copias: la primera para leer y la segunda como respaldo en caso de que alguien se robe la primera.

Cuanto más conozco de la vida y de las personas, más amo y aprecio a los Seis. Llamados Leales, son las personas más fieles y fiables del Eneagrama. Al Seis también se le llama el abogado del diablo, el preguntador, el escéptico, el soldado o el guardián. Nos vigilan atentamente. Salvaguardan nuestros valores. Son el pegamento que mantiene unido al mundo. Muchos maestros del Eneagrama creen que estas personas confiables, cálidas, divertidas y abnegadas constituyen más de la mitad de la población mundial. El hecho de que nuestras ciudades y pueblos estén repletos de estos ciudadanos firmes y vigilantes debería tener un efecto positivo en nosotros.

EL PECADO CAPITAL DE LOS SEIS

Ya sabes lo que viene ahora, ¿no es cierto? Los Seis son maravillosos, pero tienen un lado oscuro del que deben cuidarse. El pecado capital de los Seis es el *temor* y sufren de una necesidad muy profunda de sentirse a salvo.

Aunque decimos que el temor es el pecado al cual se inclinan, lo que realmente experimentan es ansiedad. El miedo es lo que experimentas en presencia de una fuente clara e inmediata de peligro, como cuando un tipo vestido con una máscara de arquero de hockey derriba tu puerta y te persigue alrededor de tu apartamento mientras sacude una motosierra sobre su cabeza. La ansiedad, por el contrario, es una sensación de aprensión vaga y flotante que surge en respuesta a una amenaza desconocida o potencial, que tal vez nunca se materialice. Es lo que sientes cuando *imaginas* lo que pasaría si un tipo con una máscara de portero de hockey alguna vez te persiguiera alrededor de tu apartamento con una motosierra. El miedo dice: "¡Algo malo está sucediendo!", mientras que la ansiedad es más anticipatoria: "¿Qué pasaría si sucediera esto o aquello? ¿Qué pasa si...? ¿Qué pasa si...? ¿Qué pasa si...?" Ese es el eslogan de la campaña.

Los Seis experimentan más ansiedad cuando la vida marcha sobre ruedas, porque se preguntan qué puede llegar a arruinarla. Las relaciones o los trabajos que parecen estables hoy pueden evaporarse o desaparecer mañana. En palabras de Steven Wright: "Si todo parece ir bien, obviamente algo has pasado por alto". Mi infancia estuvo plagada de Seis ansiosos.

Mi maestra de primer grado, la Hna. Mary Elizabeth (que la luz perpetua brille sobre ella), de seguro era un Seis. Al menos una vez al día se tomaba un descanso del plan de clases para hacer preguntas tenebrosas como: "Niños, ¿qué harían si alguien les apunta con un arma a la cabeza y les obliga a decidir entre negar su fe y la muerte?". Si le haces preguntas de ese tipo a un grupo de niños de siete años hoy en día, alguien llamará a los Servicios de Protección Infantil.

SEIS FAMOSOS
Ellen DeGeneres
John Stewart
Frodo Baggings

La Hna. Mary Elizabeth no era la única persona en mi vida que se hacía esas preguntas. Al crecer, mis hermanos y yo teníamos una niñera que parecía sufrir de un trastorno de estrés pretraumático. Se cansaba de preocuparse por lo que podría pasarnos. No corras con tijeras, apuñalarás a tu hermana. No comas comida de una lata con abolladuras, morirás de salmonela. Te electrocutarás si te duchas durante una tormenta de truenos. Si te paras demasiado cerca del microondas, te transformarás en tu primo Marty. Para frustrar a los posibles ladrones de autos, nos hacía subir nuestras ventanas y cerrar las puertas de nuestro auto cuando conducíamos a través de las zonas "escabrosas" de la ciudad. Crecí en Greenwich, Conneticut, un pueblo donde las personas piensan que el "mal gusto" es un crimen del cual preocuparse, no del robo de autos.

Fuera de broma, el pecado capital de los Seis, el temor, es muy real y tiene serias implicaciones.

Estos son tiempos difíciles para los Seis. El aire que respiramos está lleno de ansiedad. Lamentablemente, tú y yo no somos los primeros en darnos cuenta de que 3 500 millones de los habitantes a tiempo completo de nuestro planeta (más unos cientos de millones) son fácilmente motivados por el temor y una necesidad profunda de seguridad y certeza. Políticos, presentadores de noticias por cable, expertos en mercadeo, predicadores prepotentes y otros estafadores sin principios también lo saben. Para ganar votos, aumentar el número de espectadores, recaudar dinero y vender sistemas de seguridad para el hogar, estos demagogos, expertos y publicistas que se dedican a sembrar el pánico utilizan deliberadamente tácticas para aprovecharse de todos nosotros, pero apuntan a personas como los Seis en particular. Todos necesitamos aprender a evitar que el miedo tome el control de nuestras vidas, pero los Seis especialmente lo necesitan. La historia demuestra que cuando las personas ansiosas toman decisiones corporativas basadas en el miedo y en un deseo frustrado de seguridad pueden ocurrir cosas malas.

TODO SOBRE LOS SEIS O LOS LEALES

Los Seis tienen una fuerte necesidad de seguridad y consistencia. Aprecian el orden, los planes y las reglas. Les gusta la comodidad y la previsibilidad que las leyes y guías claras nos ofrecen. Como los Uno, llamarán al número 1-800 de Ikea para pedir un tornillo innecesario para su nueva mesa de comedor, no porque no será perfecta, sino porque pueden visualizar el colapso de la mesa en un día festivo, la ambulancia llegando para llevar al abuelo al hospital con una pierna rota y quemaduras de salsa de tercer grado y así, sucesivamente, ad infinítum.

Los Seis valoran la comunidad. No van a dejar una iglesia si no están siendo "alimentados", los anuncios son demasiado largos, la iglesia es muy grande (o muy pequeña), la música es (completa esta frase) o no están de acuerdo con todo lo que dice el pastor desde el púlpito. Los Seis son el número más leal del Eneagrama. Son miembros devotos de los grupos; una vez que se comprometen con una comunidad, echan raíces y no la abandonarán por pequeños desacuerdos.

Si bien, al principio, suelen ser desconfiados y escépticos con las personas, una vez que te has ganado su confianza te acompañarán de por vida. Los Seis quieren sentirse conectados a sus seres queridos. Estas son las madres que llaman todos los días para ver que todo esté bien, queriendo saber lo que haces y si estás a salvo. Tienen una habilidad notoria para unir a las personas. Creen en la importancia de la familia, del hogar, de criar niños responsables y del matrimonio, y toman decisiones basados en sus valores, en parte porque tienen una alta necesidad de seguridad.

Los Seis están llenos de dudas y preguntas. Cuando llega el tiempo de tomar decisiones se convierten en el androide de protocolo C-3PO de *La Guerra de las Galaxias*: "¡Estamos perdidos!". Sufren de parálisis analítica y recurren a amigos, compañeros de trabajo, familiares y expertos en busca de consejo, porque no confían en su propio pensamiento. Se deciden y luego cambian de opinión. Se sienten atraídos hacia un lado y luego empujados hacia otro. Tambalean y se equivocan, volviéndose locos a sí mismos y a otros, mientras se balancean de un lado a otro entre el sí, el no y el tal vez. En palabras de Santiago, son ellos los que, por dudar, son "semejantes a la onda del mar, que es arrastrada por el viento y echada de una parte a otra" (Santiago 1:6, RV1960).

Parte del problema es que ven ambos lados de todo. Si eres un Seis leyendo
este libro ahora mismo, puede que estés
pensando: *Sí, veo tu punto, pero por otro
lado...* o *Ian y Suzanne suenan a que*

> "No tengo miedo, pero
> estoy muy nervioso".
> **JOHN IRVING**

*han pensado mucho sobre esto, pero siempre existe la posibilidad de
que...* A los Seis les sorprende descubrir que los demás no tengan
tanto miedo como ellos, pero identifican de inmediato su continua
lucha con las dudas sobre sí mismos. Cuando se enfrentan a decisiones, los Seis se congelan como ciervos cegados por los faros de
los coches, paralizados ante la dirección que deben tomar.

Hay dos tipos de Seis, cada uno de los cuales maneja el temor,
su necesidad de seguridad y su relación con la autoridad de manera
diferente. Un tipo Seis es muy leal y le presta toda su atención a la
autoridad porque piensa que allí se encuentra la seguridad. Siempre
fiel a la autoridad, estos buscan complacer y obedecer las reglas.
Son respetuosos con sus jefes y hacen lo posible por complacer
porque ven a la autoridad como la fuente de su seguridad. A estos
los llamamos los *Seis fóbicos*.

Pero hay otro tipo de Seis que también se centra en la autoridad, solo que no son tan agradables y obedientes. Estas personas
desconfían de las figuras de autoridad. Vigilan a los que están a su
cargo, en caso de que traten de engañar o de jugarle una mala pasada a alguien. Llamados los *Seis contrafóbicos*, estas personas ata-
carán si algo huele mal. Buscan seguridad no aplacando o evitando
una amenaza percibida, sino provocando y atacándola deliberadamente. Su seguridad proviene de conquistar la fuente de su miedo,
no de capitular ante él.

En realidad, la mayoría de los Seis son una mezcla del fóbico y
el contrafóbico, lo cual refleja su temperamento vacilante y lleno
de dudas. Los fóbicos se retiran y huyen, mientras que los contrafóbicos tratan de conquistar o derribar cualquier temor que tengan.

Los Seis oscilan entre estos dos polos. Para tomar prestada una frase de Churchill, están "o a tus pies o en tu garganta". Ya sea que los Seis sean fóbicos o contrafóbicos, el resultado final es el miedo y el enfoque es la autoridad.

LOS SEIS COMO NIÑOS

Los niños Seis aprenden a preocuparse a una temprana edad. Son un imán para frases como: "No nades por treinta minutos después de comer o te dará un calambre y te ahogarás" o "Nunca hables con extraños". Al crecer, escuché todo tipo de advertencias locas, pero pocas se quedaron conmigo. Mas cuando estos niños se dan cuenta de que el mundo no es un lugar seguro y que no siempre se puede confiar en los adultos a cargo, responden obedeciendo o rebelándose. Donde sea que vayan, saben quién está a cargo y mantienen sus ojos puestos en ellos.

Estos pequeños responden a la vida de manera medida. Observarán a uno o dos niños saltar de una cornisa de veinte pies a un lago antes de hacerlo ellos. Son indecisos, porque los niños que no pueden confiar en su entorno tienen dificultades para confiar en ellos mismos. A quienes carecen de confianza en sí mismos, por lo general se les hace difícil recibir aliento, por lo que se pierden los mensajes que los harían sentir más seguros y les ayudarían a confiar en sí mismos a un nivel más profundo.

Los maestros y entrenadores aman a los niños Seis. Son buenos oyentes y seguidores. Al ser leales, mantienen a los grupos de amigos unidos. Solo unos pocos buscan ser el centro de atención, pero sí se animan a ser parte del coro. Les gusta ser parte de un grupo, así que los deportes de equipo y las actividades escolares son una victoria para ellos. Encuentran un sentido de comodidad en las rutinas previsibles y crecen para ser las personas que mantienen unidas las comunidades con las que todos contamos para darle sentido a nuestras vidas.

Muchos, aunque no todos, de los niños Seis se encuentran en situaciones inestables en su infancia. Al no poder confiar en su entorno, dudan de sí mismos y buscan coraje y consejo en otras personas. Si crecen con un padre alcohólico, por ejemplo, aprenden a nunca bajar la guardia y a asumir que siempre lo peor pasará, así nada les sorprende.

El padre de mi amigo Lance se ponía furioso con frecuencia. Cada noche, su hermano y él miraban por la ventana para ver a su padre salir del auto, porque podían predecir su humor por la fuerza que utilizaba para cerrar la puerta del auto. Al igual que Lance, los niños Seis captan pequeños indicios de que existe un peligro o amenaza y se mantienen a salvo al aprender a predecir si alguien les hará daño.

Los Seis son excelentes amigos o parejas cuando están espiritualmente saludables y creciendo en el autoconocimiento. Leales a más no poder, los Seis hablan en serio cuando dicen: "Hasta que la muerte nos separe". Rápidos y encantadores, los Leales pueden usar su ansiedad para ser graciosos. Los Seis, como Larry David, pueden convertir sus exageradas ansiedades, inseguridades y catástrofes en relleno para historias de autocrítica que harán reír a sus amigos por varios días. Escucha grabaciones viejas de Woody Allen si quieres oír a un Seis fóbico que hizo su fortuna contando sus dudas o a un contrafóbico, George Carlin, agresivamente cuestionando todo y a todos.

LOS SEIS EN LAS RELACIONES

La forma de ver la vida a través de una lente teñida por el miedo puede causar estragos en las relaciones de los Seis. No es fácil estar con ellos, especialmente al principio de las relaciones. Las personas que necesitan seguridad y certeza mantendrán su guardia alta. Tratarán de adivinar lo que estás pensando. Con miedo de ser sorprendidos emocionalmente, y al haber sido heridos en el pasado, buscarán indicios de traición inminente o abandono. Los Seis te harán preguntas como: "¿Estamos bien?" o "¿Qué pasa si algún día te despiertas y decides que ya no me amas?". Alternarán entre alejarte de ellos y aferrarse a ti. Y porque ellos son dubitativos, asumirán que tú también lo eres, lo que los lleva a cuestionarte. Esto no logra exactamente lo que ellos buscan, mayor compromiso y seguridad, porque ese nivel de queja tiende a alejar a sus seres queridos.

Les ayuda a los Seis en el medio de la duda que les recuerdes tu compromiso hacia ellos. Nunca regañes, desestimes o te burles de las dudas de un Seis sobre su relación contigo, a menos que quieras aumentar su ansiedad de que no funcionará. La clave es darles tranquilidad de manera razonada y calmada.

Aun cuando los Seis comienzan a confiar en su relación contigo, todavía les queda el resto del peligroso e inconstante mundo con el que tienen que lidiar. A veces es difícil estar con personas que siempre están imaginando y preparándose para desastres. Si tan solo pudieran dejar de ver todo tan feo y se relajaran, ¿no es cierto? Cuando los Seis se empiezan a atascar, en el peor de los casos, pídeles que te cuenten paso a paso la cadena de sucesos negativos que se imaginan. A cada paso, páralos y diles: "Tienes razón, eso suena mal. ¿Qué sucede luego o quién está ahí para ayudarte?". Después de un rato pasará una de dos cosas. La trama de su escenario de pesadilla se convertirá en algo tan irracional que será absurdo y comenzarán a reírse o empezarán a ver (a menudo con tu guía) que por más horrible que sea el temido hecho futuro, tendrán recursos tanto internos como externos para hacerle frente y prosperar si llegara a suceder. Recuerda: el pensamiento del peor de los casos debe ser manejado, y no descartado. Si los llamas pesimistas, solo argumentarán que son realistas.

Los Seis siempre van y vienen sobre las cosas y pueden ser exasperantes en una relación. Se deciden y después lo vuelven a pensar; se deciden y vuelven a pensarlo. Y justo cuando crees que finalmente tomaron una decisión, te despertarán en el medio de la noche para decir que cambiaron de idea. *Suspira.*

¿Cuál es la fuente de tanta vacilación? Nunca aprendieron a conectar y confiar en su sistema de direcciones interno. A menudo, dudan de su habilidad de tomar buenas decisiones porque, por regla, se olvidan de los éxitos pasados. A veces sus seres queridos deben recordarles lo bien que salieron las cosas la última vez que tomaron una decisión y se apegaron a ella o cómo superaron el momento si el resultado fue menos de lo que esperaban. Nadie batea mil en esta vida.

> "La ansiedad es como una silla mecedora. Te da algo para hacer, pero no te lleva muy lejos".
> *JODI PICOULT*

La maravillosa noticia sobre los Seis y sus relaciones es que son soldados. Con tiempo y tranquilidad, superan las dudas y cuestionamientos crónicos de la relación que tienen con su pareja. Cuando esto sucede, se pueden convertir en los compañeros más divertidos, estables y poco exigentes del mundo.

LOS SEIS EN EL TRABAJO

Años atrás, trabajé con un Seis llamado Dan, quien, en numerosas ocasiones, me salvó de mí mismo. En ese tiempo, yo era un pastor joven y demasiado seguro de mí mismo, con un coeficiente intelectual de 37 puntos, conduciendo al volante una iglesia de rápido crecimiento. Como cualquier buen Seis, Dan me vigilaba y, cuando veía que estaba a punto de tomar lo que él pensaba que era una decisión catastrófica, se ponía ansioso, me llamaba a un lado y me preguntaba: "¿Pensaste en lo que podría pasar si nos llevas en esta dirección?".

La mayoría de las veces, Dan me molestaba. Esa necesidad de expresar sus dudas y de hacer preguntas sobre mis ideas brillantes no solo frenaba nuestro avance, sino que me parecía un aguafiestas.

Sin embargo, en algunas instancias si no hubiera sido por sus dudas y preguntas, hubiera conducido a nuestra incipiente iglesia directamente al abismo.

Los Seis son perspicaces y analíticamente orientados a la resolución de problemas. Les encanta estar en el equipo de los desvalidos, tratando de resucitar una compañía o un programa fracasado cuando otros dicen que no se puede hacer. Un lanzador debe estar nervioso cuando un Seis llega a batear en la parte baja de la novena entrada, con el corredor ganador en tercera base. Ellos disfrutan la manera en que tener todas las probabilidades en su contra motiva al equipo, y son famosos por sacarse una victoria de la manga a la hora de la verdad.

Hay mucho que podemos aprender de los Seis. La mayoría de nosotros piensa y se mueve demasiado rápido. Tomamos decisiones sobre la marcha de forma precipitada e imprudente. Pero hay claridad y sabiduría que viene cuando estamos dispuestos a esperar y pensar en las implicaciones de nuestras decisiones. Al ser los abogados del diablo por excelencia, los Seis traen eso a la mesa donde sea que trabajen. Todo negocio necesita de un escéptico leal que no tenga miedo de hacer las preguntas difíciles o de mostrar las fallas de un plan. A una habitación llena de empresarios con exceso de cafeína y tolerancia al riesgo, puede no gustarle cuando un Seis haga una pregunta que explote el globo de su gran idea, ¡pero alguien tiene que ser la voz de la ansiedad!

A veces me pregunto cuántos Seis levantaron valientemente su mano para plantear la pregunta poco popular que echó a un presidente para atrás, lo suficiente como para que reconsiderara las consecuencias imprevistas de seguir una política de guerra. Tenemos una deuda de gratitud con estos Seis de visión clara.

Los empleados Seis te harán *muchas* preguntas, no necesariamente porque se estén oponiendo a la idea, sino porque están tratando de entender lo que deben hacer y para asegurarse de que alguien analizó el panorama completo, por si algo sale mal. Cuando estás intentando lanzar una nueva iniciativa y necesitas el apoyo de un Seis, escucha todas sus dudas y ansiedades. Les lleva un tiempo a los Seis pensar en temas y formular preguntas, así que publica la agenda de las reuniones de antemano. Sí, todas las preguntas y la revisión de hechos pueden frenar las cosas para el equipo, pero si dejas que los Seis expresen sus preocupaciones y contestas sus preguntas, los Leales te seguirán hasta el fin del mundo. Si no lo haces, vas solo.

Los Seis tienen sentimientos encontrados en cuanto al éxito. En las vísperas de una victoria pueden procrastinar, porque saben que el éxito atrae atención. A los Seis no les gusta la exposición que viene cuando están en la mira, porque los deja vulnerables a un ataque. Además, los Seis no prosperan en ambientes competitivos donde se enfrentan a sus propios colegas. Ganar a expensas de un compañero de trabajo no le sienta bien a la persona que se hace llamar Leal.

Los Seis tienen una extraña tendencia a creer que pensar en algo es lo mismo que hacerlo. Esto se hace más evidente en su lugar de trabajo. Así que si le preguntas a un Seis si está trabajando en ese proyecto que le diste, ¡dirá que sí aun cuando no ha hecho nada más que pensar en ello y planificarlo! Para ellos, pensar y hacer es lo mismo. En el trabajo, asegúrate de formular preguntas de seguimiento si realmente quieres saber dónde están parados en términos de progreso.

Al ser concienzudos, tienden a hacerse cargo de demasiado trabajo, lo que los deja estresados, resentidos y pesimistas. Cuando todo se vuelve demasiado abrumador, pueden reaccionar exageradamente, lo cual puede generar una reacción en cadena y enloquecer a otras personas. Cuando sucede esto, haz que achiquen sus tareas en partes manejables y anímalos a delegar más.

ALAS

Seis con ala Cinco (6a5). Estos Seis son más introvertidos, intelectuales, cautos, con autocontrol y aptos para buscar seguridad a través de una alianza con la figura de autoridad. Se inclinan hacia un sistema de creencias definido y un grupo que comparte sus valores. A veces son malinterpretados como distantes e indiferentes, pero a los 6a5 simplemente les gusta proteger su privacidad, participar de actividades solitarias y dedicarse a sus pasatiempos. El 6a5 necesita más tiempo a solas, lo que puede ayudarlo a tener una perspectiva más amplia de las cosas que contribuyen a su ansiedad. Lo contrario también es cierto, puesto que con un ala Cinco, los Seis pueden rumiar demasiado, exacerbando los pensamientos improductivos. Debido a que analizan en exceso los hechos por demasiado tiempo sin tomar acción, estos Seis pueden sufrir de parálisis analítica.

Seis con ala Siete (6a7). Los Seis con un ala Siete son una sorpresa placentera. Reflejando el carácter juguetón de los Siete (el Entusiasta), son divertidos, animados y aventureros. Están dispuestos a asumir riesgos, aunque sea solo un poco, así que los límites del Seis se expanden para acomodar más opciones. Pero los 6a7 no se separan por completo de su ansiedad, por lo que siempre hay un plan de respaldo en caso de que una aventura salga mal. Los Seis con un ala Siete son más extrovertidos y dispuestos a sacrificarse por un ser querido, que los Seis con ala Cinco.

ESTRÉS Y SEGURIDAD

Estrés. Con el estrés, los Seis se mueven al lado negativo de los Tres, donde pueden convertirse en adictos al trabajo que persiguen éxitos materiales o acumulan recursos para poder sentir más seguridad. En este espacio, los Seis están más propensos a distorsionarse y a proyectar una imagen de competencia para defenderse de su propia ansiedad y dar a los demás la impresión de que todo está en orden. No intentarán nada que no crean que puedan hacer exitosamente, lo, que, dado que ya carecen de confianza, significa que son reacios a asumir los riesgos necesarios.

Seguridad. Cuando los Seis se sienten seguros, se mueven hacia el lado positivo de los Nueve, donde son menos propensos a inquietarse por potenciales amenazas en su entorno. Bajo la influencia de la serenidad de los Nueve, los Seis dejan de planificar en caso de desastres y se sienten menos ansiosos con respecto a la vida en general. En este espacio son más alegres, flexibles, empáticos y energéticos. Aceptan a los demás, pueden ver la vida desde más de un ángulo y tienden a confiar en sus instintos, en lugar de confiar en figuras de autoridad, grupos o sistemas de creencias externos que interpreten la vida por ellos. Más confiados y menos cansados, los Seis conectados al lado positivo de los Nueve pueden creer que todo estará bien.

TRANSFORMACIÓN ESPIRITUAL

En el camino del crecimiento espiritual, los Seis deben aferrarse a dos cosas conflictivas en tensión: que viven en una cultura que nunca los dejará sentirse a salvo y que están a salvo.

¿Cómo podemos sentirnos a salvo en un mundo en el que, al sintonizar CNN, vemos a un presentador de noticias siempre preocupado, llamado Wolf, que viene a nosotros en vivo desde el salón de estrategias diciéndonos que nos quedemos viéndolo porque en sesenta segundos

> "La fe es un lugar de misterio, donde encontramos el valor en lo que no podemos ver y la fuerza como para abandonar nuestro temor a lo incierto".
> *RENÉ BROWN*

nos traerá "noticias de última hora"? Cuando era niño, noticia de última hora significaba que alguien tenía su dedo en el botón de la bomba nuclear. Ahora significa que Kim Kardashian amenazó con publicar una foto de su paragolpes trasero y que eso "hará colapsar internet". Nuestras propagandas de seguros muestran a un hombre desprevenido chocando en una intersección, mientras un locutor advierte: "Los problemas nunca se toman vacaciones; tampoco tu seguro". Ni siquiera quiero pensar en lo que sucederá si sobrevivo a mi jubilación. Si soy un Cuatro y estas cosas me asustan, no puedo imaginar cómo se debe sentir un Seis. Los Seis son propensos a interiorizar estos mensajes de miedo y desastre inminente, por lo que es vital para ellos reconocer este patrón y pensar dos veces antes de permitir que la ansiedad se apodere de sus vidas.

A los Seis se les debe alentar a que duden menos de sí mismos y que confíen más. Son más fuertes e ingeniosos de lo que creen. Solo que llevan a cabo la transformación de la manera equivocada. Piensan que el antídoto del miedo es el coraje, pero parece que nunca pueden reunir el coraje suficiente, así que, seguramente, esa no sea la respuesta. Lo que necesitan desarrollar es fe, que se diferencia de la valentía por el hecho de que no requiere certeza. La fe les pide a los Seis que crean y confíen en algo o en alguien más grande que ellos, que siempre los protegerá, que nunca los abandonará, sino que estará ahí para apoyarlos en tiempos de crisis.

Los Seis necesitan recordar la verdad espiritual de que, en última instancia, están a salvo. Esto no significa que estén mágicamente protegidos de desastres o calamidades, sino que desde una perspectiva eterna esta historia termina bien. Para que este mensaje penetre profundamente en sus huesos, tendrán que decidir que Dios tiene el control o que no lo tiene, que incluso si nada sale como lo tenían planeado, las cosas estarán bien.

DIEZ CAMINOS HACIA LA TRANSFORMACIÓN PARA LOS SEIS

1. Una práctica regular de oración o de meditación centradas es vital para cada número, pero en especial para los Seis. Tu mente nunca deja de funcionar. Está llena de voces que expresan opiniones vacilantes, dudas sobre la confiabilidad de otras

personas, escenarios imaginados en el peor de los casos y preguntas sobre tu propia capacidad para tomar buenas decisiones.

2. Mantente alerta a las tendencias no saludables en tu relación con la autoridad. ¿Sigues de manera ciega o te rebelas? Sería bueno encontrar un camino intermedio, más matizado y consciente.

3. Para desarrollar la autoconfianza y confiar en tu sistema de guía interior, lleva un registro en tu diario de aquellos momentos en los que tomaste buenas decisiones y disfrutaste del fruto de ellas o sobreviviste a las consecuencias de las malas decisiones. De cualquier manera, ¡todavía estás aquí!

4. Practica aceptar cumplidos sin desviarlos o sospechar de las motivaciones detrás de los elogios.

5. Cuando asumes el papel de abogado del diablo y señalas las potenciales fallas en las ideas y planes de otras personas, asegúrate de también reconocer las dimensiones positivas. No quieres tener la reputación de ser un aguafiestas.

6. Limita tu exposición al ciclo de noticias de veinticuatro horas o a libros y películas que refuerzan innecesariamente tu visión ansiosa o pesimista de la vida. (Francamente, hagámoslo todos.)

7. Mantente alerta en el comienzo de una relación para ver si surgen pensamientos y sentimientos de duda sobre el compromiso de tu pareja hacia ti. ¿Qué es lo que te hace cuestionarlos o aferrarte a ellos?

8. Aprende a reconocer la diferencia entre un temor legítimo y la ansiedad que flota libremente, y atribúyeles diferentes valores.

9. Memoriza y repite la hermosa oración de Julian de Norwich: "Todo irá bien y todo irá bien y toda clase de cosas irán bien".

10. La virtud contraria al pecado capital del miedo no es el coraje, sino la fe, la cual es un regalo. Ora por ella.

1. Soy el primero en embarcarse en una aventura de último momento.
2. Soy optimista hasta la médula.
3. No me gusta comprometerme de manera rápida y firme.
4. Sufro del miedo a perderme de algo.
5. La expectación es la mejor parte de la vida.
6. Dicen que puedo ser discutidor y actuar como si fuera superior.
7. La variedad y la espontaneidad son el condimento de la vida.
8. A veces me emociono tanto por el futuro que no puedo ni esperar a que llegue.
9. Es difícil para mí terminar las cosas. Cuando me acerco al final de un proyecto, ya estoy pensando en el siguiente.
10. A menudo evito las conversaciones pesadas y las confrontaciones intensas.
11. Cuando mis seres queridos pasan por un mal momento, les ayudo a ver el lado positivo.
12. Las otras personas piensan que estoy muy seguro de mí mismo, pero yo sé que tengo muchas dudas.
13. Soy popular y tengo muchos amigos.
14. Cuando las cosas se ponen serias, busco una manera de animar a la gente contando chistes e historias divertidas.
15. No me gustan los finales, así que normalmente espero a que las personas rompan conmigo.
16. Me aburro con la misma rutina y me gusta probar cosas nuevas.
17. Casi todo puede ser más divertido y entretenido con un poco de esfuerzo.
18. Creo que la gente se preocupa más de lo que debería.
19. La vida es mejor de lo que las personas imaginan. Todo es cuestión de cómo te la explicas a ti mismo.
20. No me gusta cuando las personas ponen sus esperanzas en mí.

11

TIPO SIETE

EL ENTUSIASTA

*Solo piensa en cosas felices
y tu corazón volará con alas.*

PETER PAN

Los *Siete sanos* saben que casi siempre "menos es más". Son conscientes de la energía que invierten en fabricar la *felicidad* y saben que la *alegría* es un regalo o una gracia que solo puede ser recibida. Han adoptado un alto rango de emociones humanas y crecen en su habilidad de aceptar la vida como es, y no como ellos quieren que sea. Son capaces de incorporar dolor y desilusión en toda su vida, en lugar de evitarlos. Cuando los Entusiastas están en un espacio sano, además de ser divertidos y aventureros, son sólidos espiritualmente, prácticos y resistentes.

Los *Siete promedio* reestructuran casi todo lo triste, limitante o que se puede percibir como un fracaso y cambian la narrativa para que, incluso los hechos más negativos, sean reformulados de una manera afirmativa. Encuentran mucha de su felicidad en la *expectativa* y mucha de su tristeza en la realidad de que sus expectativas casi nunca se realizan. Estos Siete entretienen al resto para sentirse seguros y para reclamar su lugar en un grupo. Aunque son muy populares, sienten que el compromiso es un desafío y tienen grandes problemas para terminar proyectos, a menudo saltando de una cosa a la otra.

Los *Siete enfermizos* se ven a sí mismos y a su entorno como inadecuados. Sienten lástima por ellos mismos y creen que tuvieron mala

229

suerte. Tratan de evitar el dolor a toda costa, lo que los conduce a un comportamiento irresponsable y a la búsqueda de gratificación instantánea. Estos Siete son a menudo imprudentes, arriesgando más de lo que pueden soportar perder, y son más propensos a la adicción que cualquier otro número.

Un sábado, mi esposa, Anne, me preguntó si yo podía ir al mercado Whole Foods a comprar algunos ingredientes para la cena y llevarme a nuestro hijo de ocho años, Aidan, conmigo. No soy un tacaño, pero comprar comestibles en Whole Foods tiene tanto sentido fiscal para mí como comprar tu maquinaria para el césped en Tiffany's. La insistencia de mi esposa, una aficionada de la salud, de que nuestros hijos coman solo alimentos sin pesticidas ha sido por mucho tiempo un punto de discusión entre nosotros. No importaba. Cada mañana, durante quince años, les puse un paquete de Cheetos a escondidas en sus bolsas de almuerzo para que pudieran tener la apariencia de una infancia normal. Hasta el día de hoy no ha podido comprender por qué me aman a mí más que a ella. A pesar de mi frustración, fui a Whole Foods con Aidan.

Lo primero que ves cuando entras a ese local de nuestra zona es la muestra de manzanas, una pirámide gigante y perfectamente hecha de manzanas Honeycrisps. Es tan imponente y artística que te hace preguntarte si contrataron al escultor Andy Goldsworthy para que la diseñara. Como cualquier niño pequeño, lo primero que hizo Aidan ese día al entrar a la tienda fue ir directo a la muestra.

—No toques las manzanas —le ordené en voz alta.

Asustado, Aidan se alejó de la exhibición de manzanas y yo me di vuelta para seguir buscando la leche de almendras. No pasaron ni cinco segundos cuando escuché un golpe sordo, casi como el sonido de una pelota de tenis golpeando en el techo de una tienda de campaña de lona, seguido de unos cuantos golpes más de tono bajo. Escuché el susurro colectivo de los clientes, mezclado con el rugido de lo que ahora llamamos en nuestra familia "la avalancha de manzanas de 2006". Cuando me di vuelta, vi a Aidan en cuatro patas, agarrando desesperadamente la fruta que rodaba, como si pensara que tenía tiempo de recogerlas y volverlas a apilar antes de que yo descubriera la naturaleza de su maldad.

Aidan parecía aterrorizado cuando me vio caminar hacia él con mi cara de "Pecadores en las manos de un Dios enojado". Pero entonces, como sorprendido por una idea brillante de último minuto para salvarse de su ejecución, estalló en una sonrisa, se puso de pie de un salto y empezó a bailar.

Cuando digo bailar, me refiero a bailar como James Brown en vivo en el teatro Apollo en 1962. Luego, observé cómo hacía la transición hacia el famoso baile de John Travolta de la película *Tiempos violentos*, con el signo de la paz a través de sus ojos. ¿De dónde aprende un niño de ocho años estas artimañas? Pocas cosas disuelven la furia de un padre como ver a un pequeño sonriente con una camiseta de "La vida es buena" bailando en medio de un mar de manzanas. Dios sabe que lo intenté, pero no pude evitar reírme junto con todos los espectadores en el pasillo mientras empujaba su pequeño trasero y se movía para hacer un giro. ¿Cómo regañas a un niño así? Por enésima vez en su corta vida, Aidan lograba transformar un crimen en una comedia.

Ahora un estudiante de primer año de universidad, Aidan hace la "caminata lunar" cada vez que pasamos por la exhibición de manzanas de Whole Foods, a modo de recordatorio de cómo logró evitar una muerte segura ese día. Y sí, todavía me hace reír. Es un Siete por excelencia en el Eneagrama.

EL PECADO CAPITAL DE LOS SIETE

Yo quisiera ser un Siete. Cuando son sanos, puede que sean mi número favorito del Eneagrama.

Los Siete representan la alegría y un amor ilimitado por la vida. La mayoría de las mañanas irrumpen en la vida como niños que acaban de descubrir que está nevando. Al mismo tiempo, no soy ingenuo. Como Aidan y muchos de mis amigos más cercanos son Siete en el Eneagrama, estoy muy familiarizado con su lado oscuro. Como es el caso con cada tipo del Eneagrama, lo mejor de su personalidad también es lo peor de su personalidad. Su don también es su maldición.

Raspa la pintura colorida de la superficie de un Siete y lo que encontrarás debajo es la necesidad de evitar el dolor. No puedo recalcarlo lo suficiente: los Siete no quieren sentir emociones negativas, particularmente esa mezcla de miedo y vacío que notan en su centro. Nadie disfruta sintiendo miedo, tristeza, aburrimiento, enojo, desilusión o frustración, pero para los Siete, emociones como esas son intolerables.

Estaba seguro de que era un Siete cuando supe que la *gula* era su pecado capital. Te invito a que pases una semana conmigo en Italia y te darás cuenta de por qué me categoricé mal. Pero, para los Siete, el pecado de la gula no se trata tanto de su afición por el *pennete al salmone* como de un reflejo de su necesidad compulsiva de devorar experiencias positivas, ideas estimulantes y cosas materiales costosas para evitar el sufrimiento, los recuerdos dolorosos y un sentimiento de privación crónica.

SIETE FAMOSOS
Robin Williams
Wolfgang Amadeus Mozart
Stephen Colbert

Los Siete ansían estimulación. Pregúntale a uno de ellos cuánto es suficiente y te dirá: "Solo un poco más". Y ese es el problema, nunca es suficiente, por lo menos para satisfacer el apetito voraz de un Siete. El psiquiatra y autor Gabor Maté compara a los adictos con "fantasmas hambrientos", criaturas rapaces que tienen "cuellos flacos, bocas pequeñas, extremidades demacradas y estómagos grandes, hinchados y vacíos". Es una imagen macabra, pero es una descripción acertada del dilema de los Siete. Como los "fantasmas hambrientos", los Siete se enfrentan a su tumulto interior atiborrándose de ideas interesantes, adquiriendo posesiones materiales de primera calidad, llenando sus agendas de actividades y aventuras, fantaseando con un futuro lleno de posibilidades excitantes y planeando su próxima gran expedición.

De acuerdo con el Eneagrama, lo opuesto de la gula es la sobriedad. Para los Siete, la sobriedad no significa dejar de beber, sino más bien disminuir la velocidad, vivir en el momento presente, ejercitar el autocontrol, controlar sus inquietas "mentes de mono" y ponerse a trabajar en los asuntos de la vida cotidiana. Ya sabes, todas las cosas que las personas normales como nosotros tienen que hacer.

Todos tenemos una forma de defendernos del dolor. Para los Siete, es mantener un panorama animado y positivo. La pregunta que siempre se hacen los Siete es: *¿Cómo puedo reunir la mayor cantidad de experiencias placenteras en este momento?* Su fuente de satisfacción nunca se encuentra dentro de sí o en el momento presente; siempre es externa y en un futuro lejano. Siempre hay algo que todavía no probaron, algo más que hacer, una nueva exploración que planificar. Este comportamiento exaltado es la forma de distraer su atención de las pérdidas y de la ansiedad no reconocida y desintegrada que los acecha. La mayoría de las personas saben que las emociones y verdades desagradables no se pueden evitar eternamente, pero no así los Siete. Creen que pueden huir de ellas para siempre. Como dice Richard Rohr: "Los Siete tratan de imaginar una vida donde no hay un Viernes Santo y es Pascua todo el tiempo".

Es difícil comprenderlo, pero los Siete son igual de miedosos que los Cinco y los Seis. Donde difieren es en la forma en la que se defienden: los Cinco alejan el miedo con conocimiento, los Seis con pesimismo y los Siete con un optimismo inagotable.

Si me dieras tan solo tres minutos para describir la estrategia de afrontamiento de un Siete, simplemente te cantaría algunos versos de la canción "Silbo una melodía alegre" del musical *El Rey y Yo:*

Cuando estoy asustado
Mantengo la cabeza en alto
Y silbo una melodía alegre
Así nadie sospecha que estoy asustado.

"Adentrémonos en la oscuridad y vayamos en busca de la aventura, esa caprichosa seductora".

J. K. ROWLING

Así es con los Siete, cuya determinación de negar el ingreso a las emociones negativas les termina costando su ser más auténtico. También se engañan a sí mismos, dado que ninguna cantidad de experiencias novedosas y aventuras emocionantes puede llenar ese vacío.

TODO SOBRE LOS SIETE O ENTUSIASTAS

Vivir por el mañana y hacer la vista gorda a los dolorosos asuntos del hoy suena a una gran manera de atravesar la vida y, ciertamente, hay momentos donde el optimismo indomable de los Siete es un regalo. Pero, a veces, este comportamiento crea problemas para los Siete y sus seres queridos.

Los Siete quieren evitar el dolor. Creen que pueden *pensar* para salir del dolor. Una vez le pedí a mi amiga Juliette que me describiera cómo es la vida de un Siete. Entre otras cosas, compartió cómo lidia con las emociones negativas intelectualizándolas. "Para mí, la preocupación y el estrés son más fáciles de tratar porque puedo trabajarlas con mi mente", dijo. "Emociones como la desilusión, el duelo o la tristeza son más difíciles porque tengo que sentirlas".

Cuando le pregunté a Juliette si había consultado con un terapeuta, se rio y dijo: "Ni bien el terapeuta logra acercarme a un tema doloroso, instantáneamente cuento un chiste o una historia graciosa sobre algo divertido que hicieron los chicos esa semana, para sacarlo del tema y evitar las emociones negativas". Los Siete hacen todo lo posible por evitar el dolor y la introspección, lo que hace que la autoconciencia que se necesita para el crecimiento sea un reto más grande para los Siete que para la mayoría de los otros tipos.

Pero la forma en que evitan el dolor es muy entretenida. Si mi experiencia con Aidan en el mercado nos dice algo, es que el carisma es una de las primeras líneas de defensa para un Siete. A los padres, maestros y entrenadores enojados les resultará casi imposible disciplinar la picardía de los Siete. Salen de casi cualquier cosa solo hablando. Si Adán y Eva hubieran sido Siete, todos seguiríamos viviendo en el Jardín del Edén.

Cuando las situaciones se vuelven demasiado intensas o angustiosas emocionalmente, los Siete sentirán un impulso irreprimible de aligerar un poco la carga. Ellos son los que deslizan una broma digna de una mueca en un elogio fúnebre, se ríen incontrolablemente durante una escena triste de una película o fingen un caso grave de hipo para distraer a la gente mientras su jefe está anunciando despidos obligatorios. Mientras que las elecciones que toman los Siete para evitar la ansiedad o las sensaciones desagradables pueden ganarles la popularidad del payaso de la clase, no parecen poder hacer una conexión entre su comportamiento inmaduro y el hecho de que las personas dicen que les falta profundidad emocional e intelectual. Si nunca hacen su trabajo, los Siete adultos desarrollan la reputación de no ser capaces de nadar fuera de la parte poco profunda de la piscina.

Lo último que quisiera es un mundo sin los Siete. Son seres humanos maravillosos, sobre todo cuando aprenden a enfrentarse al hecho de que la vida está hecha de momentos de agonía y de éxtasis. El problema es que demasiados de ellos se conforman con ser Peter Pan, no quieren crecer nunca.

Los Siete son vulnerables a las adicciones. Varias mañanas a la semana voy a reuniones de los doce pasos. No es frecuente ver a tantos Siete reunidos en un mismo lugar a la vez. No todos los Siete se convierten en adictos, pero su impulsividad y su dificultad para retrasar la gratificación, combinadas con su deseo de escapar de las emociones conflictivas a toda costa, los hacen más propensos a la adicción que cualquier otro número del Eneagrama. ¿Para qué sufrir una avalancha de emociones terribles y aterradoras, cuando media botella de vino, unas horas en un sitio porno, un puñado de oxicodona, un juego de blackjack, un cuarto de helado o un atracón de compras ofrecen una fuente fácil y rápida de alivio del dolor?

"No soy una alcohólica, pero un día me di cuenta de que, cada vez que voy a fiestas, tomo tres vasos de vino para poner una capa de protección entre yo y esa persona parecida a Ígor, el burro de Winnie-the-Poo, que quiere arrastrarme a una conversación sobre un tema deprimente", me dijo Juliette. "No me gusta nada ni nadie que me deprima".

En mi opinión, los Siete son particularmente vulnerables a la adicción, a la pornografía. Piénsalo: puedes disfrutar de una emoción erótica que adormece los sentimientos negativos y, como ventaja adicional, puedes engañarte a ti mismo haciéndote creer que estás teniendo una experiencia íntima con otra persona sin tener que dar un paso al frente y comprometerte con ella, algo que los Siete evitan hacer.

El juego compulsivo también es una tentación particular para los Siete, cuyo optimismo natural los convence de que la próxima mano será la ganadora o de que su suerte está a punto de cambiar. El juego tiene todo lo que los Siete encuentran atractivo, como posibilidades excitantes y la buena suerte del futuro, así que es muy fácil para ellos sentirse atraídos. Como dije, no todos los Siete se vuelven adictos, pero tienen que cuidarse.

Los Siete son los maestros del cambio. Los Siete son maestros en lo que se llama "reencuadre". En un abrir y cerrar de ojos pueden tomar una mala situación y ponerla bajo una luz positiva para eludir el dolor que tú y yo experimentaríamos si nos pasara lo mismo. Este mecanismo de defensa es inconsciente, instantáneo e impresionante.

Hace un tiempo, mi amigo Bob era el productor de videos musicales más buscado en todo el mundo. Después de un tiempo, se aburrió y se disgustó tanto de dirigir películas de cuatro minutos con mujeres semidesnudas bailando al ritmo de una música atroz, que se prometió a sí mismo nunca más producir una.

Hace poco, mientras almorzábamos, Bob me contó que hacía unos meses atrás había faltado a su promesa porque aceptó filmar un video para un gran cantante de country, porque "el dinero era demasiado bueno como para decir que no". Esa mañana, el representante del artista lo había llamado para decirle que estaban desilusionados con las tomas y que iban a contratar a otro director para volver a filmar el video.

—Honestamente, creo que es una bendición —me explicó Bob—. Lo veo como la confirmación de Dios de que tengo que mantenerme alejado de hacer videos musicales y continuar enfocado en mi nueva carrera.

Bob y yo somos amigos hace mucho tiempo y él conoce muy bien el Eneagrama, así que le pregunté si su respuesta a esa llamada telefónica no era un ejemplo justo de un Siete poniéndole un final feliz con cinta de embalar a una nube negra. Dio vueltas a mi pregunta hasta que, finalmente, se dio por vencido, rio y dijo:

—Tengo un bolsillo lleno de finales felices.

—Deberías tomarte tu tiempo para interiorizar lo que sientes por perder ese trabajo —le dije yo.

—Lo voy a pensar —dijo él, sabiendo que esa era la respuesta perfecta de alguien de la Tríada de la cabeza.

(Para que conste, la nueva trayectoria profesional de Bob implica colgarse de la puerta de un helicóptero y filmar videos aéreos de leones corriendo alrededor del Serengueti. Vende esas películas a empresas de turismo de aventura, que las utilizan como piezas promocionales para sus sitios web. Lo sé, es demasiado perfecto.)

Observa y asómbrate cuando los Siete comienzan a racionalizar. Si les llamas la atención por un acto egoísta o por tener una mala actitud o les adviertes que no tomen una decisión tonta, escalarán la barricada y defenderán hasta la muerte lo razonable de su decisión. Pensarán en un millón de buenas razones para hacer lo que quieren hacer, sin importar lo que les costará a ellos y a los demás. Su letanía de justificaciones no es más que una estrategia para no sentirse culpables por ser egoístas o estúpidos por haber tomado una decisión imprudente.

Al ser estudiantes rápidos y brillantes, los Siete pueden desarrollar un sentido desmesurado de su propio talento, inteligencia y proeza y se convierten en arrogantes. Les encanta debatir ideas y son tan elocuentes y rápidos que rara vez pierden una batalla de ingenio, incluso cuando saben menos sobre el tema que su oponente. Definitivamente, pueden sufrir de un complejo de superioridad.

Los Siete son escapistas a la par de David Blaine. Siempre necesitan y siempre van a tener una ruta de escape o un plan alternativo en caso de que la vida se ponga aterradora, aburrida o incómoda. De camino al cine, una noche, mi amigo Bob y yo pasamos por una galería de arte donde la gente se estaba juntando para el estreno de una exhibición de fotos. "Perfecto", dijo. "Si la película es muy mala podemos escaparnos y venir aquí". Él es realmente asombroso.

Los Siete no quieren ser atados. Los Siete necesitan flexibilidad y evitar tomar compromisos a largo plazo y de opciones limitadas. Anne y yo frecuentemente lamentamos no haber conocido el Eneagrama cuando crecían nuestros hijos. En quinto grado, Aidan era un baterista prometedor, pero se enfurecía cada vez que le sugeríamos que se uniera a la banda de la escuela. Tener que comprometerse a ir al ensayo de la banda dos veces por semana después de la escuela sonaba más a encarcelación voluntaria que a algo divertido. Anne y yo, eventualmente, lo convencimos de que probara la banda una vez. Su respuesta después del ensayo fue predecible. "Lo odié", gruñó. "El director dijo que tenía que tocar las notas que aparecían en la partitura como todos los demás. ¡A mí me gusta *improvisar!*".

> "Nunca es demasiado tarde para tener una niñez feliz".
> **TOM ROBBINS**

Por mi experiencia personal puedo decirte que no querer tocar lo que aparece en la partitura es un patrón de comportamiento de muchos Siete. Helen Palmer los llama los *gourmet*, por la forma en que les gusta deleitarse con las mejores posibilidades de la vida. Si no me crees, ve a cenar con un Siete. Son los primeros en oler el menú especial. "¡Santo Dios, ¿hueles ese curry?!", dirán con una expresión eufórica en su rostro.

Si realmente quieres ver a un Siete deleitarse, llévalo a un restaurante tipo buffet. Son los tipos en la fila que llenan su plato porque no pueden soportar la idea de no probarlo todo. Si los llevas a un restaurante al cual ya fueron, definitivamente no van a pedir lo mismo, aun cuando les haya encantado la primera vez. ¿Qué tipo de persona se conformaría con la misma vieja opción cuando puede probar algo diferente y emocionante?

Los Siete viven para la próxima aventura. Los Siete entienden perfectamente lo que Andy Warhol quiso decir con: "La idea de esperar algo lo hace mucho más excitante". Estos buscadores de placer saborean la anticipación. Para ellos, la mejor parte de una comida, una fiesta o un viaje no es cuando llega; es la emoción de la expectativa que conduce a la experiencia. Por eso, los Siete a veces se sienten decepcionados cuando aparece la costilla asada, cuando llegan los invitados a la fiesta o cuando están parados en la base de la torre Eiffel. La realidad no podría estar a la altura de sus expectativas. El placer está en la espera, no en la saciedad. (Sí, se me ocurrió a mí la última frase. Puedes usarla.)

Los Siete se aseguran de tener algo que hacer por las dudas de que un sentimiento adverso haga aparición en su agenda. "Sé que estoy ansiosa cuando no dejo de mirar mi calendario para ver lo que se avecina", me confesó mi amiga Juliette.

Aidan pasó su penúltimo año de la escuela secundaria estudiando los clásicos en Italia. Unas semanas antes de regresar a casa, nos llamó para contarnos sobre un programa de verano sobre los clásicos en Oxford.

"Se vería genial en mis aplicaciones para la universidad", nos dijo. "No solo eso, los vuelos de Italia a Inglaterra están muy económicos ahora". Sabía exactamente lo que mi especialista en racionalización estaba haciendo. En lugar de sentir tristeza por tener que despedirse de sus amigos y enfrentar la realidad de regresar a casa para pasar su décimo y último año de campamento de verano, él había corrido a su computadora y buscado en internet una nueva aventura.

Desafortunadamente, a los Siete les cuesta tanto trabajo permanecer en el presente, que nunca llegan a disfrutar del todo de las aventuras que están experimentando porque ya están pensando y planeando la siguiente.

LOS SIETE COMO NIÑOS

Los Siete, a menudo, describen infancias llenas de columpios en los árboles, tardes de verano perezosas en las que se la pasaron pescando con el tío Henry, días de invierno construyendo fuertes

de nieve y yéndose de campamento. ¿En serio? Nada es tan fácil
en la vida.

Si logras que los Siete se abran y hablen sobre su infancia, des-
cribirán momentos en los cuales se sintieron abrumados o abandonados y sin apoyo, como la noche en que mamá y papá los sentaron
para anunciarles que se estaban separando; o cuando su hermano
contrajo una enfermedad grave de por vida, que les quitó la atención de mamá durante años; o la mudanza de último momento,
que ocurrió tan rápido que apenas tuvieron tiempo de despedirse
de sus amigos; o la pérdida de alguien cuya muerte se percibió más
bien como un abandono.

En sus años de desarrollo, los Siete escucharon el hiriente mensaje: "Estás solo en esto. No hay nadie para apoyarte o cuidarte".
Como respuesta, los Siete dijeron: "Lo haré yo si nadie más lo
hace". Pero, así como los Cinco lidiaron con la misma crisis redu-
ciendo su necesidad de depender de los demás y los Seis lo resolvie-
ron intentando anticiparse a cada desastre posible, la estrategia de
los pequeños Siete consistía en crear una Tierra del Nunca Jamás,
sin dolor en su mente, donde pudieran esconderse y tener pensamientos felices hasta que su dolor se disolviera.

Sin importar los factores subyacentes, cuando niños los Siete
adoptan una estrategia de meterse en su cabeza para planear aventuras, albergar ideas cautivantes e imaginar una vida donde el cielo
es el límite para desactivar emociones negativas cuando temen que
los van a abrumar. A estos niños no solo les entretiene Peter Pan;
son los que, al igual que Peter, realmente creen en la magia. Viven
escenas imaginarias en sus habitaciones, sus patios traseros y el
asiento de atrás del auto. Los hace felices jugar con otros y sienten
satisfacción cuando están solos.

La curiosidad define a los Siete, lo cual es parte del regalo que
son para ellos mismos y para el mundo. Pero la curiosidad sin límites también es parte del problema. Las reglas son necesarias, pero

los niños Siete las encuentran insufriblemente limitantes. El césped es siempre mucho más verde del otro lado de la reja. Cuando están restringidos por límites de cualquier tipo, se retiran a sus cabezas, donde confían en su imaginación, la cual les proporcionará todo el entretenimiento que necesiten hasta que se levanten las restricciones impuestas.

Los chicos Siete no están orientados tanto a los logros como a las experiencias. Les gusta la parte divertida de los Boy Scouts, pero no les interesa tanto la parte de ganar insignias o avanzar hacia una meta. Eso no quiere decir que sean perezosos, lejos de ello. Los Siete siempre están en movimiento; son los chicos que se quieren quedar más tiempo y jugar más. Tienen energía ilimitada día tras día en su mundo y nunca parecen querer terminar.

Emocionalmente, los jóvenes Siete ya están aprendiendo el arte de negar los sentimientos negativos. Para estos chicos, sentirse bien en vez de mal parece ser una elección, así que les confunde la tristeza de otros. Se alejan de todo lo negativo hacia todo lo positivo, aun cuando esto signifique reencuadrar sus experiencias para transformarlas en una narrativa más alegre. Los Siete aprenden a alejarse del miedo y del dolor en la infancia y llevan esa estrategia a su adultez.

LOS SIETE EN LAS RELACIONES

No existen los momentos aburridos con los Siete. Necesitan de espontaneidad más que cualquier otro tipo. Siempre están hablando o planeando su próxima escapada o pidiéndote que te unas a una. Ya sea una noche de comida exótica en un restaurante étnico nuevo, un día de paracaidismo desnudos, una conferencia sobre arte cubista en el museo, una noche de ópera o un viaje por carretera de último minuto, los Siete son los primeros en apuntarse y correr hacia el auto. Si no estás listo y deseoso de ir a algún lado en un momento dado, tu relación con un Siete probablemente no durará.

Los Siete no quieren tener nada que ver con relaciones enclaustradas. Son los clásicos fóbicos del compromiso. Para los Siete, "atascado" y "compromiso" se ven y se sienten igual. Como observa Helen Palmer, dado que los Siete atesoran su independencia, necesitan que les hagan creer que un compromiso relacional es idea suya, y no algo que otro les impone. A largo plazo, algunos de ellos tienen dificultad para quedarse con una pareja en las buenas y en las malas.

Si estás o alguna vez estuviste en una relación comprometida con un Siete, sabes los maravillosos compañeros que son. Debido a que su estilo de hablar es *contar historias*, pueden mantener a un grupo en vilo mientras representan con entusiasmo una historia de algo que les sucedió. Siempre están interesados en tu vida interior. Querrán saber la historia de tu vida y te atraerán a su mundo emocionante. A veces, sin embargo, su fascinación por tu vida es más un síntoma de su glotonería que una señal de interés genuino. Además, tu relación con un Siete siempre tiene que evolucionar con el tiempo, o ellos comenzarán a buscar la salida de emergencia.

El miedo a las emociones negativas que surge en momentos de conflicto desencadenará la negación de un Siete. Puede que tengas que prender fuego a tu cabeza para que un Siete se dé cuenta de que algo no está funcionando. Por supuesto, el momento de la verdad viene cuando un Siete tiene que tomar la decisión de si mantiene un compromiso a largo plazo o no.

Para algunos Siete, el final de una relación puede ser muy difícil. Es difícil dejar atrás o reprimir la tristeza asociada a una ruptura. Pero algunos Siete y sus amigos me contaron que se pueden alejar de una relación casi sin ningún tipo de emoción negativa. La represión de sus emociones puede hacerles parecer fríos o con falta de empatía.

Los Siete quieren mantener todas sus opciones abiertas. Son las personas que cuando las invitas a una cena el viernes, te dicen que te confirman luego. Después de todo, ¿qué tal si alguien los convida a hacer algo más emocionante entre ahora y el viernes?

No es raro escuchar que los amigos de un Siete digan que se sintieron abandonados por ellos en más de una ocasión. Tienden a comprometerse en exceso socialmente, puesto que los Siete aborrecen el vacío y los agujeros en sus calendarios los amenazan con el aburrimiento. A veces, sus relaciones bien establecidas tienen la última prioridad cuando los Siete corren hacia nuevas amistades y experiencias estimulantes.

Sin saberlo, las personas cuentan con los Siete para su suministro de entusiasmo contagioso en cada actividad que hacen con ellos. Nos dimos cuenta de eso en un viaje familiar reciente a Italia. Cada mañana, nuestra familia se reunía para desayunar y planificar las actividades de la jornada. Un día, en Florencia, Aidan dijo que quería hacer un viaje en góndola por el río Arno, mientras que el resto votó por realizar la famosa subida al domo en la catedral principal de la ciudad. Como todos los Siete, Aidan ocasionalmente se vuelve intratable cuando los demás ponen un freno a sus planes, pero ese día él se encogió de hombros y aceptó ir.

Hay 463 escalones muy empinados hasta la cima del domo. Si Aidan hubiera sido el exuberante de siempre, el ascenso habría sido una brisa. Durante todo el camino habría estado contando chistes o corriendo hacia adelante y gritándonos que nos diéramos prisa. Ese día, sin embargo, Aidan era más un plato de cereales que un rico helado. No estaba malhumorado o vengándose de nosotros. Lo que habíamos decidido hacer había cambiado la configuración de la rueda que controla la llama de su entusiasmo de su modo predeterminado alto a medio bajo. Escalar el domo sin el beneficio del entusiasmo característico de Aidan era como escalar el Everest sin el beneficio del oxígeno.

Mis hijos conocen muy bien el Eneagrama, así que durante la cena esa noche hablamos de lo mucho que nosotros, como familia, habíamos llegado a depender de Aidan para infundir en nuestras actividades su espíritu exuberante. Le aseguramos que ya no tenía que hacer el papel de bufón de la corte para nosotros. Pero que habíamos aprendido nuestra lección; si a la mañana siguiente él anunciaba que quería enderezar la torre de Pisa, aceptaríamos ayudarlo si estaba emocionado por hacerlo. Ahora sabemos que no hay sol cuando él no está.

Los Siete preferirían comer vidrio a aburrirse. Cuando surge el aburrimiento, los Siete se ponen hiperactivos y hablan de más, sus mentes corren más rápido de lo usual y se malhumoran. Frecuentemente, recuerdo a un amigo que tiene dos chicos pequeños que se extralimitan cuando no tienen nada que hacer y empiezan a correr en círculos alrededor de la casa como caballos de carrera locos por haber ingerido pastillas de Adderall. Para interrumpir el circuito, tienes que agarrarlos, hacerlos respirar profundamente diez veces y repetir la frase: "Estás aquí, ahora". Del mismo modo, cuando los Siete adultos comienzan a correr frenéticamente de un proyecto a otro sin terminar ninguno, necesitan amigos o compañeros que los detengan y les digan: "¡Espabílate!".

A los Siete les fascina la vida de los demás y se sienten atraídos de manera contradictoria hacia las personas por quienes han sufrido. Es como si, instintivamente, supieran que esa gente posee una profundidad emocional que ellos anhelan, pero no saben cómo desarrollar. También puede ser que no quieran enfrentar el hecho de que el dolor es el único punto de ingreso a una vida más profunda.

Para ser claros, los Siete pueden entrar a espacios emocionales oscuros, pero solamente pueden quedarse ahí un periodo corto de tiempo antes de escapar. Muchos Siete se resisten cuando describes su necesidad de evitar el dolor. "Siempre estoy escuchando bandas sonoras de películas melancólicas, pasando tiempo solo y pensando en mi vida", protestan. Es cierto, de vez en cuando los

Siete elegirán mojar sus pies en las aguas de la tristeza, pero siempre es bajo sus propias condiciones y bajo su control.

LOS SIETE EN EL TRABAJO

Los siete matarían por la oportunidad de tener trabajo en uno de esos programas del canal de comida y viajes. Volar por el mundo, explorar nuevas culturas, conocer personas fascinantes y probar comidas extrañas, y nunca saber lo que va a suceder de un momento a otro, ¿no es cierto? Trabajos como ese no se dan muy a menudo, pero los Siete necesitan empleos en entornos creativos y de ritmo igualmente rápido, que les proporcionen independencia, variedad de actividades y flexibilidad.

Los Siete son soñadores e iniciadores. Dales un marcador y una pizarra blanca y hazte a un lado. Su habilidad para sintetizar información de una gran variedad de áreas, identificar patrones escondidos y conectar puntos dentro de áreas de conocimiento muy complejas y darse cuenta dónde se alinean los diferentes sistemas, los hacen prolíficos generadores de ideas. Agrégale a eso su habilidad analítica y su capacidad para visualizar el futuro preferido de una organización y tendrás a alguien que inyectará de adrenalina al equipo y los hará contribuyentes invaluables al avance de la misión de cualquier corporación.

Los Siete son estrellas de rock cuando se trata de trabajar en proyectos de corto plazo o de poner en marcha empresas. Su optimismo, impulso creativo y su espíritu energético mueven las cosas a un ritmo acelerado. Sin embargo, hay que estar prevenido; los Siete no son gerentes ni mantenedores, así que tendrás que encontrar a alguien más para que supervise la fase de ejecución mientras liberas al Siete a una nueva aventura. Además, ellos son maravillosos jugadores de equipo. Amistosos y populares, traen la variedad y la espontaneidad necesarias en un ambiente de trabajo.

A los Siete no les gusta que les digan lo que tienen que hacer, así que trabajar para un líder controlador que les impone demasiadas limitaciones rara vez funciona. A veces, manipulan a las figuras en lugares de autoridad con su carisma y encanto, pero no es una situación sostenible con el tiempo. Los Siete trabajan mejor bajo condiciones que ofrecen tanto firmeza como flexibilidad. Sí, necesitan que alguien controle que cumplan y se mantengan en el camino correcto, pero lo mejor es darles una correa larga, una descripción de trabajo multifacética y ánimo para seguir encaminados. Los Siete pueden ser grandes líderes, siempre y cuando no tengan que cargar con el peso de demasiada responsabilidad. Frecuentemente, tienen dificultad al tomar decisiones profesionales. Después de todo, decir que sí a una cosa significa decir que no a otra, y eso significa reducir las opciones.

ALAS

Siete con ala Seis (7a6). Estos Siete están más asentados que otros Siete. Impulsados por el esmero de los Seis, dan a los proyectos y a las personas más tiempo antes de pasar a lo siguiente. Estos Siete son sensibles y un poco más ansiosos, pero utilizan su encanto exitosamente para bajar las barreras. Una vez que se comprometen a mantener una relación, tienen una buena oportunidad de mantenerse conectados y de resolver los desafíos que se presentan en ella. Estos Siete son diligentes y leales a su familia y sus amigos. Son graciosos, entretenidos y aceptan a los demás.

Siete con ala Ocho (7a8). Los 7a8 son competitivos, atrevidos y agresivos. Reflejando la bravuconería característica de los Ocho, son persuasivos y asertivos en relación con sus ideas y agendas y, por lo general, se salen con la suya. Siguen siendo juguetones y pasarla bien es mucho más importante para ellos que adquirir poder. Estos Siete se aburren fácilmente, así que frecuentemente comienzan cosas que no terminan. Disfrutan de estar en relaciones, siempre y cuando tengan algo para contribuir a la felicidad de su pareja. Vivir dentro de una relación infeliz es muy frustrante para estos Siete y, sin embargo, los finales son devastadores.

ESTRÉS Y SEGURIDAD

Estrés. Cuando están bajo estrés, los Siete pueden adoptar las conductas enfermizas y perfeccionistas de los Uno. Se vuelven pesimistas, críticos y argumentativos. Comienzan a culpar a los otros por sus problemas y recaen en los pensamientos en blanco o negro.

Seguridad. Cuando los Siete se sienten seguros, se pueden empezar a comportar como los Cinco sanos. Dejan de consumir y empiezan a contribuir, están más cómodos con el silencio y la soledad, se ponen más serios y comienzan a pensar en el sentido y el propósito de sus vidas. Los Siete del lado positivo de los Uno exploran las cosas a un nivel más profundo que otros Siete y pueden nombrar y enfrentar sus miedos. Aquellos que están conectados del lado positivo de los Cinco, pueden experimentar la satisfacción en el sentido más puro de la palabra.

TRANSFORMACIÓN ESPIRITUAL

¿Qué haríamos sin los Siete? ¡Traen tanta alegría a nuestras vidas! ¿Quién mejor que los Siete para despertar al niño que tenemos dentro, rescatarnos de tomarnos demasiado en serio o ayudarnos a apreciar el milagro de la vida?

Pero aquí está la dura verdad: el dolor es inevitable. De camino a la transformación espiritual, los Siete deben aprender a abrazar y administrar su sufrimiento, en lugar de huir de él.

Como dijo Michel de Montaigne alguna vez: "Aquel que teme sufrir, ya sufre de lo que teme". En otras palabras, las estrategias de los Siete para evitar el dolor crean más sufrimiento para ellos. Hasta que aprendan esto, los Siete son como adictos que deberán seguir aumentando la dosis de ideas fascinantes, experiencias nuevas y sentimientos placenteros autogenerados para reprimir aquellos que quieren mantener fuera de su conciencia. Es tiempo de que los Siete dejen de consumir y empiecen a contribuir. La verdadera felicidad y satisfacción no puede ser tomada a la fuerza o manufacturada cuando la necesitamos; es el resultado de vivir una vida enfocada y productiva que le da algo de regreso al mundo. Como escribió Thomas Merton: "En un mundo lleno de tensiones y rupturas, es necesario que existan aquellos que buscan integrar sus vidas internas, sin evitar la angustia o huir de los problemas, sino enfrentándose a ellos en su realidad desnuda y en su cotidianeidad".

El mensaje sanador que deben escuchar y creer los Siete es que *Dios se ocupará de ellos*. Sé que es más fácil decirlo que hacerlo. Se necesitará coraje, determinación, honestidad y la ayuda de un consejero o director espiritual y amigos comprensivos para ayudarles a confrontar recuerdos dolorosos y animarlos a sobrellevar los sentimientos de aflicción a medida que surgen en el momento. Si los Siete cooperan con el proceso, crecerá su corazón y se convertirán en personas realmente integradas.

DIEZ CAMINOS HACIA LA TRANSFORMACIÓN PARA LOS SIETE

1. Practica la restricción y la moderación. Sal de la cinta de correr que te dice que más es siempre mejor.
2. Sufres de "mente de mono". Desarrolla una rutina diaria de meditación para liberarte de tu tendencia de saltar de una idea, tema o proyecto a otro.
3. Desarrolla y practica la disciplina espiritual de la soledad de forma regular.
4. Reflexiona sobre el pasado sin temor y haz una lista de las personas que te hirieron o que heriste; luego perdónalas y perdónate.

5. Date una palmada en la espalda cada vez que te permitas sentir una emoción negativa como la ansiedad, la tristeza, la frustración, la envidia o la desilusión, en lugar de escaparte de ella. Es una señal de que estás empezando a crecer.

6. Regresa al momento presente cada vez que comiences a fantasear sobre el futuro o a hacer demasiados planes para él.

7. Haz ejercicio diariamente para quemar el exceso de energía.

8. No te gusta que te digan que tienes potencial porque significa que sentirás presión para anclarte y comprometerte a cultivar un talento específico, lo que inevitablemente limitará tus opciones. Pero tienes potencial, así que ¿en qué profesión o camino de vida te gustaría comprometerte a largo plazo? Toma pasos concretos para utilizar los dones que Dios te dio.

9. Usa un diario de vida y escribe tus respuestas a preguntas como: ¿qué significado tiene mi vida?, ¿de qué recuerdos o emociones estoy huyendo? y ¿dónde está la profundidad que anhelo que complemente mi inteligencia? No abandones este ejercicio hasta que esté terminado.

10. Haz el compromiso de que cuando un amigo o pareja esté sufriendo, tratarás simplemente de estar presente con ellos mientras están atravesando el dolor, sin tratar de animarlos artificialmente.

12

¿Y AHORA QUÉ?

EL PRINCIPIO DEL AMOR

El principio del amor es la voluntad de dejar a aquellos
que amamos ser perfectamente ellos mismos, la resolución
de no torcerlos para que encajen con nuestra propia
imagen. Si al amarlos no amamos lo que son, sino solo su
parecido a nosotros, entonces no los amamos: solo amamos
el reflejo de nosotros que vemos en ellos.

THOMAS MERTON

Rebecca, una amiga de Suzanne, es una enfermera que trabaja con niños con discapacidad visual profunda. Como parte de su trabajo, ella lidera grupos de apoyo para padres cuyos hijos acaban de recibir un diagnóstico. Estos padres, en su mayoría madres jóvenes, están confundidos, heridos y a veces enojados, y Rebeca les brinda orientación sobre cómo atravesar estos desafíos que nunca sospecharon que la vida les echaría encima.

Además de los consejos prácticos, la parte más valiosa de los talleres llega cuando Rebecca les entrega a los padres anteojos que se relacionan con la discapacidad específica de cada niño. Casi siempre los padres estallan en llanto. "No tenía idea que mi hijo veía el mundo de esta manera", le dicen. Una vez que tienen la experiencia de observar a través de los ojos de sus hijos, dejan de experimentar el mundo de la misma forma. Puede que sigan enojados por el diagnóstico, pero dejan de estar frustrados con sus hijos porque incluso una breve exposición a la difícil realidad de estos chicos solo puede inspirar compasión en sus padres.

Ese es el regalo del Eneagrama. A veces las personas hablan del Eneagrama como una herramienta que revela la lente a través de la cual las personas ven el mundo. Cuando te das cuenta de que tu esposo Leal Tipo Seis lo ve como un lugar lleno de peligros e incertidumbres y él, en cambio, se da cuenta de que cuando tú te despiertas por la mañana como una Triunfadora Tipo Tres, sientes la urgencia de competir y sobresalir en todos lo que haces, es increíble cuánta más compasión pueden tener el uno por el otro. Todo deja de ser tan personal. Entiendes que el comportamiento de tu ser querido nace de una biografía singular, una herida particular, una visión fracturada de la vida.

Ahora que entiendes lo básico del Eneagrama, Suzanne y yo esperamos que te ocurran dos cosas. La primera es simplemente que suscite una mayor compasión por los demás y por ti mismo. Si todos pudiéramos tener los nueve pares de lentes del Eneagrama e intercambiarlos, eso nos persuadiría a extender más gracia y comprensión entre nosotros. Tal compasión es la base de las relaciones. La compasión lo cambia todo.

> "Compasión es un verbo".
> **THICH NHAT HANH**

El Eneagrama muestra que no podemos cambiar la forma en que ven los demás, pero sí podemos tratar de ver el mundo a su manera y ayudarlos a cambiar lo que *hacen* con lo que ven. Me gusta la forma en que lo explica el Maestro Budista Thich Nhat Hanh: "Cuando nuestros corazones son pequeños, nuestra comprensión y compasión son limitadas y sufrimos. No podemos aceptar o tolerar a los demás y sus defectos y les exigimos que cambien", dice. "Pero cuando nuestros corazones se expanden, estas mismas cosas no nos hacen sufrir más. Tenemos mucha comprensión y compasión y podemos abrazar a los demás. Los aceptamos como son y entonces tienen la oportunidad de cambiar".

Piensa en esa última oración por un momento. Es cuando dejamos de intentar cambiar a las personas y simplemente las amamos, que tienen una oportunidad de transformación. El Eneagrama es una herramienta que despierta nuestra compasión por las personas tal como son, y no como deseamos que fueran para facilitar nuestras vidas.

Después de leer este libro, esperamos que te sientas motivado a ensanchar el círculo de tu compasión para incluir a más personas a tu alrededor, incluso a ti mismo. Dije anteriormente en el libro que anhelo que la gente sepa que Dios nos contempla con la misma mirada suave que la madre contempla a su bebé dormido. Si pudiéramos mirarnos a nosotros mismos con esa misma cualidad de afecto, ¿cuánta sanación podría tener lugar en nuestra alma?

Esta idea de la autocompasión nos trae al otro punto que queremos que te lleves de este libro: cada número dentro del Eneagrama nos enseña algo sobre la naturaleza del Dios que nos creó. Dentro de cada número se encuentra un regalo escondido que revela algo sobre el corazón de Dios. Así que cuando te sientas tentado a juzgarte por las imperfecciones de tu carácter, recuerda que cada tipo es, en el fondo, una señal que nos apunta a ir hacia Dios y abrazar un aspecto de su carácter que necesitamos.

Los Tipo Uno nos enseñan la perfección de Dios y su anhelo de restaurar el mundo a su bondad original, los Tipo Dos son testigos del amor infalible y desinteresado de Dios. Los Tipo Tres nos recuerdan de la gloria de Dios, los Tipo Cuatro de la creatividad y el *pathos* de Dios. Los Tipo Cinco muestran la omnisciencia de Dios, los Seis el amor constante y la lealtad de Dios, los Siete el gozo de Dios como niño y su placer en la creación. Los Ocho reflejan el poder y la intensidad de Dios, mientras que los Nueve exhiben su amor por la paz y su deseo de unidad con sus hijos.

Los problemas surgen cuando exageramos estas características, cuando tomamos un rasgo y lo transformamos en un valor supremo o un ídolo. Cuando priorizamos alguna de estas nueve características por sobre todas las cosas, ahí es cuando se torna grotesca, irreconocible y, hasta me atrevo a decir, pecaminosa.

La pasión de los Uno por mejorar el mundo se transforma en algo malo cuando comienzan a creer que para ser amados tienen que ser perfectos y no cometer errores. El amor desinteresado de los Dos recae en una codependencia enfermiza. Los Tres toman su amor por la gloria y la desfiguran en una necesidad narcisista de elogio constante. Los Cuatro descienden al ensimismamiento y dan rienda suelta a sus sentimientos sobrecargados, mientras que los Cinco tienen casi el problema opuesto, retirándose a sus mentes y aislándose de los riesgos inevitables intrínsecos a todas las relaciones humanas. Los Seis no pueden creer en un futuro donde Dios ya los espera, los Siete huyen del dolor que profundiza el alma a una fiesta que solo la distrae. La necesidad de los Ocho de tener razón y de desafiar a los demás puede deteriorarse en una intimidación a los débiles, y el anhelo de los Nueve de evitar el conflicto a toda costa significa que están demasiado dispuestos a aceptar la paz a cualquier precio.

> "Para mí, ser un santo significa ser yo mismo".
> **THOMAS MERTON**

Detrás de cada una de estas distorsiones hay una estrategia errada para alcanzar la felicidad y el amor, de la misma manera que Adán y Eva alcanzaron y tomaron el fruto. Estamos tratando de robar lo que solo puede ser recibido como un regalo de parte de Dios.

Parte del objetivo del Eneagrama es ayudarnos a relajar nuestra sujeción ciega de esa dimensión del carácter de Dios, para que podamos abrir nuestra mano y recibir las otras características de Dios que nuestros puños cerrados no nos permiten tomar. Un Tipo Uno puede nunca dejar de buscar la perfección, pero puede abrir su mano para recibir los regalos que los otros números tienen. Un Seis no va a dejar completamente de ser ansioso, pero puede comenzar a percibir y cultivar los regalos que vienen con el gozo de un Siete o la asertividad de un Ocho, que pueden equilibrar su ansiedad. Lo que todos queremos es buscar salud dentro de nuestro propio número y respetar y reconocer que tenemos acceso a todos los regalos de estos otros números. Lo que buscamos es *integritas*, o integridad.

En su obra emblemática *Nuevas semillas de contemplación*, el monje católico Thomas Merton escribió: "Para mí, ser santo significa ser yo mismo. Por lo tanto, el problema de la santidad y de la salvación es, de hecho, el problema de saber quién soy y de descubrir mi verdadero yo".

Aunque me ha llevado veinte años comprender el pensamiento de Merton, lo entiendo ahora. Nos deleitamos y reflejamos la gloria de Dios cuando descubrimos y retomamos nuestra identidad dada por Él, con la cual perdimos conexión poco después de haber llegado a este mundo caído.

Debemos convertirnos en "santos". Se lo debemos al Dios que nos creó, a nosotros mismos, a las personas que amamos y a todos los que habitamos este planeta. ¿De qué otra forma podremos completar la misión que Dios nos mandó a cumplir aquí?

Y ahora, permítenos el gozo de transmitirte la Bendición para la soledad de John O'Donohue, que el Hno. Dave oró sobre mí mientras me embarcaba en mi viaje del Eneagrama, el autodescubrimiento y el autoconocimiento.

Que reconozcas en tu vida la presencia, el poder y la luz de tu alma. Que comprendas que nunca estás solo, que el resplandor y la comunión de tu alma te conecta íntimamente con el ritmo del universo. Que aprendas a respetar tu individualidad y tu particularidad. Que comprendas que la forma de tu alma es única, que te aguarda un destino especial aquí, que detrás de la fachada de tu vida sucede algo hermoso, bueno y eterno. Que *aprendas a contemplar tu yo con el mismo júbilo, orgullo y felicidad con que Dios te ve en cada momento.*

Amén. Que así sea.

AGRADECIMIENTOS

Ian Morgan Cron

Mi agradecimiento a mi agente literaria Kathy Helmers; a mis editores, Jana Riess y Allison Rieck, por su coraje bajo el fuego; a Jim y Solveig Chaffee y Chaffee Management; a Mike y Gail Hyatt, por su amistad y hospitalidad; a Karen y Steve Anderson, por su amor y la hermosa casa de campo en Main, Franklin, Tennessee; a Joe Stabile, Michael y Julianne Cusick; al obispo Ian Douglas, Don Chaffer, Anthony Skinner, Chris y Laurel Scarlata, Melissa Greene, Chuck Royce, Rob Mathes, Shauna y Aaron Niequist, Laura Addis, Josh Graves, Hunter Mobley, Steve y Debbie Taylor, Jenny y Sam Owen, Paul y Lisa Michalski, Jim Lemler y a mi familia de Christ Church Greenwich, Jeff Crosby, Cindy Bunch y toda la buena gente de IVP; y todos los que compartieron sus historias conmigo para que pudiera compartirlas con ustedes.

Suzanne Stabile

Por sobre todo quiero agradecerle a mi esposo, Joe Stabile. Su compromiso infalible conmigo y nuestro matrimonio es a la vez honroso y desafiante, ya que insiste en que comprometamos nuestras vidas a construir el reino. Nuestros hijos, yernos y nietos son mi motivación para querer hacer de este mundo un lugar mejor, y estoy muy agradecida por cada uno de ellos. Gracias Joey y Billy, Will, Sam; Jenny y Cory, Noah, Elle, Piper; Joel, Joley; y B. J. y Devon, por tanto.

El padre Richard Rohr me invitó al estudio de esta antigua sabiduría, así que cualquier cosa en la que se haya convertido mi enseñanza se remonta fácilmente a él. No hay palabras para agradecer adecuadamente a las miles de personas que compartieron sus fines de semana y sus historias conmigo en los últimos veinticinco años. Son el motivo por el cual la información que recolecté sobre el Eneagrama se convirtió en sabiduría.

Nunca me hubiera imaginado como coautora de un libro como este, pero Ian Cron lo hizo y estoy agradecida por eso. Su respeto por mi trabajo con el Eneagrama y su manera de hacer espacio para mí en este proyecto me han dado renovadas energías para los desafíos que vienen. Gracias a Shery Fullerton por ser mi agente literaria y, aún más importante, mi amiga. Estoy agradecida a Kathy Helmers por representarnos ante IVP. Un agradecimiento especial a nuestra editora, Cindy Bunch, y a Jeff Crosby y Anderson Bronson y todos en IVP, que nos ayudaron a encontrar nuestro camino como coautores y que me impulsaron a encontrar un lugar donde pararme como principiante en el mundo editorial.

Hay tantas personas que le dan su tiempo y energía al ministerio Life in the Trinity [Vida en la Trinidad]. Carolyn Teel, mi mejor amiga de cuarenta y seis años; Mike George, el mejor amigo de Joe por cincuenta y dos años y su esposa Patsy; Ann Leick, la comunidad del ministerio Life in the Trinity, Cindy Short, B. C. y Karen Hosch, el Dr. John y Stephanie Burk, Tanya Dohoney, John Brimm, Tom Hoestra, Jane Herny y Luci Neuman, que soñó un futuro para LTM que se nos hacía difícil imaginar. A la Dra. Shirley Corbit y Marge Buchanan, gracias por apoyarme literalmente toda mi vida adulta. A Meredith Inman, Laura Addis y Jim Chaffee, por todo el trabajo que hacen en mi nombre;

y al Dr. Bob Hughes, gracias por insistir en que yo crea que soy amada.

Soy y he sido bien amada por tantas personas que me animan a vivir bien mi vida y hacer lo que me corresponde hacer en cuanto a enseñar el Eneagrama. A cada uno de ustedes, estoy tan agradecida.

Y finalmente, a P.F Chang's. Cuando Ian me llamó y sugirió que escribiéramos este libro, me tomé un par de días para encontrar discernimiento y oración antes de darle una respuesta. Durante ese tiempo, Joey y yo cenamos en el Chang's de Dallas. Mi galletita de la fortuna contenía este mensaje: "Eres una amante de los libros. Deberías escribir un libro algún día".

Con respeto y gratitud queremos reconocer y expresar nuestro agradecimiento a estos grandes maestros que han marcado el camino para que nosotros y tantos otros podamos estudiar el Eneagrama. Tenemos una gran deuda de gratitud con ellos por la forma en que sus ideas ayudaron a nuestro trabajo.

Richard Rohr, O. F. M.
Claudio Naranjo
Renee Baron
Andreas Ebert
Don Riso
Russ Hudson
Helen Palmer
David Daniels
Virginia Price
Beatrice Chestnut
Kathleen Hurley

Theodore Donson
Elizabeth Wagele
Thomas Condon
Susan Reynolds
Sandra Maitri
Lynette Sheppard
Suzanne Zuercher, O. S. B.
Clarence Thomson
Margaret Keyes
Roxanne Howe-Murphy

NOTAS

1. UNA TEORÍA CURIOSA DE ORIGEN DESCONOCIDO

[22] "Que reconozcas en tu vida": John O'Donohue, "For Solitude" [Bendición para la soledad], en *To Bless the Space Between Us: A Book of Blessings*, Doubleday, New York, 2008.

2. ENCUENTRA TU TIPO

[29] "Nuestro yo original": Frederick Buechner, *Telling Secrets*, HarperSanFrancisco, San Francisco, 2000.

[29] "la hermosa esencia de quiénes somos": Thomas Merton, *No Man Is an Island*, Mariner Books, Boston, 2000.

[30] "pura como el diamante": Thomas Merton, *Conjectures of a Guilty Bystander*, Doubleday Religion, New York, 2009.

[37] "los pecados son obsesiones": Richard Rohr y Andreas Ebert, *El Eneagrama: los nueve rostros del alma*, Edicep, Valencia, 2006.

[38] "Nadie que esté buscando cumplidos debería trabajar con el Eneagrama": David G. Benner, *El don de ser tú mismo: autoconocimiento como vocación y tarea*, Sal Terrae, Maliaño, Cantabria, 2009.

[41] "Hay una cualidad que supera a todas las demás": Anthony K. Tjan, "How Leaders Become Self-Aware" [Cómo los líderes se vuelven más conscientes de sí mismos], en *Harvard Business Review*, 19 de julio de 2012, <https://hbr.org/2012/07/how-leaders-become-self-aware&cm_sp=Article-_-Links-_-End%20of%20Page%20Recirculation>.

42 "Motorola, el equipo de béisbol Atléticos de Oakland": Jean Seligman y Nadine Joseph, "To Find Self, Take a Number" [Para encontrarte a ti mismo, toma un número], en *Newsweek*, 11 de septiembre de 1994, <https://www.newsweek.com/find-self-take-number-188156>.

45 "la única persona que está presente": James Hollis, *Finding Meaning in the Second Half of Life*, Gotham Books, New York, 2005.

45 "Todos estamos estropeados": Anne Lamott, *Small Victories: Spotting Improbable Moments of Grace*, Riverhead, New York, 2014.

45 "La verdad te hará libre": David Foster Wallace, *La broma infinita*, Literatura Random House, Barcelona, 2017.

3. TIPO OCHO: EL RETADOR

65 "Los Ocho siempre quieren saber quién tiene el poder": Helen Palmer, *The Enneagram: Exploring the Nine Psychological Types and Their Inter-Relationships in Love and Life*, (curso de aprendizaje en audio), Sounds True, 2005, 8 CDs o descargas de audio, <www.soundstrue.com/store/the-enneagram-3534.html>.

69 "el padre Ronald Rolheiser, un escritor católico, define el *eros*": Ronald Rolheiser, *En busca de espiritualidad: Lineamientos para una espiritualidad cristiana en el siglo XXI*, Grupo Editorial Lumen, Buenos Aires, 2003.

70 "Asumir nuestras debilidades": Brené Brown, *Los dones de la imperfección: libérate de quien crees que deberías ser y abraza a quien realmente eres*, Aguilar, Doral, FL, 2014.

4. TIPO NUEVE: EL PACIFICADOR

75 "amorosos del Eneagrama": Susan Reynolds, *The Everything Enneagram Book: Identify Your Type, Gain Insight into Your Personality, and Find Success in Life, Love, and Business*, F+W Media, Avon, MA, 2010.

76 "vida salvaje y preciosa": Mary Oliver, *New and Selected Poems*, Beacon Press, Boston, 1992.

78 "¡Entrad sin miedo y subid más!": C. S. Lewis, *La útima batalla*, Editorial Planeta Destino, Bogotá, Colombia, 2015.

[79] "los Nueve pueden encarnar el idealismo de los Uno": Don Richard Riso y Russ Hudson, *La sabiduría del eneagrama: guía completa para el crecimiento psíquico y espiritual de los nueve tipos de personalidad*, Urano, Barcelona, 2017.

[79] "el único tipo al que los Nueve no se parecen es al mismo Nueve": Ibid.

[78-81] Esta sección está tomada de Eli Jaxon-Bear, *De la fijación a la libertad: el eneagrama de la liberación*, El Grano de Mostaza, Barcelona, 2012.

[79] "Cuando estás con un Nueve": Lynette Sheppard, *The Everyday Enneagram: A Personality Map for Enhancing Your Work, Love, and Life—Every Day*, Nine Points, Petaluma, CA, 2000.

[85-86] Historia acerca Bill Clinton y Newt Gingrich: American Experience, *Clinton*, 2012, (transcripción del programa), <www.pbs.org/wgbh/americanexperience/features/transcript/clinton-transcript>.

[91] "Cuando un Nueve se distrae": Jaxon-Bear, *De la fijación a la libertad*.

5. TIPO UNO: EL PERFECCIONISTA

[103] "Antes de que pueda vivir con los demás": Harper Lee, *Matar a un ruiseñor*, Ediciones B.S.A., Barcelona, España, 2016.

[103] "¿Señorita Jean Louise? ...": Ibid.

[104] "Con él, la vida era rutinaria": Ibid.

[106] "buenos en el peor sentido de la palabra": comúnmente atribuida a Mark Twain.

[115] "escudo de veinte toneladas": Brené Brown, *Los dones de la imperfección: libérate de quien crees que deberías ser y abraza a quien realmente eres*, Aguilar, Doral, FL, 2014.

[121-122] "Eres imperfecto y estás programado para la lucha": Brené Brown, "The Power of Vulnerability," TEDxHouston, junio de 2010, <www.ted.com/talks/brene_brown_on_vulnerability?language=en>.

6. TIPO DOS: EL AYUDADOR

[143] "Si quieren aprender a ocuparse de sus propias necesidades": Helen Palmer, *The Enneagram: Exploring the Nine Psychological Types and Their Inter-Relationships in Love and Life*, (curso de aprendizaje en audio), Sounds True, 2005, 8 CDs o descargas de audio, <www.

soundstrue.com/store/the-enneagram-3534.html.com/store/the-enneagram-3534.html>.

7. TIPO TRES: EL TRIUNFADOR

[149] "Ningún hombre puede poner por mucho tiempo": Nathaniel Hawthorne, *The Scarlet Letter*, Bloom's Literary Criticism, New York, 2007.

[152] "algunas veces los Tres pretenderán estar interesados": Kathleen V. Hurley y Theodore Elliott Dobson, *What's My Type? Use the Enneagram System of Nine Personality Types to Discover Your Best Self*, HarperSanFrancisco, San Francisco, 1991.

[155] "diferenciar entre amarme a mí y amar el tenis", Andre Agassi, *Open: Memorias*, Duomo, Barcelona, España, 2014.

[157] "El corazón de un Tres está en el trabajo": Helen Palmer, *The Enneagram in Love and Work: Understanding Your Intimate and Business Relationships*, HarperSanFrancisco, San Francisco, 1995.

[158] "el número más triste del Eneagrama es un Tres que fracasa": Richard Rohr y Andreas Ebert, *El Eneagrama: los nueve rostros del alma*, Edicep, Valencia, 2006.

8. TIPO CUATRO: EL ROMÁNTICO

[170] "gobernados por una vergüenza oculta": Richard Rohr y Andreas Ebert, *El Eneagrama: los nueve rostros del alma*, Edicep, Valencia, 2006.

[171] "deficiencia irredimible": Beatrice M. Chestnut, *The Complete Enneagram: 27 Paths to Greater Self-Knowledge*, She Writes, Berkeley, CA, 2013.

[174] "el sentido de alienación, su búsqueda consciente de identidad": Tom Condon, "The Nine Enneagram Styles: Type Fours", Center for Spiritual Resources website, <www.thecsr.org/resource-directory/the-nineenneagram-styles-type-fours>.

[183] "la danza del tira y afloja": Helen Palmer, *The Enneagram: Understanding Yourself and the Others in Your Life*, HarperSanFrancisco, San Francisco, 1991.

[180] "separarse sin retirarse": Ibid.

[182] "evita decir cosas como: '¿Por qué no puedes escribir un texto como lo hace Andrew?'": Ibid.

9. TIPO CINCO: EL INVESTIGADOR

[204] "Si están lo suficientemente elevados en la escalera corporativa": Helen Palmer, *The Enneagram: Exploring the Nine Psychological Types and Their Inter-Relationships in Love and Life,* (curso de aprendizaje en audio), Sounds, 2005, 8 CDs o descargas de audio, <www.soundstrue.com/store/the-enneagram-3534.html.com/store/the-enneagram-3534.html>.

[207] "El objetivo final del desapego": David G. Benner, "Detachment and Engagement", Dr. David G. Benner (sitio web y blog personal), 22 de septiembre de 2012, <www.drdavidgbenner.ca/detachment-and-engagement>.

10. TIPO SEIS: EL LEAL

[214] "Si todo parece ir bien": Steven Wright, Good Reads quotes, <www.goodreads.com/quotes/77987-if-everything-seems-tobe-going-well-you-have-obviously>.

[219] "los niños Seis captan pequeños indicios": Beatrice M. Chestnut, *The Complete Enneagram: 27 Paths to Greater Self-Knowledge,* She Writes, Berkeley, CA, 2013.

[223] "Los Seis tienen una extraña tendencia": Helen Palmer, *The Enneagram: Exploring the Nine Psychological Types and Their Inter-Relationships in Love and Life,* (curso de aprendizaje en audio), Sounds True, 2005, 8 CDs o descargas de audio, <www.soundstrue.com/store/the-enneagram-3534.html.com/store/the-enneagram-3534.html>.

[227] "Todo irá bien y todo irá bien y toda clase de cosas irán bien": Julian of Norwich, *Revelations of Divine Love,* ed. Grace Warrack, Methuen, Londres, 1901.

11. TIPO SIETE: EL ENTUSIASTA

[233] "cuellos flacos, bocas pequeñas": Gabor Maté, *In the Realm of Hungry Ghosts: Close Encounters with Addiction,* North Atlantic Books, Berkeley, CA, 2010.

[233] "Los Siete tratan de imaginar una vida donde no hay un Viernes Santo": Richard Rohr y Andreas Ebert, *El Eneagrama: Los nueve rostros del alma*, Edicep, Valencia, 2006.

[234] "Silbo una melodía alegre": Richard Rodgers y Oscar Hammerstein, *El Rey y yo*, 1951.

[239] "los *gourmet*": Helen Palmer, *The Enneagram: Exploring the Nine Psychological Types and Their Inter-Relationships in Love and Life*, (curso de aprendizaje en audio), Sounds True, 2005, 8 CDs o descargas de audio, <www.soundstrue.com/store/the-enneagram-3534. html.com/store/the-enneagram-3534.html>.

[243] "los siete atesoran su independencia": Ibid.

[248] "Aquel que teme sufrir, ya sufre de lo que teme": Michel de Montaigne, *Ensayos de Montaigne: seguidos de todas sus cartas conocidas hasta el día*, Garnier Hermanos, París, 1912.

[249] "En un mundo lleno de tensiones": Thomas Merton, *Cistercian Life*, 1974; repr., Our Lady of Holy Spirit Abbey, 2001.

12. ¿Y AHORA QUÉ? EL PRINCIPIO DEL AMOR

[252] "Cuando nuestros corazones son pequeños": Thich Nhat Hanh, *Cómo amar*, Kairós, Barcelona, 2016.

[255] "Para mí, ser santo": Thomas Merton, *Nuevas semillas de contemplación*, Sal Terrae, España, 2003.

[255] "Que reconozcas en tu vida": John O'Donohue, "For Solitude" [Bendición para la soledad], en *To Bless the Space Between Us: A Book of Blessings*, Doubleday, Nueva York, 2008.

ACERCA DE LOS AUTORES

IAN MORGAN CRON es autor, orador, maestro del Eneagrama, consejero, compositor ganador de Premios Dove y sacerdote episcopal. Sus libros incluyen la novela *Chasing Francis* y la autobiografía de tono espiritual *Jesus, My Father, the CIA and Me*. Ian hace uso de una variedad de disciplinas –que van desde la psicología, el arte y la espiritualidad cristiana a la teología– para ayudar a las personas a entrar más profundamente en conversación con Dios y con el misterio de su propia existencia. Él y su esposa Anne viven en Nashville, Tennessee.

SUZANNE STABILE es conferencista, maestra, instructora de Eneagrama celebrada internacionalmente y autora de *The Path Between Us*. Junto con su esposo, el Rev. Joseph Stabile, es cofundadora de Life in the Trinity Ministry, un ministerio interdenominacional sin fines de lucro comprometido con el crecimiento y la formación espiritual de adultos. Su base ministerial, el Centro Miqueas, está situado en Dallas, Texas.